Daniel Ostoja · Gespräche mit dem Meister Band I

Gespräche mit dem Meister
Band I

Daniel Ostoja

Erste Schritte der Liebe entgegen

Aus dem Polnischen übersetzt von Irena Czajkowski
Erstes Lektorat: Michaela Albers
Zweites Lektorat und Reinschrift: Elke von der Heyden

AUGUST VON GOETHE LITERATURVERLAG

IM GROSSEN HIRSCHGRABEN ZU FRANKFURT A/M

Das Programm des Verlages widmet sich
– in Erinnerung an die
Zusammenarbeit Heinrich Heines
und Annette von Droste-Hülshoffs
mit der Herausgeberin Elise von Hohenhausen –
der Literatur neuer Autoren.
Das Lektorat nimmt daher Manuskripte an,
um deren Einsendung das gebildete Publikum
gebeten wird.

©2010 FRANKFURTER LITERATURVERLAG FRANKFURT AM MAIN
Ein Unternehmen der Holding
FRANKFURTER VERLAGSGRUPPE
AKTIENGESELLSCHAFT AUGUST VON GOETHE
In der Straße des Goethehauses/Großer Hirschgraben 15
D-60311 Frankfurt a/M
Tel. 069-40-894-0 ✻ Fax 069-40-894-194
email: lektorat@frankfurter-literaturverlag.de

Medien- und Buchverlage
DR. VON HÄNSEL-HOHENHAUSEN
seit 1987

Websites der Verlagshäuser der Frankfurter Verlagsgruppe:

www.frankfurter-verlagsgruppe.de
www.frankfurter-literaturverlag.de
www.frankfurter-taschenbuchverlag.de
www.august-goethe-literaturverlag.de
www.fouque-literaturverlag.de
www.weimarer-schiller-presse.de
www.deutsche-hochschulschriften.de
www.deutsche-bibliothek-der-wissenschaften.de
www.haensel-hohenhausen.de

Bibliografische Information der Deutschen Nationalbibliothek
Die Deutsche Nationalbibliothek verzeichnet diese Publikation in der Deutschen
Nationalbibliografie; detaillierte bibliografische Daten sind im Internet
über http://dnb.d-nb.de abrufbar.

Aus dem Polnischen übersetzt von Irena Czajkowski
Erstes Lektorat: Michaela Albers
Zweites Lektorat und Reinschrift: Elke von der Heyden
ISBN 978-3-8372-0734-7

Die Autoren des Verlags unterstützen den Bund Deutscher Schriftsteller e.V.,
der gemeinnützig neue Autoren bei der Verlagssuche berät.
Wenn Sie sich als Leser an dieser Förderung beteiligen möchten, überweisen Sie bitte
einen – auch gern geringen – Beitrag an die Volksbank Dreieich, Kto. 7305192, BLZ 505 922 00,
mit dem Stichwort „Literatur fördern". Die Autoren und der Verlag danken Ihnen dafür!

Gedruckt auf säurefreiem, alterungsbeständigem Papier,
hergestellt aus chlorfrei gebleichtem Zellstoff (TcF-Norm)

Printed in Germany

Dem liebenden Schöpfer

Danksagung

Als sozusagen „stellvertretender Verfasser" möchte ich an dieser Stelle all jenen meine tiefe Dankbarkeit aussprechen, die zur Übersetzung und Herausgabe der vorliegenden deutschen Ausgabe von Band I beigetragen haben.

An erster Stelle danke ich Irena Czajkowski, die die Trilogie aus dem Polnischen übersetzte, den Kontakt zum Verlag knüpfte und dann viele Monate auf eine baldmögliche Veröffentlichung (zum Wohl der Menschheit) drängte.

Liebe Irenka, die vorliegende Trilogie widme ich Dir!
Falls künftige Leser darin etwas Interessantes und Inspirierendes entdecken, sollen sie wissen, wem sie es auch zu verdanken haben.

Meine herzliche Danksagung gilt weiterhin den Lektorinnen Michaela Albers und Elke von der Heyden. Sie unterstützten die Übersetzerin nach Kräften und polierten gemeinsam jeden einzelnen Satz auf Hochglanz; Elke von der Heyden tippte außerdem die Druckvorlagen.
Nicht zuletzt möchte ich Ingrid Hellex Dank aussprechen. Ihr Interesse an einzelnen Textpassagen war der Auslöser zur Übersetzung der Trilogie. Und zudem stellte sie großherzig die finanziellen Mittel zum Druck der deutschen Ausgabe bereit.
Allen Mitwirkenden ein herzliches Dankeschön. Unsere Zusammenarbeit war eine große Ehre für mich, und ich bin glücklich, die Früchte eurer Arbeit nutzen zu dürfen. Mögen euch auch die Leser in ihre Freude und Dankbarkeit mit einbeziehen, wohl wissend, wie viele der wunderbaren Augenblicke und großartigen Einfälle sie gerade euch, die ihr im Schatten ungenannt bleiben wolltet, zu verdanken haben.
Die Gnade und Liebe des Meisters war und ist immer mit euch!

Daniel

Inhaltsverzeichnis

Einführung

Es macht mich sehr glücklich, sowohl meine eigenen Erfahrungen, als auch die aus den Gesprächen mit dem Meister resultierenden Weisheiten der interessierten, breiten Leserschaft zugänglich machen zu können.

Dieses Buch ist die Frucht geistiger Liebe. Seine Niederschrift wurde zeitweise von wunderbaren Augenblicken begleitet, dank dem Meister, der sowohl mir als auch jedem, der sich an Ihn wendet, konsequent Seine ungewöhnliche Liebe schenkt.

Ich danke Ihm von ganzem Herzen. Ich durfte Ihn als das zärtlichste und liebevollste Wesen auf der ganzen Welt kennen lernen. Er ist immer, ohne den Schatten persönlichen Interesses, bereit, allen zu dienen.

Ich danke Dir nochmals, Meister!

Der Beginn dieser Arbeit liegt lange zurück. Es war ein Durchbruch in meiner Entwicklung, als einer meiner irdischen Lehrer mich lehrte, jenseits der Begrenzungen von Zeit und menschlichem Verstand auf meine innere Stimme zu hören. Jahre später stellte sich heraus, dass diese Einführung zu etwas unsagbar Großem führte:

Meine Liebe zur Göttlichkeit erwachte, und ich näherte mich Ihr.

Möge dieses Buch eine Quelle der Inspiration für Interessierte und Suchende sein!

Für meinen Gesprächspartner benutze ich oft die Anrede „Meister" oder „Baba", was in Sanskrit, der heiligen Sprache Indiens, „Vater" bedeutet.

Viele Male schon wurde ich gefragt, mit wem ich zu sprechen glaube. Die Antwort überlasse ich deinem Gefühl, deiner Intelligenz und Phantasie, lieber Leser. Ich bitte dich sogar, tief nachzudenken und die Antwort selbst zu finden. Das ist wertvoller, als dir irgendeinen Begriff oder Titel zu nennen, denn keiner kann der Tiefe der Bedeutung, des Glücks und der Liebe gerecht werden. Finde du die Antwort, achte auf alle Gefühle, die sie begleiten. Sie sind äußerst bedeutsam und können gute Führer sein, weil der Königsweg zur Liebe eben die Liebe selbst ist. Den Wert der Botschaft erkennst du an den Früchten!

Ich lade dich ein, mit mir gemeinsam zu verreisen. Gemeinsam werden wir entdecken, was schon immer da war. Es ist so wunderbar und ungewöhnlich, es überschreitet alles bisher Bekannte.

Ich weiß, dass viele der Phänomene, die ich erwähne, dir seltsam erscheinen werden, und manches wirst du überhaupt für unmöglich halten. Ich möchte dir schon jetzt auf deine Zweifel antworten: Gleich neben dir liegt ein Land voller Wunder, nur eine Handbreit entfernt. Eigentlich brauchst du es gar nicht zu suchen. Es war immer da und wird auch immer bestehen.

Ich wunderte mich, als der liebende Meister es mir vor Augen führte. Das Land steckt voller ungewöhnlicher Ereignisse und erbaulicher Inspiration. Ein Mensch, der sich dorthin auf Entdeckungsreise begibt, erfährt tiefe Gefühle des Glücks und wachsender Freude. Dort regiert die Liebe, heiße, lebendige Liebe. Man kann Sie fühlen und Ihr nahe sein.

Man begegnet einem Wesen, das hier immer war, seit Beginn der Zeiten und das nur darauf wartet, unsere guten Gedanken, Worte und Taten mit Liebe zu vergelten. Auch wenn man uns etwas anderes vermittelte: Es ist hier und jetzt, nicht irgendwo weit weg oder erst nach dem Tod für uns erreichbar.

Es kommt mir vor, als habe man mir in diesem Leben erlaubt, die geheime Tür zu finden, den Zugang zum wunderbarsten Geheimnis dieser Welt, möglicherweise des gesamten Weltalls. Dieses unfassbare Geheimnis, lieber Leser, ist der uns liebende Schöpfer. Glaube mir, ich schreibe diese Worte nach reifer Überlegung und in vollem Bewusstsein meiner Verantwortung.

Ich weiß auch, du kannst mir heute noch nicht glauben. Das ist ganz natürlich. Aber bitte, warte ab und prüfe selbst, was die Wirklichkeit ist. Dieses Buch, das nur Ereignisse beschreibt und wichtige Fragen erörtert, so wie sie mir der liebende Meister übermittelte, kann dir dabei helfen. Es liefert Beweise, die mich überzeugen und gibt auch Hinweise, wie du deine eigenen finden kannst. Selbstverständlich sind bloße Worte noch kein Beweis, auch wenn sie von Zeichen begleitet werden. Was aber wäre für dich und mich ein schlüssiger Beweis, lieber Leser? Mir wurde erlaubt, einen ungewöhnlichen und wundersamen Schlüssel zur Realität der Liebe zu finden. Und den übergebe ich jetzt dir auf Wunsch des Meisters, – zusammen mit einer Handvoll Hinweise, wie man die Tür findet.

10

Ich bitte dich nun: Mach die Türen von Verstand und Herz weit auf. Lass dich von der Liebe und den Worten des Meisters tragen. Du wirst bald verstehen, dass du nicht einmal einen Schlüssel brauchst, denn die Tür ist immer offen. Die einzigen Begrenzungen sind die, die wir uns einst selbst auferlegt haben und an denen wir noch immer stur festhalten.

Ich überlasse dir das Buch mit meinen besten Wünschen und Gedanken. Nun erlaube ich mir, still zu werden, um Gott das Wort zu übergeben. Alle, die Ihn kennen lernen, genießen schweigend Seine strahlende Macht der Liebe und des Glücks.

Teurer Meister! Empfange meine Liebe als den bescheidenen Ausdruck der Dankbarkeit für Deine Gaben und für Deine Liebe. Danke, dass Du da bist und dafür, wie Du bist. Ich liebe Dich. Mögen alle Leser glücklich sein! Mögen alle Wesen glücklich sein, sehr, sehr glücklich!

Erster Teil: Einige Erfahrungen

Das Experiment mit Zazen

Ich war schon als Kind religiös und baute gerne kleine Altäre für Jesus. Ich empfand dabei eine seltsame Genugtuung. Als Teenager entdeckte ich einige faszinierende Werke über Raja Yoga, unter anderem fand ich das Buch von R.S. Mishra: „Die Grundlagen des Yoga". Aber erst mit fünfzehn beschäftigte ich mich ernsthaft mit dieser spirituellen Richtung. Trotz der Warnungen, man solle auf keinen Fall eigenständig mit der Praxis beginnen, die man in jedem guten Buch über Meditation finden kann, fesselte mich das Thema so sehr, dass ich doch allein anfing zu üben.

Ich machte Atem- und Konzentrationsübungen, habe aber keine Erinnerungen an interessante Begebenheiten aus dieser Zeit. Etwa zwei Jahre später kam Zen-Buddhismus in Mode, und mir fiel das Buch von Sensei Philipe Kapleau über Zazen in die Hände. Meine Eltern spornten mich an, ein fleißiger Schüler zu sein. Also schonte ich die Schulbücher und praktizierte Zazen. Meine Familie war glücklich, und ich war es auch, denn ich tat ja eigentlich das, was ich auch wollte.

Viele Jahre später wurde ich ein Schüler von Sensei Zenson Gifford aus Toronto, dessen Meister wiederum Roshi Kapleau war.

Damals war meine Meditation noch nicht religiös ausgerichtet. Ich saß nur einfach mit verschränkten Beinen, konzentrierte mich auf eine Stelle unterhalb des Nabels und kontrollierte meinen Atem in der Hoffnung, dass meine Gedanken sich beruhigten. Anfangs war all dies sehr schwierig. Aber anfangs ist alles schwierig, dessen war ich mir bewusst. Ich praktizierte Zazen dreimal täglich, jeweils eine halbe Stunde, manchmal noch vor dem Schlafengehen. Nach ungefähr zwei Monaten des Übens empfand ich meinen Geisteszustand deutlich verändert. Die Gedanken wurden ruhiger. Das war neu. Etwas war passiert. Ich lenkte meine Gedanken zum Unterbauch, bis sich im Kopf eine Leere einstellte. Völlige Stille ohne jeden Gedanken breitete sich aus, der ganze Verstand war fokussiert auf den Beckenboden, ein wirklich angenehmes Gefühl. Kurze Zeit später stellte ich fest, dass aus heiterem Himmel alte Erinnerungen in diese Stille einbrachen. Erfahrungen und Gedanken der letzten Monate oder Jahre tauchten auf, nahmen überhand, und es dauerte eine Weile, bis ich begriff, dass dieser Prozess vollkommen natürlich ablief.

Als ich endlich verstanden hatte, war ich sehr stolz darauf, etwas entdeckt zu haben. Immerhin ein Fortschritt.

Die Stille trat gewöhnlich nach der ersten halben Stunde der Meditation ein, und am Ende der zweiten erschienen dann spontane Erinnerungen. Schnell lernte ich, sie nicht weiter zu beachten und verfolgte mein Ziel, indem ich die Aufmerksamkeit auf meinen Unterbauch konzentrierte. Fast einen Monat lang meditierte ich so, und die Beobachtung des Meditationsverlaufs – Gedanken, ihr Verschwinden, die Leere im Kopf, Erinnerungsblitze, wieder Stille und Leere – begann fast Routine zu werden. Aber dann ereignete sich auf einmal etwas, und mein bisheriges Wissen über die Welt war völlig auf den Kopf gestellt.

Wieder einmal hatte ich mich zur Meditation hingesetzt und konzentrierte meine Aufmerksamkeit auf die Stelle unterhalb des Nabels. Ich stellte mir vor, dass sämtliche Energien und Gedanken dorthin fließen und auch dort bleiben. Stille trat ein, dann kamen weitere Gedanken. Plötzlich war mein Kopf in eine Art Schleier gehüllt, der vom Scheitel an mir herunter floss und etwas wirklich Verblüffendes offenbarte. Ich war das Licht!

Mein Verstand hörte auf zu existieren. An seine Stelle trat grenzenloser Raum, angefüllt mit wunderbarer Liebe, Freiheit und diesem Licht. Es war überall, liebend, lebendig und unendlich, außerhalb von Zeit und Raum. Da war kein Gefühl von Entfernung oder Getrenntsein.

Das kleine persönliche Ich zerfloss. In mir strömte das Bewusstsein zu sein und in diesem Körper zu leben, aber auch außerhalb von ihm. Mein wahres Sein war Unendlichkeit, Liebe und wunderbare, ungetrübte Freiheit, die Gewissheit: Ich Bin, der Ich Bin in Allem. Ein Getrenntsein hat niemals existiert, auch nicht so etwas wie Entfernung. Ich war voller Rührung, und mir liefen die Tränen die Wangen hinunter.

Dann erhob ich mich und sah alles in neuem Licht. Ich schaute mir die armseligen Dinge in meinem kleinen Zimmerchen an und war

13

zutiefst dankbar, dass sie mir bis dahin gedient hatten. Ich schlug ein Lehrbuch für russische Sprache auf und weinte nur, weil ich lesen konnte. Es war keine Spur von Ego in mir. Als ich zum Fenster hinaussah, stand die Nachbarin vor unserem Haus. An Stelle von Getrenntsein war ich eins mit ihr und allem. Es existierte nur Licht und Einheit.

Dieser Zustand dauerte viele Stunden an. Er verschwand erst am nächsten Tag, während des normalen Schulbetriebs. Danach hatte ich dieses Erlebnis aufgrund vieler verschiedener Ereignisse noch etliche Male, in den meisten Fällen nach mehrstündiger Meditation.

Einmal konzentrierte ich mich einige Stunden, um eine mathematische Aufgabe lösen zu können, und ich wollte nicht zur Kenntnis nehmen, dass es mir nicht gelang. Mit der verstreichenden Zeit wuchsen Konzentration und Entschlossenheit. Endlich hatte ich Erfolg und ging danach ruhig schlafen. Als ich am nächsten Tag erwachte, war **Das** schon da: Wieder Licht, Unendlichkeit und diese wunderbare, unbeschreibliche, alles durchdringende Liebe, die Grundlage und der Inhalt von allem, was ist.

Da erkannte ich zum ersten Mal, dass die Welt nicht das ist, wofür wir sie halten.

Der Meister in der kurzen Robe

Vor Jahren hatte ich öfter die Gelegenheit und Freude, verschiedenen Meistern und Lehrern zu begegnen. Sie erschienen mir in Träumen oder vor meinem inneren Auge. Ich sah sie während der Meditation, später auch bei Alltagsbeschäftigungen. Viele Male konnte ich mich von ihrer Klugheit und ihrem unwahrscheinlichen Humor überzeugen.

An einen Fall kann ich mich besonders gut erinnern. Ein großer Saal, eine Art Amphitheater, war gefüllt mit Meistern, die in lange, schöne Roben gekleidet waren. Wir warteten gerade auf das Ergebnis der Wahl des neuen polnischen Präsidenten, und der Ausgang war bis zum Schluss ungewiss.

Das Resultat war dir sogar schon einige Jahre vorher bekannt. Erinnerst du dich, was Ich dir ein Jahr vor den Wahlen sagte?

In der Tat, das habe ich total vergessen. Du nanntest mir den Namen und Nachnamen des neuen Präsidenten und sagtest, dass er zwei Perioden regieren würde. Alles hat sich bewahrheitet.

Die Machthabenden sollten mehr Zeit für Meditation opfern. Dann wäre „ihre Aufgabe" viel leichter zu erfüllen. Regieren ist eine sehr schwierige und anstrengende Tätigkeit. Sehr oft können die Betroffenen außer ihrer inneren Inspiration keine weitere Hilfe finden, und es fehlt immer wieder an guten Ideen.

Möglicherweise wird jemand Deine Worte lesen und sie sich zu Herzen nehmen, teurer Meister. Schließlich geht es hier um unser aller Wohl.

Um zu meinem Bericht zurückzukommen: Ich stand also vor dem Saal voller Meister. Ich sah sie sitzen, miteinander sprechen und scherzen, ein wahrhaft ungewöhnlicher und sehr erbaulicher Anblick. Ihnen entströmte eine süße, erhebende Energie, Freude gemischt mit Spuren von Ekstase.

Es waren nicht nur Spuren! Du warst einfach nicht imstande, die süße Fülle der Emanation aufzunehmen, die von den Meistern ausging.

Da kam mir eine Frage in den Sinn. Alle waren elegant gekleidet. Sie trugen prachtvolle, bodenlange Roben und ich fragte Dich: „Sind alle Meister so angezogen?"

Und weiter? Weiter?

Mit Deinem wundervollen Sinn für Humor antwortest Du mir nicht gleich, aber es stand einer von den Meistern aus der zweiten oder dritten Reihe auf, hob die Hand und sagte: „Ich nicht!"

Dieser Meister trug wie alle anderen ein herrliches Gewand, es reichte aber nur bis zur Hälfte der Unterschenkel. Deswegen konnte ich seine bloßen Füße darunter hervorlugen sehen. Das machte einen ziemlich komischen Eindruck, aber er schien es genau darauf anzulegen. Ich lachte laut auf.

Und was geschah weiter?

Plötzlich erschienst Du als Sathya Sai Baba. Alle Anwesenden standen auf. Es wurde unheimlich still. Du setztest Dich seitlich in die erste Reihe, und die Meister nahmen wieder Platz. Als ich dort so stand und schaute, hatte ich das Bedürfnis, mich vor allen verbeugen zu wollen. Ihr strahltet so viel Liebe, Weisheit und ähnliche wunderbare Qualitäten aus. Ich empfand den großen Segen, so eine prachtvolle Versammlung miterleben zu dürfen.
Ich danke Dir dafür.
Plötzlich war der gesamte Saal in Deine Aura eingehüllt, und wir beide verschmolzen zu einer Einheit.
Die Meister führten dann so eine Art Abstimmung durch und warteten auf die Verkündung des vorläufigen Ergebnisses. Ich war länger als zwei Stunden mit allen zusammen. Bei diesem Treffen wurde über die Zukunft dieses Landes beraten und Ereignisse geplant, die in den kommenden drei Jahren stattfinden sollten.

Sieh an, du hast dir doch einiges gemerkt.
Alles ist viele Jahre im Voraus bekannt. Die Meister beschäftigen sich damit und planen alles äußerst gewissenhaft. Sie bedenken individuelle, aber auch gemeinschaftliche Schicksale und das, was ihr lernen solltet. Denn das ganze Leben ist eine Lektion.

Und ihr Thema ist Liebe.

Liebe, das ist Göttlichkeit.

Also ist alles politische und soziale Geschehen viele Jahre vorher vereinbart?

Ja.

Es ist also sinnlos, sich zu engagieren oder auch nur zu interessieren, da sowieso das geschieht, was geschehen soll?

Ja. Wenn du dich in Richtung Göttlichkeit bewegst, ist das Interesse an Politik und Weltgeschehen nicht angebracht. Der Ausgang aller Ereignisse, auch der von Kriegen, ist lange vor deren Beginn bestimmt. Die Ursachen aller Geschehnisse liegen tief im karmischen Bereich und niemand von euch ist fähig, Einfluss darauf zu nehmen. Wenn man sich mit diesen Dingen abgibt, ist die Aufmerksamkeit nicht mehr auf die Göttlichkeit ausgerichtet.

Einer der Meister saß vor einem Gerät, das mich an einen Computer erinnerte, aber es wurde rein gedanklich gesteuert und seine Berechnungskapazität überstieg unsere Möglichkeiten millionenfach. Er schaute aufmerksam auf den Bildschirm. In einer mir schwer erklärbaren Weise entwarf er künftige Geschehnisse und Szenarien. Aus Milliarden möglicher Kombinationen wählte er diejenigen aus, die künftig eintreten würden.

Berichte, wie er das bewerkstelligte.

Es handelte sich um einen ganz besonders wichtigen Meister. Um ihn herum saßen noch andere, die sich mit weiteren Details beschäftigten und auf das Endergebnis warteten. Der Meister erlaubte mir einen Blick über seine Schulter. Ich erinnere mich an Tausende von Bildern, die in unfassbar großem Tempo vor meinem inneren Auge abliefen. Ich fragte ihn, nach welchen Kriterien er denn das Passende auswähle. Er deutete auf sein Herz und sagte: „Gott selbst wird es mir mitteilen". Damals empfand ich seine Antwort als etwas rätselhaft.

Aber die Antwort kommt tatsächlich aus dem Herzen! Im Herzen eines jeden Menschen wohnt Gott. Göttlichkeit ist alles, was existiert. Das ist die Realität. Alle Geschehnisse

sind vorbereitet, wirtschaftliche Veränderungen, schwankende Aktienkurse, alles.

Flugzeugunfälle?

Auch Autounfälle.

Also auch der Zeitpunkt unseres Todes?

Ja, aber ihr sterbt nicht. Ihr wechselt einfach in eine andere, nicht materielle Seinsebene. Jeder auf der irdischen Seite besitzt einen Energievorrat, der für das Überleben einer bestimmten Zeitspanne ausreicht.

Meister, aber Du kannst alles auch verändern.

Kein Problem!

Wovon hängt Dein Eingreifen ab?

Willst du das wirklich wissen?

Ja, bitte.

Die Dauer des irdischen Lebens wird vom Herzen des Menschen und seinem geistigen Bewusstsein vorbestimmt, also von jenen Bereichen, die in Kontakt mit der Göttlichkeit stehen. Wir ziehen euer Karma in Betracht, euren spirituellen Weg und entscheiden dann über die beste Lösung. Wenn euer Schicksal keine förderliche Richtung nimmt, kann es auch geschehen, dass ihr vor der vereinbarten Zeit geht.

Wer trifft die Entscheidung?

Ihr allein.

Nein, wir doch wohl nicht...

Ihr seht den Menschen als Körper. Das ist nicht angemessen. Ihr seid etwas viel, viel Größeres. Es kommt aber auch vor, dass ihr länger auf Erden bleiben dürft, zum Beispiel dann, wenn ihr euch für die Richtung zum Geistigen entscheidet und ein Verlassen des Körpers diesen günstigen Verlauf der Dinge stören würde.

Kann ich Dich also um eine Lebensverlängerung bitten?

Nein.

Nein?

Nein. Man kann zwar um zusätzliche Zeit bitten, um Angelegenheiten zu ordnen oder zu beenden, wie die Umkehr zu Gott und eine Versöhnung mit Ihm. Aber eine Lebensverlängerung, um noch eine Weile da zu sein, ist ohne größeren Wert. Das Leben ist eine andauernde Vorwärtsbewegung, eine Entwicklung hin zur Liebe, sowohl während des irdischen Aufenthalts, als auch im außerkörperlichen Leben. Überdenkt gut, worum ihr bitten wollt. Einige Dinge haben die Chance, sofort erfüllt zu werden.

Lieber Meister, könntest Du mir verraten, welche Bitten Dir besonders lieb sind und womit wir Dir eine Freude bereiten?

Oh, diese Frage allein schon bereitet Mir Freude. Es ist eine sehr gute Frage!
Ihr bereitet der Göttlichkeit Freude, wenn ihr Sie mit Bitten und Gebeten anruft, um eine Umkehr zum Guten vollziehen zu können. Wendet euch an die Liebe mit der Bitte um Unterstützung für leidende und bedürftige Mitmenschen. Fragt nach Liebe und Glück für Tiere und alle Wesen. Göttlichkeit ist Liebe. Gott ist jemand, der euch sehr, sehr liebt, eine Mutter, ein Vater, ein teurer Freund und ergebener Vertrauter. Bittet um die Möglichkeit einer nahen Begegnung mit Ihm. Bittet um geistige Kraft, die nötig ist, sich über die Anziehung der Dinge dieser Welt erheben

zu können. Bittet darum, Demut und Bescheidenheit zu lernen. Bittet um Gnade und Liebe.

Ich danke Dir für dieses Gespräch, Meister.

Der Kosmos - Außerirdische - Besuch auf der Wega

Ich kam gerade vom Zahnarzt, der mich – was wesentlich ist – ohne Betäubung behandelt hatte, und erlebte eines der seltsamsten und wunderbarsten Abenteuer meines Lebens.

Ich überquerte einen kleinen Platz inmitten von Häusern. Auf einmal zwang mich irgendeine Kraft, den Blick zum Himmel zu richten. Was ich da sehen konnte, erstaunte mich sehr! Am wolkenlosen Himmel bewegte sich in nicht allzu großer Höhe ein silbern glitzerndes Objekt in Form einer dicken Zigarre. Es glitt in westlicher Richtung auf den am dichtesten bevölkerten Stadtteil zu.

Meine Aufmerksamkeit war auf der Stelle gefesselt, weil es schnurgerade dahinschwebte, ohne Motorengeräusche, ohne Kondensstreifen oder Verbrennungsrückstände zu hinterlassen. Erwähnenswert ist auch die glitzernde Hülle des Objekts, die sehr deutlich zu sehen war. Sie sah aus wie eine riesige Seifenblase.

Darin steckte das Wunder!

Wegen der Entfernung konnte ich die Größe des Fahrzeugs nur schlecht einschätzen. Ich dachte überrascht: „Nun habe ich am helllichten Tag mitten in der Stadt ein richtiges UFO gesehen!" Schon wollte ich die Menschen aufhalten, um sie darauf hinzuweisen, doch ein deutliches Gefühl hielt mich davon ab. Ich verließ die eng beieinander stehenden Häuser und begab mich auf einen größeren Platz, um bessere Sicht zu haben. Dort beobachtete ich das sich entfernende Objekt noch ungefähr zehn Minuten.

Offensichtlich hatten die Besucher keinerlei Eile. Mein Eindruck war eher, das Gefährt strahle eine starke Energie Richtung Erde.

Zu Hause begann ich sofort zu meditieren. Ich versuchte, mich mit dem Objekt und seiner Belegschaft zu verbinden, indem ich mich auf dessen Energie konzentrierte. Nach einer Weile konnte ich den Führer sehen, jedenfalls hatte ich einen Eindruck von ihm. Er wollte aber keinen Kontakt und versuchte, mich zu ignorieren. Ich fragte ihn, wer er sei und was seine Aufgabe wäre. Daraufhin fauchte er etwas Unverständliches. Ich bat ihn, er möge mich an seinen Vorgesetzten weiterleiten, den für die Mission Verantwortlichen.

Inzwischen spürte ich auch wieder die starke Energie, die zwei nebeneinander platzierte, walzenförmige Generatoren abstrahlten. Nach einem Augenblick der Stille erschien ein sehr sympathischer Mensch. Er lächelte und willigte in eine Unterhaltung ein.

„Woher seid ihr?"

„Von einem Ort, den ihr Wega nennt."

„Womit beschäftigt ihr euch auf Erden?"

„Wir wirken im westlichen Gebiet Mitteleuropas, unsere Basis ist in Polen. Wir arbeiten an einer Schwingungsveränderung dieses Landes. Die Konditionen für euer Leben wandeln sich. Ihr braucht einen frischen Blick."

„Ist es richtig, dass ihr das Stadtgebiet mit neuer Energie aufladet?"

„Ja, man könnte es so nennen. Wir helfen euch."

Seine Antworten kamen aus der Stille der Meditation, die so tief war, dass der Verstand sich zuweilen total ausgeschaltet hatte, um einem ungestörten Empfang der Worte, Gedanken, und Empfindungen meines Gesprächspartners nicht im Wege zu stehen.

Ich unterhielt mich eine ganze Weile mit ihm. Er antwortete mir und zeigte auch Bilder, die den Eindruck machten, als kämen sie von weit her. Auf ihnen waren Basisstationen, Fahrzeuge, Gebiete, die überflogen werden und auch Ergebnisse von Missionen abgebildet.

Plötzlich kam mir in den Sinn, ihn zu bitten, er möge mir seinen Heimatplaneten zeigen. Da schwieg er eine ganze Weile.

„Darüber kann ich nicht allein entscheiden, sagte er. „Ich muss den Beschützer des Planeten um Erlaubnis fragen."

Ich fühlte, dass er den Kontakt mit mir „abschaltete". Erneut wurde es sehr still. Diese Phase dauerte ziemlich lange. Ich verharrte in tiefer Meditation und wartete.

In der absoluten Stille fühlte ich auf einmal in weiter Ferne eine Bewegung. Mir schien, als interessiere sich jemand gedanklich für mich und unterziehe mich einer Prüfung. Einen Augenblick später hatte ich eine Erscheinung, die mich in Erstaunen versetzte.

Ich sah einen Meister vor meinem inneren Auge. Er trat zwar als Mann auf, strahlte aber unglaubliche Liebe, Wärme, Vertrauen und totale Akzeptanz aus. Es war fast ein Schock für mich, dass ein Mensch, der mich gar nicht kannte, mich so liebte und ohne jedes Vorurteil akzeptierte. An diese Erschütterung kann ich mich bis heute erinnern. Ich fragte:

„Könnte ich...," aber er bejahte, bevor ich ausreden konnte.

Die Begegnung mit ihm war allerdings nur der Auftakt.

„Ich würde gerne mit ansehen, wie ein Abflug von der Erde vonstatten geht", bat ich ihn.

„Gut", antwortete er mit seiner wunderbaren Akzeptanz, „es wird für dich eine lehrreiche Erfahrung werden."

Es wurde still. Vor meinem inneren Auge erschien eine Wiese im Park am Stadtrand. Das mir schon bekannte Flugobjekt parkte dort. Daneben stand ein Pilot in einem interessanten Arbeitsanzug. Er trug einen quadratischen Helm, an dem vorne noch eine gestreifte Kunststoffscheibe angebracht war. Erstaunlicherweise saßen seine Kniegelenke viel tiefer als bei den irdischen Menschen. Ich hatte den Eindruck, als könne man sie nach allen Seiten beugen. Seine Hände steckten in dunklen weichen Handschuhen, die langen Finger bewegten sich geschmeidig nach vorn und hinten, sie waren offensichtlich mit zusätzlichen Gelenken ausgestattet.

Er deutete an, ich solle mich ins Innere des Fahrzeugs begeben. Das war etwa neun Meter lang und vier Meter hoch. Jetzt konnte ich auch ganz deutlich seine glitzernde, durchsichtige Hülle erkennen. Ich kam näher und drang bis ins Innere vor.

Die folgenden Empfindungen sind kaum zu beschreiben. Mein Bewusstsein, wie bei jedem Menschen normalerweise auf den Bereich des Kopfes beschränkt, breitete sich auf einmal aus und umfasste Innenraum und Umgebung des Raumschiffes. Ich „sah" und „hörte" alles nur gedanklich wie auf einer Leinwand und konnte mühelos den mentalen und psychischen Zustand der Belegschaft erfassen. Außer uns waren noch zwei weitere Menschen anwesend, die sehr freundlich lächelten. Sie saßen in ganz engen Räumen, aber das war offenbar für sie kein Problem. Ich konnte deutlich fühlen, dass die Grundlage des Bewusstseins Liebe ist, überall vorhanden, alles akzeptierend und alles durchdringend. Es fühlte sich an, als sei unser aller Bewusstsein verschmolzen und völlig eins. Und eben dieses gemeinsame Bewusstsein steuerte und bewegte das Raumschiff.

In einer engen Kabine setzte ich mich nach rechts vorn, hinter mir nahm der Pilot Platz. Über uns sah ich eine durchsichtige, gewölbte Scheibe. Nach einer Weile, ohne die leiseste Empfindung von Anstrengung, sah ich Baumkronen, Wolken, den Sternenhimmel. Auf meine Frage, wie lange der Flug dauere, erhielt ich die Antwort: „Sechs Minuten". Die durchsichtige Scheibe über unseren Köpfen nahm eine milchige Färbung an, und das Schiff fühlte sich an, als sei es in eine angenehm heiße Vibration getaucht. Nach fünf bis sechs Minuten wurde die Scheibe wieder klar und in einer gewissen Entfernung sah ich einen riesigen Planeten vor uns auftauchen. Er war sehr schön und hing majestätisch im leeren Raum, rings um ihn die glitzernde, gigantische Sphäre. Wir hielten einen Augenblick inne. Mir schien, als frage mein Führer, ob wir weiter fliegen dürfen. Wir bekamen vermutlich die Erlaubnis, denn wir starteten wieder.

Ich schrie fast auf vor Staunen, als wir in die Atmosphäre des Planeten eintraten, denn das Bewusstsein wurde völlig eins mit seiner unvorstellbaren Größe. In mir breitete sich das Gefühl von Versöhnung aus, einer Versöhnung mit Gott in Liebe zur Natur. Es war unbeschreiblich schön.

Das Bewusstsein feierte den Triumph seiner Befreiung von allen Begrenzungen des Alltags und wurde vollkommen in der Vereinigung mit allem. Es wollte nichts mehr. Wie kann man noch irgendetwas wünschen, wenn man zu allem geworden ist?

Wir flogen eine Zeitlang hoch über den Wolken, bis das Schiff sich senkte. Einen Moment später entdeckte ich zwischen Nebelschwaden die Erde.

Auf unserem Flug inmitten unaussprechlicher Süße und alles durchdringender Liebe klang plötzlich ein ungewöhnliches Lied in mir. Besser gesagt, ich fühlte es mit meinem ganzen Sein und war völlig hingerissen von diesem Engelsgesang. Die Musik bestand aber nicht aus Tönen sondern aus Vibrationen der Liebe, manche stärker, andere schwächer, zusammengefügt zu einer riesigen Symphonie des Raumes.

Mein ganzes Sein lauschte auf die Töne dieses Liebesliedes, dieser Hymne an die Schöpfung, erreichbar auf den Wogen süßer, innerer Ekstase.

Je näher wir der Oberfläche dieses Planeten kamen, desto mächtiger und deutlicher wurde der Gesang. Es kamen immer neue, feinere

Töne hinzu. Bald verstand ich ihren Ursprung: Die Natur war die Quelle dieser ungewöhnlichen Symphonie. Es war ein Lied des Lebens. Die tiefen und stärkeren Töne waren die Stimmen der Baumriesen, Büsche und jüngere Bäume tönten gedämpfter. Blumen, ja sogar einzelne Grashalme steuerten ihre leisen Noten bei, und so entstand eine unerhörte Harmonie von Klängen. Man konnte das Phänomen mit einem Symphonieorchester in einer riesigen Kathedrale vergleichen, das Klänge ausschickt, freilässt in einen riesigen, leeren Raum.

Wir landeten auf einer kleinen Wiese, und ich stieg aus. Ich sah alles wie durch einen Nebel, aber im Innern war ich wach und lebendig. Die Wiese war umgeben von etwa vier Meter hohen Büschen, und überall sah ich blühende Blumen und Pflanzen. Ich fühlte mich nicht ganz wohl, denn ich wollte auf keinen Fall einen Schaden anrichten, auch nicht aus Unwissenheit. Also blieb ich einfach stehen und ließ den Blick schweifen. Ich entdeckte Blumen, ähnlich denen auf der Erde und ich erinnere mich, wie ich sie aufmerksam betrachtete. Letzten Endes hat man ja nicht jeden Tag die Gelegenheit, die Flora eines fremden Planeten zu studieren.

Bei näherem Hinschauen konnte ich aber einen deutlichen Unterschied ausmachen. Es waren sicher keine Narzissen oder andere mir bekannte irdische Blumen. Als mir dies so richtig bewusst wurde, hatte ich das Gefühl, in der Falle zu sitzen und eine Woge der Panik ergriff mich, sicher auch wegen der Fremdheit der Umgebung. Aber ich beherrschte mich schnell und lenkte meine Gefühle zu den Tönen der allgegenwärtigen süßen Liebe.

Nein, hier war ich sicher nicht in Gefahr.

Bei aufmerksamer Betrachtung der Pflanzen machte ich eine neue Entdeckung: Je länger man eine Pflanze oder etwas ähnliches betrachtete, desto stärker konnte man sich in sie einfühlen. Alles ringsum lebte und hatte Empfindungen. Auf diese Weise erschloß sich mir das nächste unerhörte Phänomen. Ich konzentrierte mich auf eine kleine Quelle. Nach einer Weile hatte ich das deutliche Gefühl, dass sie sich so sehr als möglich verströmen wollte, denn die Pflanzen und andere Wesenheiten brauchten ihre Gabe. Also bemühte sie sich mit ihrer ganzen Kraft, alles zum Wohl der anderen zu geben. Die Blumen erschufen Blütenstaub und Nektar, um ihn sich mit den Insekten zu teilen und ihnen zu dienen. Die Bäume formten ihre Blätter so, dass sie jemandem nützlich sein konnten. Gleiches empfanden wohl auch die Wolken am Himmel. Sie wollten sich in Regen umwandeln, um den Wesen, die ihn benötigten, zu dienen und sie vor der Sonne zu beschützen. Wohin ich auch schaute, überall entdeckte ich selbstloses Sichkümmern um andere, den Willen, ihnen zu dienen. Und überall entdeckte ich Liebe. So offenbarte sich mir ein weiteres Charakteristikum dieser Welt: Jedes kleinste Teilchen war durchdrungen von der Sorge für andere ohne die geringste Spur von Eigennutz. In dieser Welt gab es kein Ego, alles entsprang der Liebe.

Einige Tage war es mir erlaubt, diesen Planeten kennenzulernen.

Wieder daheim, setzte ich mich zum Meditieren und nach einigen Minuten durfte ich die Schranke zur vollen Liebe der Wega erneut passieren. Manchmal hatte ich meinen ersten Begleiter dabei, manchmal erschien der Meister. Er opferte viel Zeit, um mir die gegenseitige Abhängigkeit der Organismen, die auf Seinem Planeten leben, zu erläutern. Er sprach auch vom Ursprung, der gemeinsamen Quelle, die die Liebe ist. Dort war alles so klar!

Das Leben auf der Wega spiegelt in ganz ungewöhnlicher Weise viele göttliche Attribute der Liebe, wie uneigennütziges Dienen, Selbstaufopferung, Hingabe und Demut, die als Abwesenheit von Ego verstanden wird. Das unmittelbare Erleben dieser Wirklichkeit prägte sich mir unauslöschlich ein. Es ist ein Riesenunterschied, nur darüber zu hören oder es selbst erfahren und daraus lernen zu dürfen.

Ich möchte an dieser Stelle dem Meister von der Wega für die geopferte Zeit und erwiesene Liebe meine tiefe Dankbarkeit ausdrücken. Meine Reisen zur Wega endeten so ungewöhnlich, wie sie begonnen hatten.

Etwa nach drei Tagen kam mir in den Sinn, den Meister nach menschlichem Leben auf der Wega zu fragen. Gibt es hier den Menschen ähnliche Wesen? Der Meister bejahte und bot an, mich sofort dorthin mitzunehmen. Einige Minuten später erschien das mir bekannte Gefährt auf der Wiese. Seltsam, erst jetzt wurde mir bewusst, dass meine Frage wirklich eigenartig klingen musste, denn ich hatte doch schon Schiffe gesehen und auch mit der Belegschaft der irdischen Basisstation gesprochen. Es handelte sich doch wohl um Bewohner der Wega? Ich stieg in das Schiff, es erhob sich und nach weniger als fünf Minuten flogen wir in eine Art dichten Nebel. Ich spürte die Anwesenheit einiger Leute, sehen konnte ich sie weniger, denn sie befanden sich hinter einer hohen, breiten Mauer, deren Ende im Nebel verschwand. Deutlich nahm ich ihre Reserviertheit wahr. Sie waren wachsam und sich völlig darüber im Klaren, dass ein Fremder in ihrem Territorium aufgetaucht war. Hinter der Mauer flossen Energieströme, die ganz eindeutig von lebenden und denkenden Wesen stammten. Jeder einzelne befand sich im Innern eines mehr oder weniger ovalen Gehäuses. Ihre Zusammensetzung und Größe erinnerte an ein afrikanisches Dorf mit seinen runden Bauernhütten. Nach einer Weile wandte ich mich an denjenigen, der am stärksten strahlte.

„Willkommen!"

„Wer bist du?" kam die Antwort.

Ich dachte bei mir, wenn sie fragen, heißt das, sie wissen nichts über meine Identität. Der Meister hatte mich ganz durchschaut. Entweder wollten sie das nicht oder sie konnten es nicht.

„Ich bin ein Gast von der Erde. Ihr lebt auf einem wunderbaren Planeten."

„Die Menschen von der Erde verstehen weder das Wesen des Lebens, noch seinen Wert. Ihr vernichtet die zarte Struktur, die euren Planeten umgibt, auf barbarische Weise."

Diese Gedanken kamen und formten sich zu ruhigen Sätzen. Ich wollte ihnen nicht widersprechen, auch nicht erklären, dass ich möglicherweise anders sei.

„Warum bist du hierher gekommen?"

Trotz der Höflichkeit fühlte ich die ganze Zeit eine deutliche Reserviertheit mir gegenüber.

„Ich wollte kennen lernen, wie das Leben außerhalb der Erde aussieht, und ich bin von dem, was ich hier finde, ungeheuer beeindruckt."

„Wir verstehen die Bedeutung dieses Planeten für unsere Existenz, und wir lieben ihn. Wir sind ein Teil von ihm. Wir möchten, dass du dich für uns öffnest, damit wir sehen, wer du bist."

Diese Bitte machte mich nachdenklich. Sie wollten mich also nicht mit Gewalt „durchleuchten". Ich hatte ebenfalls vermieden sie anzustarren, weil ich nicht wusste, wie das verstanden werden würde. Ich wollte mich nicht irgendwie unpassend benehmen bei diesem so kultivierten Treffen mit Wesen eines anderen Planeten.

Aber ich war mir weiterhin im Unklaren, was ich tun sollte. Endlich wandte ich mich an den teuren Meister, Er möge sich ihnen zeigen. Es sollte eigentlich ein Scherz sein, aber der Meister stimmte zu.

Nach einer Weile der Vorbereitung öffnete ich meine ganze mentale und spirituelle Sphäre und bat den Meister, Er möge Sich mit Seiner Liebe nähern…

Ich schloss die Augen. Nun begann eine heiße, vibrierende Energie zu fließen, ähnlich der, die die Segnungen des Meisters begleitet. Als ich die Augen wieder öffnete, waren meine Gesprächspartner wie von Blitz getroffen, stammelten chaotische Sätze…

„Wir wussten nicht, wer du bist! Dein Wesen war so tief verborgen. Wir hatten so viel Negatives über die irdischen…"

Auf einmal verschwand die vorherige Reserviertheit und an ihre Stelle traten Aufrichtigkeit, Offenheit und echte Ergriffenheit. Ich war dann mehrmals über Stunden auf dem Planeten zu Besuch.

Dann erschien der Meister und sagte, es sei nun an der Zeit, Abschied zu nehmen. Ich würde bei Gelegenheit noch einmal auf die außergewöhnliche Wega zurückkommen. So nahm ich Abschied von meinem Betreuer und den anderen Bewohnern.

Am Abend des gleichen Tages setzte ich mich hin, um mit heißer Feder wenigstens einen Teil meiner Eindrücke zu schildern.

Teurer Meister, hättest Du Lust, aus dieser meiner Erfahrung ein Fazit zu ziehen?

Gerne! Du hast von diesem kurzen Aufenthalt außerhalb deines Heimatplaneten viel gelernt. Es ist ein großes Geschenk, in deinem jungen Alter hinter den Vorhang, der die Erde von anderen Bewohnern des Kosmos trennt, schauen zu dürfen. Ein noch größeres Geschenk war der Blick in die Tiefen des Selbstbewusstseins, das die lebenden Wesen der Wega behütet, eines Bewusstseins von Liebe.

Ich danke Dir, Baba, für die erbauliche Erfahrung. Ich konnte an mir selbst die tiefen und eindringlichen Empfindungen von Liebe, Hingabe und dem Dienen anderer Wesen im Namen der Liebe und der Güte erfahren.

Diese Kraft hat das All erschaffen.

Die Liebe?

Die lebendige, zärtliche Liebe.

Ich bitte Dich, lass mich mit Deiner Hilfe all diese herrlichen Eigenschaften annehmen und ins Leben einbringen.

Drei Meister in einer Höhle

Eines Abends las ich in Paul Bruntons Buch „Auf den Pfaden der Yogis". Brunton beschreibt ungewöhnliche Ereignisse, in die er während seines Aufenthalts in Indien verwickelt war. Ich war mir plötzlich sicher, dass alle Manifestationen und wunderbaren Geschehnisse Ausdruck energetischer Prozesse sind. Als solche hängen sie ab von einem bestimmten Energievolumen ab. Mein Verstand arbeitete: Wo es ein Ergebnis gibt, da ist die Ursache nicht weit. Daraus folgt: Wenn in Indien so viel Ungewöhnliches stattfindet, wenn in diesem Land sehr viele Heilige leben und wirken, bedeutet das, es existiert eine Quelle, die von strahlender, geistiger Energie nur so sprudelt. Man könnte sich auch sicherlich mit ihr verbinden, denn in der Energiewelt gibt es keine Trennungen. Außerdem hatte ich schon öfter energetische Strömungen erfahren, wenn ich intensiv auf etwas oder jemanden konzentriert war. Diese Fähigkeit stellt sich ganz natürlich bei regelmäßiger Meditation ein.
Aber zur Sache. Ich wollte ein kleines Experiment machen. Ich nahm mir vor, im Zustand der Meditation meinen Verstand stillzulegen, um mich mit diesem Energiezentrum – ich gab meinen Gedanken diese Arbeitshilfe – zu verbinden.
Gedacht, getan! In der sich vertiefenden Stille wandte ich mich an den Meister. „Meister, ich werde von eins bis zehn zählen. Wenn ich die Zehn erreiche, stell Du bitte eine Verbindung her".
Eine ganze Weile tat sich gar nichts. Ich blieb sitzen in Stille und Dunkelheit. Bald aber erschienen erste Bilder. Ich befand mich in einer geräumigen Felsengrotte. Hinter mir sah ich einen großen Haufen Schutt, der von Ruinen stammte und den Eingang versperrte. An hohen Wänden floss Feuchtigkeit in dünnen Rinnsalen herunter.

Ich wandte mich vom hinteren Teil dem Eingang zu und hätte vor Verwunderung beinahe aufgeschrieen. Die Höhle erweiterte sich, bis nach zehn Schritten eine steile Wand ihr Ende markierte. Dort saßen drei menschliche Wesen im Lotussitz. Der mittlere saß etwas erhöht, alle drei erschienen mir sehr, sehr alt. Sie trugen lange, graue Haare, die bis auf die Erde reichten. Ihre Gesichter waren voller Runzeln, aber die Aura um sie herum strahlte Wärme, Hingabe und Liebe aus. Die Quelle dieser Liebe war möglicherweise irgendwo sehr weit entfernt, aber sie schien durch diese Menschen die ganze Welt zu erfassen.

Seltsamerweise gaben alle drei kein Lebenszeichen von sich. Als ich daraufhin mein inneres Sehen verstärkte, konnte ich in ihrem Innern doch noch ein schwaches Licht wahrnehmen. Sie waren also noch lebendig.

Ich bat den Meister um eine Erklärung. Nach einer Weile hörte ich Seine leise Stimme:

> **Diese drei Weisen kamen vor tausend irdischen Jahren hierher. Sie wollten zum unerreichbaren Himalaja, um sich dort der Meditation zu widmen. Hier an dieser Stelle offenbarte ihnen die liebende Göttlichkeit den Plan, dass sie Ihr dienen können, indem sie ihre Körper in tiefes Koma versetzen und so zu Kanälen für die Strömungen der göttlichen Liebe werden, die die Menschheit die folgenden zehn Jahrhunderte braucht, - bis zur Ankunft des nächsten Boten. Sie ergaben sich dem Schöpfer völlig.**
>
> **Mit Hilfe der ihnen bekannten geheimen yogischen Techniken brachten sie sich in den Zustand zwischen Leben und Tod, und dort sind sie bis heute. Auch wenn du kein Lebenszeichen bemerkst, sind sie sich völlig bewusst, dass du, dass wir beide hier sind.**

Später überlegte ich mehrmals, wer wohl mit dem Boten gemeint war, den der Meister erwähnte, aber Er schwieg. Ich selbst konnte mir keinen Reim darauf machen, mir fielen nur die Antworten verschiedener Religionen ein: Das erneute Kommen von Jesus im Christentum, der Messias bei den Juden, Maitreiya im Buddhismus oder ein Avatar des Hinduismus. Erst nach Jahren, als ich den unwahrscheinlichen

Wundern des Avatars unserer Zeit, Sathya Sai Baba, begegnet war, verstand ich, über wen der Meister gesprochen hatte.
Meister, wozu wird diese Energie benötigt?

Ohne diese Kraft hätten die Menschen die Existenz der Höheren Welten und die Notwendigkeit, sich in Liebe an den Schöpfer zu wenden, total vergessen. Eure Herzen wären ohne Liebe, und vollständig ausgetrocknet. Die Menschen würden sich von allem Möglichen leiten lassen, aber nicht von Liebe und Güte. Ihr müsst sehr viel Leid ertragen. Weil diese Yogameister das wissen, verzichten sie auf eine irdische Wiedergeburt. Verbeuge dich vor ihnen! Erweise ihnen die Ehre für ihre Arbeit und ihre Selbstaufopferung.

Ich verneigte mich bis zur Erde vor ihnen und sagte: „Große Meister! Ich danke euch für eure Hilfe und Aufopferung. Bitte segnet mich". Zunächst regte sich nichts, aber nach einiger Zeit fühlte ich ein Vibrieren in der Region meiner Schädeldecke, das langsam in eine Art Druck überging. Etwas später begann eine heiße Energie, vergleichbar mit flüssigem Honig vom Schädeldach abwärts zu fließen. Nach Erreichen des Brustkorbs in Herzhöhe verschwand die Erscheinung. Ich konnte das Geschehen sehr deutlich wahrnehmen, es dauerte etwa eineinhalb Stunden.
Am nächsten Tag sprach ich den Wunsch nach einer erneuten Verbindung aus. Wieder stellte sich das Empfinden langsam strömender feuriger Energie ein, diesmal für etwa fünfzehn Minuten.
Heute habe ich den Meister um einen Kommentar zu diesem Geschehen gebeten.

Diese Menschen befinden sich noch heute dort. Wenn ihr von ihnen geistige Unterstützung braucht, wisst, sie werden euch diese niemals versagen. Benehmt euch anständig und bittet um ihren Segen, aber ausschließlich darum. Bittet nicht um Irdisches. Sie sind sehr mächtig, und ihr Einfluss reicht weit über die Grenzen der Erde.

Welche Art Macht haben sie, Meister?

Sie können den Lauf der Dinge beeinflussen. Sie haben ihren irdischen Zyklus längst beendet und sind mit der Liebe verschmolzen. In der Zeit, als Ich auf der Erde nicht körperlich anwesend war, nährten sie die Flamme der Liebe zum Schöpfer. Sie wirken auch heute noch Wunder. Zeit und Raum sind für sie kein Hindernis, die Liebe hat ihnen alle Pforten geöffnet. Sie wird auch jedem einzelnen von euch helfen. Bittet, und es wird euch gegeben.

Ich möchte sie um Liebe zu Dir bitten, darf ich das?

Ja, sie werden dich nicht zurückweisen, denn wir sind eins: Viele Körper, aber nur ein Herz.

Meister, ich habe noch eine Frage.

Bitte

War ich auf der richtigen Spur mit meiner Idee der Existenz eines Zentrums, das geistige Energie produziert und so alle Prozesse in Indien auflädt?

Nein, es existiert kein derartiges Zentrum. Es gibt nur eine Energiezentrale, unseren liebenden Schöpfer. Deine Idee und auch der zu ihr führende Denkprozess wurden arrangiert. Das sollte geschehen, damit du in den Genuss der Segnungen der Meister gelangst, du und viele andere, die jetzt diese Worte lesen. Bittet, und ihr werdet empfangen. Viele Wesen warten darauf, euch zu helfen und auf den richtigen Weg zu bringen, viele Wesen, die von dem Einen inspiriert werden.

Vision von Gott

Willkommen, teurer Meister. Ich möchte mich zunächst erstmal für den heutigen Tag bedanken, für Deine Nähe und Zärtlichkeit. Außerdem hätte ich auch Fragen zu dem, was ich heute sehen durfte. Es war, als öffnete sich eine zweite Realität und hinter dem Schleier der Materie leuchtete ein lebendiges, ungeheures Licht. Sein Strahlen brach herein wie aus einer anderen Existenz. Ich erkannte plötzlich, wie unbeständig unsere Welt doch ist, eigentlich ja nur unsere Vorstellung von ihr, die wir tief in uns tragen. Die Realität selbst kann nämlich völlig anders sein.

Ich bekam plötzlich Angst, das Licht könne mich ergreifen und mitsamt der Welt für immer verschlingen. Daraufhin begann es sich zurückzuziehen. Nach ein paar Minuten löste sich die Vision auf.

Als diese sichtbare und greifbare Welt zu verschwinden begann, wurde mir angst, gleichzeitig aber erkannte ich, dass Du liebes wunderbares Licht die einzig wahre Realität bist.

Angst ist für viele von euch ein Riesenproblem. Sie verhindert, dass ihr euch so für die Liebe öffnet, wie Sie es eigentlich verdient. Eine zweite Schwierigkeit sind eure verschlossenen Herzen, verschlossen für die Liebe, für andere Menschen, für die Göttlichkeit. Ihr richtet eure Aufmerksamkeit auf euch selbst, auf Besitz, Wünsche, Begierden und eigene Ideen.

Dabei ist die Göttlichkeit ganz, ganz nahe und immer da. Alles ist Licht. Nur im Gehirn entstehen Bilder der materiellen Eindrücke, und um sie herum erschafft ihr diese Welt. Das, was ihr „Welt" nennt, sind Bündel von Eindrücken, die sich über viele Jahre festgesetzt haben. Eure „Welt" ist grundsätzlich mentaler Natur, keine Physis.

Meister, ich muss zugeben, dass ich Dich nicht verstehe. Ist es richtig, dass das „Physische" nicht existiert? Was ist denn dann überhaupt „Materie"?

Die Materie ist eine bloße Konzeption, basierend auf Sinneseindrücken. Realität ist etwas anderes. Realität ist

Licht und Liebe. Das Materielle hat kein objektives Sein. Einzige Wirklichkeit ist das Höchste Sein, der Schöpfer, der alles aus Sich heraus schafft.

Ich muss zugeben, dass ich weiterhin nicht allzu viel verstehe…

Das, was du als „Ding" bezeichnest und für „existent" hältst, ist etwas anderes, als es dir zu sein s c h e i n t. Man hat euch beigebracht, einer „Realität", die aus körperlichen Sinneswahrnehmungen besteht, objektives Sein zuzuschreiben. Das ist die Grundlage eurer mentalen Konzeption, die ihr „Realität" nennt. Aber in Wahrheit handelt es sich um eure Gedanken und Vorstellungen darüber, was ist, nicht um die Wirklichkeit. Außerdem seid ihr sehr an diese ART DES DENKENS über die Welt gebunden. Wenn Situationen und Ereignisse eure „geliebte Ordnung der Dinge" in Frage stellen, empfindet ihr große Angst. Ihr befürchtet, eure eigene „Realität" zu verlieren, also eure eigenen Gedanken darüber, wie die Welt beschaffen ist.

Nun beginne ich, zu begreifen. Das, was wir als Welt bezeichnen, ist ein Bündel von gedanklichen und emotionalen Wahrnehmungen. Ist das richtig?

Ja, annähernd.

Meister, welche praktischen Konsequenzen kann man aus Deinen Worten ziehen?

Beginnt zu denken, dass ihr weder die Welt, noch ihre Grundlage, noch euch selbst verstehen könnt. Löscht jeden Stolz darüber in euch aus, überhaupt etwas zu wissen. Nehmt Abstand von diesem eitlen „Ich weiß", das eure persönliche Welt so erschafft, damit ihr sie regieren und euch über andere erheben könnt. „Ihr" als Einzelwesen seid auch nur ein gedanklicher Zustand, eine Vorstellung, deren Wurzeln aber sehr tief und fest in euch verankert sind, ohne jeden Bezug zur Realität. Das wahre Sein des

Menschen ist Licht. Der „Ich-Gedanke", der euch seit Generationen quält, dem ihr aber einen so großen Stellenwert einräumt, ist falsch.

Seid beharrlich. Irgendwann wird dieses Trugbild verschwinden, diese Gedanken über die Welt. Es wird ausgelöscht wie die Flamme einer Kerze. Einzig ewig sind Liebe, Freude und Glücklichsein. Bis dahin hört auf, dieses „Ich" weiter zu vergrößern. Beschränkt euer Denken, das ja auf einem „Ich" basiert, und begrenzt eure Wünsche. Denkt an Gott, nicht an euer „Ich".

Erlaubt nicht, dass die Angst euer Führer ist. Angst trennt euch vom Licht, von der Liebe und Gott. Öffnet euch völlig für Gott, jetzt, sofort. Erlaubt, dass Gott euch total erfasst.

Wie entsteht unser Gefühl des Getrenntseins und die Persönlichkeit mit ihrem „Ich"?

„Das persönliche Ich", gebunden an die Körperlichkeit, ist eine Widerspiegelung des Einzigen Ichs, des göttlichen Wesens. Ähnlich wie auch die „Welt" basiert es auf einem Bündel körperlicher Wahrnehmungen und wird zusammen mit dem geboren, was ihr die „Welt" nennt. Beide Konstruktionen können wir als Zustände destruktiven Denkens bezeichnen. Ich möchte nochmals betonen, dass dies mentale Zustände sind, die nicht viel mit der Realität gemeinsam haben.

Warum können wir das so nicht sehen und verstehen?

Ihr seid durch eure Handlungen und euer Denken total verstrickt mit der Welt. Ihr seid wie Schauspieler, die selbstvergessen ihre Rollen spielen und vergessen haben, dass es sich nur um Theater handelt. Wenn ihr schlaft, kommen euch auch alle Ereignisse sehr realistisch vor, und ihr reagiert öfters mit starken Emotionen, aber morgens wisst ihr, es war nur ein Traum. Das, was ihr als Realität bezeichnet, die Welt und euch selbst, ist ein solcher Traum. Das Leben ist ein Traum, und der Tod ist das Erwachen... Dann steht ihr der Liebe von Angesicht zu Angesicht gegenüber.

Was sollen wir also tun, wie in der Praxis handeln?

Kehrt nicht zurück zu eurer Vergangenheit, euren Meinungen, Ansichten und Gewohnheiten. Bittet die Liebe, Sie möge euch formen, wie Sie es wünscht. Vergesst alles, was hinter euch liegt und folgt der liebenden Göttlichkeit weiter und weiter in die Ungewissheit. Das Unbekannte wird für längere Zeit euer zu Hause werden.
Die Vergangenheit besteht nur aus euren Gedanken. Die wahre Zukunft kennt ihr nicht. Es bleibt das Jetzt, aber es ist auch unwichtig, da ihr es unrein und falsch erlebt. Was könnt ihr tun? Umkehren zur Liebe und Göttlichkeit. Nur das bringt dauerhaft gute Resultate und viele Segnungen.

Teurer Meister, ist es wahrhaftig so, dass Du der Einzige Gestalter aller Begebenheiten bist? Kein Ereignis geschieht ohne Dein Zutun? Und Du legst die Grenzen fest, und nichts, absolut gar nichts kann ausbrechen?

So ist es.

Ich kann trotzdem nicht begreifen, warum die Welt so ist, wie sie ist. Die Menschen sind überzeugt, sie seien selbständig. Dabei bist Du es, der versteckt hinter einer dünnen Fassade von Geschehnissen die Fäden zieht. Daraus folgt: Alles ist so, **wie es sein soll**. Nirgends gibt es einen Fehler oder eine Ungerechtigkeit, da Du doch überall bist. Bedeutet das auch, Du hegst als Höchster keine Wünsche der Welt gegenüber? Du könntest doch arrangieren, dass Menschen Dich heißer lieben! Das könntest Du doch tun? Wo steckt hier die Wahrheit?

Die Wahrheit ist ganz einfach. Sie ist die Liebe, die Ich bin. Diese Wahrheit ist für den Verstand undurchschaubar, beeindruckt ihn deshalb nicht besonders. Es ist die Wahrheit

des Herzens, jenes Ortes in euch, der dank seines Bewusstseins im Kontakt mit der lebendigen Göttlichkeit steht.
Alle Ereignisse haben ihren Platz im göttlichen Plan. Dieser Plan ist ein süßes Liebeslied, das für den liebenden Schöpfer erklingt. Es gibt darin keinen Fehler, nicht den kleinsten. Das Leben ist ein wunderbares Gewebe, ein göttliches Geschenk für den Kosmos, ein Gabe voller Liebe und Weisheit.

Ich bezweifele nicht, Meister, dass es so ist, wie Du sagst, aber warum kommt in diesem Plan überhaupt Leiden vor?

In „eurer" Welt gibt die Göttlichkeit Zeichen, dass ihr bestimmte Dinge nicht tun solltet, denn sie verletzen die geltende Ordnung. Auf ihren Regeln beruht das Konstrukt des Weltalls. Sie sind eine Erfindung der Liebe, die das Wohl aller existierenden Wesen im Auge hat, ihr Wohl und ihre Entwicklung. Ihr mögt diese Prinzipien in „eurer" Welt nicht zur Kenntnis nehmen, das verändert aber nicht ihre Wirkung und Gültigkeit. Leiden verbrennt negative Neigungen, lehrt, Verhalten und Denken zu korrigieren und führt zu höheren Werten. In eurer Realität bremst es auch uferlose Wünsche und Handlungen, die aus Unkenntnis vollzogen werden.
Leiden führt immer zu Transformation.

Meister, das sind sehr schöne Worte, und es strömt eine wunderbare Energie aus ihnen. Sie sind bestimmt wahr. Aber etwas beunruhigt mich immer noch und treibt mich an, noch weitere Fragen zu stellen. Es ist sehr schwer, sich mit der Notwendigkeit von Leiden abzufinden angesichts dessen, was in der Welt vor sich geht.

Stell dir vor, was passieren würde, wenn die Taten keine Konsequenzen nach sich zögen. Wie würde die Welt aussehen ohne einen Faktor, der euch zwingt, von Gewalt, Aggressionen, Lüge, Betrug und Manipulation abzusehen und euch konsequent der göttlichen Liebe zuzuwenden?

Ihr wollt Gerechtigkeit auf der Welt, weil ihr Fehlen euren tiefsten Empfindungen aufs Äußerste widerspricht. Gleichzeitig aber nehmt ihr nicht zur Kenntnis, dass Gerechtigkeit bereits herrscht! Ohne das Gesetz des Karmas, das die Menschheit zur Liebe führt, wäre das Weltall nicht logisch. Es sähe so aus, als hätte es ein Verrückter erschaffen.
Aber die Entwicklung geht in eine gute Richtung. Heute scheint es zwar, als häuften sich Katastrophen und Konflikte. Aber das ist nur ein vorübergehender Zustand. Ihr rechnet auf diese Weise ab mit dem Zeitalter, in dem ihr in Dunkelheit versunken wart. Das Licht ist schon nahe, sehr nahe. Weltliches verschwindet, und Licht wird sich offenbaren...

Teurer Baba, vielleicht liegt das Problem in der Tatsache, dass wir im Alltag die Wirkung des Gesetzes von der Handlung und ihren Folgen nicht sehen?

Ja, das ist eins eurer Probleme, aber es gibt eine ganz einfache Methode, sich von der Existenz des karmischen Gesetzes zu überzeugen. Es geht sehr schnell, wenn ihr nur wollt.

Ja? Wie denn?

So lassen sich alle Probleme lösen, nicht nur dieses...

Ja? Könntest Du diesen Schleier lüften, lieber Meister?

Die einfachste Methode bei Problemen und Fragen ist die Bitte um Hilfe, die Bitte um Antwort. Bittet, und ihr werdet empfangen. Menschen in Not, Menschen, die ernsthaft nach der Wahrheit suchen, wird keine Unterstützung verweigert. Wendet euch im Gebet mit der Bitte an die Göttlichkeit, Sie möge euch auf eure Fragen nach der Funktion des Gesetzes von Ursache und Wirkung antworten und seine Logik erklären.

Dann beginnt, über euer Leben nachzudenken. Wenn ihr die Wirkung des Gesetzes entdeckt, bemüht euch, Worte, Gedanken und Taten den wichtigsten Prinzipien anzugleichen. Denkt das Gute, sprecht Gutes, tut Gutes und bittet, während ihr handelt, die liebende Göttlichkeit um Hilfe. Das ist der Weg, das Leben zum Besseren zu verändern und die Befreiung von der negativen Einwirkung eures falschen Weltbildes zu erreichen.

Merkt euch: Bittet, und ihr werdet empfangen.

Jetzt erinnere ich mich gerade an eine Situation, in der ich mich vor Jahren befand. Ich war in Eile und wollte zu meiner Vorlesung, die so gegen zwölf Uhr stattfand. Die Gartentür zur Straße war nicht verschlossen, sodass mein Schäferhund, der normalerweise im Garten herumläuft, verschwinden konnte. Ich musste ihn unbedingt vor meiner Arbeit wieder einfangen, suchte die ganze Umgebung nach ihm ab und wurde immer nervöser. Am Ende fand ich ihn im Park, der sehr weit vom Haus entfernt ist. Ich brachte ihn zurück, schrie ihn an und schlug ihn sogar mit der flachen Hand. Bis heute erinnere ich mich daran, wie er zitterte, ein mächtiger Wolfshund, aber er zitterte am ganzen Leib. Danach fühlte ich mich schrecklich, weil ich mich so hatte gehen lassen und bedauerte mein Handeln.

Es war Herbst. Die Dunkelheit kam schnell. Am selben Tag bat mich ein Bekannter, ihm zu helfen, sein Auto in die Werkstatt zu bringen. Wir besorgten einen Abschleppwagen, luden das beschädigte Auto auf und fuhren los. Als wir dort ankamen, war es schon ganz dunkel. Um die Werkstatt, die schon nicht mehr besetzt war, zog sich ein Metallzaun. Ich stieg aus und begab mich auf die Suche nach einem Angestellten, denn wir wollten das Auto ja dalassen. Ich trat an den Zaun heran und stützte mich darauf, um in das Pförtnerhäuschen sehen zu können. In diesem Augenblick spürte ich einen starken Schlag auf meine rechte Hüfte, so stark, dass ich ein ganzes Stück zurückprallte. Mehr erstaunt als erschrocken sah ich mich nach der Ursache um. Im Licht unseres Autoscheinwerfers konnte ich erkennen, dass an meiner Hose ein handtellergroßes Stück herausgerissen war. Es baumelten noch an ein paar Fäden an der Stelle.

Da kam auch schon der Wachmann mit einer Taschenlampe, und ich konnte hinter dem Zaun den Schatten eines Hundes, möglicherweise eines Rottweilers, wahrnehmen. Der Mann führte ihn gleich ab und sperrte ihn ein. Er sagte uns, es sei ein ausgebildeter Wachhund, der ohne Vorwarnung angreife. In der Tat, der Hund hatte nicht einmal gebellt, sondern lautlos auf mich gewartet. Wäre da nicht der Zaun gewesen, hätte er mich möglicherweise ins Bein gebissen.

Mir wurde heiß und kalt, als mir klar wurde, was mir da hätte passieren können. Ich bedankte mich sehr innig beim Meister für den Schutz und entschuldigte mich tief für mein vorheriges Benehmen. Dies war eine erstklassige Lektion, denn ich kann mich bis heute gut an sie erinnern.

Gewaltanwendung ist keine Lösung, nur Liebe. Ich habe die Begebenheit schon einige Male Bekannten erzählt. Manche wandten ein, es könne auch Zufall gewesen sein.

Es war kein Zufall. Selbst wenn, gibt es kaum eine wertvollere Erfahrung, um diese Lektion zu vermitteln. Fremde Zweifel sind keine guten Wegweiser auf dem geistigen Pfad. Menschen handeln unter dem Einfluss von Illusionen, aber Spiritualität bewegt sich jenseits der Täuschung.

Der wichtigste Lerneffekt für mich war die unangenehme Auswirkung, die sofort auf mein Verhalten folgte. Ich wurde belehrt, mich künftig nicht mehr zu ärgern und meine Hand nicht gegen ein Lebewesen zu erheben.

Ich akzeptiere deine Schlussfolgerung. Du hattest damals großes Glück.

Ich danke Dir noch einmal. Als ich das Ereignis deuten konnte, war ich nicht mehr erschrocken, im Gegenteil: Ich fühlte mich fabelhaft! Schließlich hatte ich am Ende etwas Wesentliches begriffen; das Gesetz wirkt, und meine inneren Gefühle stimmen hundertprozentig damit überein.

Ich empfand nun große Demut dem Leben und Dir gegenüber.

So sieht einer der Schritte zum Licht aus.

Ich danke dir, dass Du Dich meinem inneren Blick zeigst. Es ist schade, dass die Menschen Deine erstaunliche, riesengroße Demut

nicht sehen können. Sie würden sicher sofort ihre Einstellung zu
Dir ändern.

**Es gibt viele Menschen, die gar keine Lust haben, Mich
wahrzunehmen. Sie glauben, Ich gäbe ihnen sowieso nicht
das, was sie brauchen. Oft ist aber das, worum sie bitten,
ungünstig für sie. Es würde weder ihnen noch sonst jemandem etwas Gutes bringen. Daher Mein „nein". Und
dann grollen sie Mir manchmal und sind Mir böse. Aber
Ich bin nie beleidigt.**
**Ich bin Liebe. Die Welt ist aus dem dünnen Faden der
Liebe gewoben. Erde und Himmel bestehen aus Liebe. Die
Blätter im Herbst sind bunte Liebesbriefe, Briefe, gesandt
von den Bäumen an die Erde. Der Wind ist der Atem Gottes. Er streichelt sanft eure Gesichter. Ich liebe euch, meine zärtlichen Freunde. Schaut auf Mich, schaut Mich an
mit Liebe, und Ich werde Mich Euch zeigen. Ich bin nahe,
sehr nahe. Ich bin Liebe, eine grenzenlose Liebe. Du und
Ich, wir sind Liebe. Eure Gedanken besitzen die Macht,
die Welt zu erschaffen. Schafft sie nicht in alter Weise.
Wendet euch alle an Mich, und Ich werde euch die Befreiung zur Liebe und zum Glück schenken.**

Das Abenteuer, dem Tod zu begegnen

Vor vielen Jahren saß ich in meinem Wohnzimmer und las ein Buch
über den Tod und das Sterben, verfasst von einem Tibetischen
Lama. Es war Abend. In dem leeren Haus war es sehr still, und ich
kuschelte mich bequem in meinen Sessel. Der Verstand glitt ganz
natürlich in einen meditativen Zustand. Er beruhigte sich, die Gedanken verschwanden. Unter dem Einfluss meiner Lektüre dachte
ich an den Tod und was er eigentlich sei. Auf einmal fühlte ich,
dass ich nicht mehr allein war. Im Salon nebenan, ein paar Meter
entfernt, spürte ich sehr deutlich die innere Strahlung einer Person,
die mit jedem Augenblick stärker wurde. Eine Welle ungewöhnlich

beschwingter Liebe durchflutete mich. Sie war zärtlich und ich hatte das Gefühl, unsagbar beschützt zu sein; sie schien alles zu sehen und zu verstehen.

Obwohl ich mir meiner inneren Wahrnehmungen niemals ganz sicher bin, kam es mir vor, als sei der Gast ein Mann. Er stand da, schaute sich um und strahlte eine wunderbare Liebe aus. Und ich wusste plötzlich: Das ist der Tod. Ich behaupte nicht, diese ungewöhnliche Erscheinung verstanden zu haben. Einerseits war da die sehr deutliche Anwesenheit von jemandem, den jede meiner Zellen als den Tod erkannte, andererseits strömte aber eine wunderbare Liebe von ihm aus, sehr lebendig und unerhörte Befreiung und Trost versprechend.

Ich verbeugte mich tief vor ihm und bat um seinen Segen. Er bewegte sich nicht, aber seine Liebe sprach Bände. Sie war sehr intensiv und innig. Ich fühlte, wie sie in einem breiten Strom in mein Herz floss.

Der ungewöhnliche Gast blieb drei Tage. Erst einige Zeit später wurde mir klar, dass nur jemand, der so voller Liebe ist, die Rolle eines Begleiters auf die andere Seite übernehmen kann. Ich weiß, ich werde ihm irgendwann folgen. Es wird ein Tag voll großer Freude und Liebe sein.

Eigentlich ist mir bis heute nicht klar, was da geschehen ist und wem ich damals begegnet bin.

Du hast den Tod gesehen. Sei dir bewusst, dass es eine große Seltenheit ist, ihm während des Lebens zu begegnen.

Seltsam, der Tod war eine Person, ein Mann...

Nein, es kam dir nur so vor. Der Tod hat kein Geschlecht.

Aber ist er ein lebendiges Wesen, ein Mensch?

Ja! Er kommt, um das irdische Dasein der Wesen abzuschließen und zu vollenden, um für den Scheidenden eine möglichst gute Reise auf die andere Seite sicherzustellen. Er strömt frei auf den Flügeln der Liebe über alle Begrenzungen und Umstände hinweg in die Obhut des Schöpfers, der voller Liebe ist.

Viele Menschen sterben durch Unfälle oder müssen lange leiden…

Für manche Menschen ist der Tod eine Befreiung vom Ringen mit sich selbst, von Begrenzungen und Leid. Der Zustand, den sie direkt nach ihrem Übergang erfahren, ist mit nichts zu vergleichen.
Von eurer Seite aus hat die Grenze, die der Tod bedeutet, große Bedeutung, von der anderen ist sie nicht mehr so wesentlich. Gleich jenseits von ihr erstreckt sich ein wunderbares Land.

Beim bloßen Gedanken daran schaudere ich vor Ungeduld. Ich möchte es kennenlernen, dieses Land ist bestimmt voller Geheimnisse.

Für euch sicher. Aber wünsch es dir nicht. Alles kommt zu seiner Zeit. Und noch eine Anmerkung: Wünsche, diese oder andere Welten kennenlernen zu wollen, sind nicht besonders wertvoll. Besser ist das Bestreben, anderen zu dienen. Der wertvollste Wunsch von allen ist der Wunsch nach Liebe und Vereinigung mit dem Höchsten. Nimm dir Meine Worte zu Herzen!

Ich habe keine Angst vor dem Tod. Eigentlich erwarte ich ihn mit Interesse. Ich weiß, ich werde Dich dann sehen, lieber Meister.

Das ist wahr.

Und das wird sehr gemütlich.

Ganz sicher. Du weißt nicht, wie sehr!

Ist Dir mein Todestag schon bekannt?

Auf die Minute!

Das ist gut. Ich mag Präzision. Nach meiner Meinung drückt sich so Vollkommenheit aus.

Du hast ja Humor!

Den hab ich wohl von Dir, Vater.

So hast du Mich schon lange nicht mehr genannt.

Tatsächlich ist seit dem letzten Mal schon einige Zeit vergangen. Hast Du etwas dagegen? Ich werde Deine Wünsche gerne erfüllen.

Nein, wieso denn? „Baba" klingt allerdings noch süßer.

Sanskrit ist eine seltsame Sprache, sie wurde von höchster Ebene inspiriert.

Ja, von Mir selbst.

Könnte ich bezüglich meines damaligen Besuchers noch einige Fragen stellen?

Selbstverständlich! Ich habe keine Bedenken.

In unserer Kultur hat der Tod gewöhnlich die Gestalt einer Frau. Mir erschien aber ein gut aussehender Mann, noch dazu ein zärtlicher.

Das ist richtig.

Aus welchem Grund hat er diese Form angenommen?

Der Meister wählte diese Gestalt, weil sie für dich wie geschaffen war. Etwas anderes hättest du vielleicht nicht verstanden.

Ich konnte ihn nicht als Meister empfinden, sondern er war eindeutig „der Tod" für mich.

Du fühltest dich von Liebe durchströmt. Das war seine Visitenkarte. Er ist einer der Meister, die die Wächterrolle

zwischen den Welten ausüben. Sie führen die sterbenden Menschen auf die andere Seite des Ufers.

Könntest Du etwas mehr darüber sagen?

Ein andermal, heute nicht. Dieses Wissen ist nicht so entscheidend wie die Liebe. Man soll Wissen und Liebe nicht gegen einander austauschen.
Wenn du die Wahl hast, dich von dem Verstand leiten zu lassen oder der göttlichen Liebe zu folgen, wähle immer die Liebe. Der Tod ist Teil des Lebens. Du lebst weiter, nur außerhalb der materiellen Welt. Das Sein hat niemals ein Ende. Wenn du zu Mir kommst, wirst du dich an alles erinnern.

Wir werden viel zu besprechen haben.

Das Gespräch der Herzen ist ohne Worte. Sein Thema jetzt und für alle Ewigkeit ist... Liebe.

Göttliches Licht

Sri Sathya Sai Baba brach wie ein Sturm in mein Leben ein. Spirituelle Menschen werden früher oder später Informationen über Ihn erhalten. In meinem Fall hinterließen sie aber zunächst keinen besonders tiefen Eindruck. Heute weiß ich, dass es lediglich ein Zeichen meiner Unreife war.
Niemand, der zu irgendeinem Zeitpunkt mit Sai Baba in Berührung kommt, wird der Gleiche bleiben können.
Einer meiner Kollegen reiste nach Indien, um heilige Stätten zu besichtigen. Seine letzten beiden Wochen verbrachte er im Ashram von Sathya Sai Baba in Puttaparthi. Er kam völlig verändert zurück. Ich war ganz überrascht vom Ausmaß seiner Wandlung. Ehemals Rationalist, der die Realität nur durch das Prisma des Intellekts betrachtete, erzählte er mir plötzlich von ungewöhnlichen geistigen Erfahrungen. Er sprach von Liebe, einer Liebe zu allen Geschöpfen.

Diese Liebe war ganz deutlich mit der Gestalt Sai Babas verbunden. Seine klare Bitte an Sai, die Wahrheit erfahren zu dürfen, hatte dieses Liebeserlebnis zur Folge.

Das Gespräch mit dem Kollegen erschütterte mich zutiefst. Die Art von Liebe, die er während der Anwesenheit von Sai Baba empfunden hatte, ähnelte meinen Liebeserfahrungen Jahre zuvor. Jeder von uns schafft sich ja eine eigene Welt auf der Basis seiner speziellen Erlebnisse. Anders können wir uns gar nicht verhalten. Die Wahrheitsliebe des Kollegen und seine Veränderung in so kurzer Zeit bestätigten zwei Tatsachen: Die Authentizität der Ereignisse, die stattgefunden hatten und die außergewöhnliche, unvorstellbar große geistige Macht Sri Sathya Sai Babas.

Wir trennten uns erst spät am Abend. Als ich im Bett lag und meinen Kopf aufs Kissen legte, erlebte ich ein erstaunliches Phänomen. Obwohl ich die Augen geschlossen hatte, sah ich ein hellblaues Licht, das mit jedem Augenblick intensiver strahlte. Seine Leuchtkraft war wunderbar. Visionen dieser Art sind eine Seltenheit. Nach einer Weile bewegte sich das Licht, und ich konnte eine herannahende Gestalt wahrnehmen. Sai Baba in ihr nicht zu erkennen, wäre schon ein Kunststück gewesen, denn er trug eine leuchtend orangefarbene Robe. Ich sah auch Seine charakteristische Afro-Frisur. Sri Sathya Sai Baba näherte sich langsamen Schrittes. Sein Lächeln traf mich auf wunderbare Weise ins Herz. Noch jetzt, wenn ich die Empfindungen beschreibe, fühle ich die intensive geistige Verbindung mit Seiner Liebe. Ihr heißer Strom gelangt direkt ins Herz und belebt das ganze Sein.

In der linken Hand trug Baba eine Geige. Ich fragte verwundert: „Baba, Du spielst Geige?" Er antwortete mir nicht. Mit einer leichten Bewegung hob Er das Instrument zur Wange. Lächelnd berührte Er mit dem Bogen die Saiten. Ich war völlig sprachlos und zerfloss im Strom dieser wunderbaren Musik. Überirdische Töne erreichten die tiefsten Tiefen meiner Seele, wo nur Licht und Liebe regieren. Die Musik sprach mit unaussprechlicher Süße vom Göttlichen Erschaffen und Vernichten jenseits dessen, was der Verstand erfassen kann. Diese Musik hatte sicher den Schöpfer bei der Erschaffung des Weltalls begleitet, eine Melodie voller Liebe und Güte.

Die auf diese Erlebnisse folgenden Tage und Wochen waren eine Zeit tiefer Reflexionen. Ich begriff sehr bald, dass sich nur authentische Macht und Liebe auf diese ungewöhnliche Weise manifestieren können. Wenn es so ist, leben wir in außergewöhnlich spannenden Zeiten.

Vor zweitausend Jahren prägten vergleichbare Erscheinungen verbunden mit einem anderen Menschen die geistige Form der westlichen Kultur. Heute laufen ähnliche Prozesse gigantischen Ausmaßes ab, die nicht zehn oder hundert, sondern hunderttausende, ja Millionen von Menschen auf der ganzen Welt in Bann ziehen.

Wir können angesichts dieser Geschehnisse als Menschheit nicht gleichgültig bleiben. Wahrscheinlich handelt es sich beim „Phänomen" Sai Baba um das wichtigste Ereignis unserer Geschichte als menschliche Gattung: Die lebendige und liebende Göttlichkeit, aus der alles seinen Anfang nahm, ist hier im menschlichen Körper auf Erden.

Bald war mir klar, dass ich einfach nach Indien reisen musste, um einen unmittelbaren Kontakt mit Sai Baba herbeizuführen. Diese Erkenntnis kam mir auf sehr ungewöhnliche Weise. Sie war kein Ergebnis rationaler Überlegungen. Ich erwachte einfach eines Morgens und wusste, dass ich nach Indien gehen und Sri Sathya Sai Baba besuchen würde.

Doch die Reise verzögerte sich. Viele Angelegenheiten wollten vorher noch geregelt sein. Endlich hatte ich genug Geld, besaß ein Visum und ein Ticket. Am Tag vor Reisebeginn saß ich mit großen Hoffnungen und Erwartungen zu Hause. Ich weinte und wusste selbst nicht warum.

Der Abflug sollte Freitagmittag stattfinden. Donnerstag am frühen Abend holte ich den Pass mit dem Visum und mein Flugticket. Alles wurde buchstäblich im letzten Moment erledigt. Eigentlich war zunächst im Flugzeug kein Platz für mich frei, und der Konsul verweigerte den Visumsstempel. Jeder schien sich gegen mich verschworen zu haben. Als ich schließlich doch mein Büro verlassen konnte, wandte ich mich voller Dankbarkeit an den Meister: „ Ich weiß, Du hattest Deine Hand im Spiel! Ich danke Dir." Im selben Augenblick kam Seine Antwort: „You are welcome". Und mit der Antwort kam auch die Liebe.

Da verstand ich schlagartig, wer all die Jahre mit mir gesprochen hatte, - zum ersten Male begriff ich.

Ich verließ das Land mit der leisen Befürchtung, möglicherweise eine Enttäuschung zu erleben. Aber was geschah dort alles! Der Aufenthalt in Indien, die physische Anwesenheit Sri Sathya Sai Babas, all das überstieg meine Erwartungen und Vorstellungen bei Weitem. Gelinde gesagt kehrte ich völlig verzaubert zurück.

In der Heimat hatte ich mir zuvor noch einige Videokassetten angeschaut. Es erschien mir unnatürlich und fremd, wie die Menschen auf das Erscheinen Sai Babas reagierten. Sie legten die Hände zusammen wie zum Gebet und lächelten selig. Erst an Ort und Stelle konnte ich mir dieses Verhalten erklären, denn seine Ursache war mehr als ich mir vorzustellen imstande war.

Wir saßen in einer großen Gruppe und warteten auf das Erscheinen von Swami. Als Er in der Ferne auftauchte, ging eine Art Stromstoß durch die Menge. Es fühlte sich wunderbar an. Mit großer Intensität strömte reine, frische Energie und herzliche Liebe und verwandelte sich in mir in ein schwer zu beschreibendes ruhiges, tiefes Glücksempfinden. Ich erfuhr das jedes Mal, wenn Baba erschien, insgesamt über hundert Male.

Die Auswirkungen von Sri Sathya Sai Babas Energie waren deutlich spürbar. Zunächst veränderte sich meine Selbstwahrnehmung. An Stelle von Müdigkeit wegen der Hitze, dem langen Warten, dem Klima und den Lebensbedingungen in Indien überhaupt, breitete sich tiefe Ruhe und Entspannung aus. Dazu hatte Seine Energie einen deutlichen Effekt auf Psyche und Gedanken. Ich beobachtete während des Darshans, dass mir tiefe Einsichten in meine psychischen Prozesse gewährt wurden. Es scheint, dass Sai Baba die Menschen, die Ihn besuchen, innerlich reinigt. Und dann machte sich eine lebendige, alles durchdringende und intensive Liebe in mir breit, die Körper, Verstand und Seele ergriff. Diese Liebe ist unbeschreibbar, und mit nichts zu vergleichen. Es ist die kristallklare, erfrischende, reine Berührung der liebenden Göttlichkeit.

In Sri Sathya Sai Babas Anwesenheit fällt die Erkenntnis der Wahrheit leicht, dass Gott durchdringende und süße Liebe ist.

Während der Darshans meditierte ich öfter mit geschlossenen Augen und achtete nicht auf das Verhalten der umsitzenden Menschen. Irgendwann wurden wir dann von elektrisierenden Wellen der Liebe überrollt, eine nach der anderen, so als zünde jemand im Innern des Verstandes ein Licht an und vergrößere langsam seine

Kraft. Wenn ich dann meine Augen öffnete, sah ich, dass Sathya Sai Baba auf dem Weg zu den auf Ihn Wartenden unterwegs war.

An meinem Geburtstag hatte ich das Glück, dass Sri Sai beim Darshan ganz dicht vor mir halt machte. Ich dachte mir, so eine Gelegenheit, Ihn etwas näher zu untersuchen, darf ich nicht verstreichen lassen und berührte mit der rechten Hand Seine Füße. Welch ein Schock! Meine Haare standen am ganzen Körper zu Berge! Meine Hand verwandelte sich in eine Art dicken Feuerwehrschlauch, durch den eine prickelnde Energie mit großer Kraft in mich hineingepresst wurde. Die Energie floss nicht nur durch den Körper, sondern sie hüllte mich auch vollständig ein. Ich war außerstande, meine Hand zurückzuziehen. Noch einige Stunden später konnte ich nur mit großen Schwierigkeiten sprechen. Damals war mir noch nicht bewusst, dass diese Berührung mein Leben total verändern würde.

Ich erinnere mich an eine weitere Situation. Swami ging langsam an mir vorüber und ich betete zu Ihm, er möge schneller gehen, denn ich fürchtete jeden Augenblick von der Berührung Seiner Liebe verbrannt zu werden. Ihre Intensität war an diesem Tag so groß, dass ich meinte, im Feuer eines Hochofens zu sitzen. Ich weiß nicht, wie ich es schaffte durchzuhalten, vielleicht nur deshalb, weil ich keine andere Wahl hatte. Nach solch einem Darshan bleibt man lange in einem Zustand süßer Ekstase. Meistens hatte ich noch Stunden später Sprachschwierigkeiten.

Aufgrund mannigfaltiger Erfahrungen ist mir ganz klar:
Sri Sathya Sai Baba hat sich als liebende Göttlichkeit manifestiert. Daran gibt es für mich keinen Zweifel. Keine äußere Macht und keine andere Meinung von irgendjemandem wird je imstande sein, diese meine Einstellung, oder besser noch, dieses Wissen ins Wanken zu bringen.

Nach der Rückkehr vom Ashram bemerkte ich, dass sich die bestehende Atmosphäre verändert, wenn man an Sri Sai denkt, und dass Seine Energien heranströmen. Ich bin bis heute verwundert, wie stark dieses Phänomen ist. Besonders deutlich kann ich es wahrnehmen, sobald ich müde bin. Wenn ich Bekannte darauf aufmerksam mache, sind sie üblicherweise beim ersten Mal sehr verwundert.

Die Sathya Sai Energie ist immer erreichbar. Ich weiß das, weil ich sie schon viele Jahre lang erfahre. Es genügt, an Baba zu denken oder Ihn um Hilfe zu bitten. Er sagt niemals „nein". Er ist reine, vollkommene Liebe.

Seine Kraft strömt aus Büchern, Filmen oder auch von Photographien. Wenn es mir schlecht geht, beispielsweise wegen einer Erkrankung, setze ich mich vor Sein Bild, und die Symptome verschwinden nach einigen Minuten. Ich bin mir bewusst, dass das seltsam klingt, aber es ist einfach so.

Mir ist bekannt, dass einige Menschen Sri Sai seltsamer Dinge beschuldigen. Sie behaupten zum Beispiel, er habe Seine Kraft verloren. Das ist Klatsch und verdient keine Beachtung. Es ist unverständlich für mich, warum Menschen, die Babas Energie nicht wahrnehmen und die auch nicht beschreiben können, welch unglaubliche physische, psychische und geistige Auswirkungen sie hat, sich erlauben, derart kategorische Behauptungen aufzustellen. So verwirren sie die Menschen. Wären diese Leute imstande, auch nur einen geringen Teil der Sai Energie zu spüren, würden sie ihren Irrtum einsehen.

Die Kraft von Sri Sai ist mit keiner menschlichen Energie vergleichbar. Jeder große Lehrer ruft in verschiedenen Menschen unterschiedliche Reaktionen hervor. Warum ein Meister so handelt.... es bleibt Sein Geheimnis. Ich bin mir jedoch sicher, dass Baba ausschließlich zum Wohl aller wirkt.

Teurer Meister, wenn ich meinen Verstand heute auf Deine Nähe ausrichte, fühle ich mich erhoben und spüre Deine Liebe. Ich danke Dir, dass Du mir die Übungen gezeigt hast.

Die Kontemplation einer Form, die die Göttlichkeit rein und lebendig spiegelt, erhebt, reinigt, gibt neuen Lebensmut und führt schrittweise über diese Welt hinaus.
Eine ständige Vertiefung des Verstandes in die Göttliche Nähe ist die höchste Ebene, die menschliches Sein im Körper erreichen kann.

Gibt es irgendeine Grenze für Deine Hilfe und Dein Eingreifen? Endet dieser Weg irgendwann?

Er endet dann, wenn zwischen uns keine Trennung mehr besteht. Aber Ich habe immer etwas zu geben. Es muss kein Geschenk für Dich sein. Du kannst auch von Herzen schenken, wenn du nicht an dich denkst, sondern Freude und Glück teilst.

Dich interessiert, ob Meine Vorräte an Liebe und Glück begrenzt oder irgendwann erschöpft sind. Nein, es gibt kein Limit.

Mein früherer Lehrer behauptete, Selbsterkenntnis sei der höchste Wert.

Falls du mit Selbsterkenntnis die Erfahrung mit dem Absoluten meinst, hast er Recht, denn sie ist identisch mit der Vereinigung in Brahman. Dieser Lehrer aber dachte an die Kenntnis der Persönlichkeit und eine Befreiung von ihrem versteckten Einfluss. Dieses Nebengeschenk ist nicht besonders wichtig und man erhält es auf dem Liebesweg zusätzlich ohne große Anstrengung.

Der Verstand möchte vieles wissen. Er meint, Wissen verschaffe ihm Freiheit und Macht über andere. Das ist aber kein guter Weg. Ich räume den Weg frei ohne euch zu informieren. Das, was ihr heute noch wisst, könnt ihr morgen schon vergessen, und ihr beschäftigt euch mit etwas anderem.

Viele Menschen sammeln geistiges Wissen, als habe es irgendeinen Nutzen. Einzig wertvoll ist nur der Geist, der das Wissen mit Leben füllt und bewirkt, dass du auf natürliche Weise den Sinn einer Sache erfassen kannst.

Wissen ist nur dann sinnvoll, wenn es dich bereichert und dein Herz für Gott öffnet. Es ist gut genutzt, wenn man nicht nur weiß, sondern die Erkenntnisse ins Leben einfügt. Aber vor allem ist es wertvoll, sich der Liebe zu nähern. Liebe ist wichtig, und ihr sollt euch an Sie wenden. Empfindet Gottes Nähe und Anwesenheit intensiv und physisch. Im Übrigen freut euch an allem und bindet euch an nichts. Lebt in der Liebe zu Gott, die auf eurem Weg leuchten möge.

Wie aber können wir Deinen Rat befolgen, rein technisch?

Ja, Ich kenne Dein Problem. Stellt euch vor, dass Ich sehr nahe bei euch bin, berührt und umarmt Mich. Bleibt in dieser Haltung. Das ist eine sehr machtvolle Meditation, und die Liebe, die dabei fließt, wird viele egoistische Belastungen verbrennen. Sie führt euch jenseits der Schöpfungen eures Verstandes, die ihr Welt nennt. Gleich hinter dem Verstand, also überall, erstrecken sich unendliche Weiten beleuchtet mit dem wunderbaren Licht der Liebe. Das ist euer Land, eure Heimat. Von dort kommt ihr alle.

Vom Nutzen, Gespräche niederzuschreiben

Meister, anstatt die aktuellen Gespräche mit Dir zu notieren, schreibe ich eigentlich hauptsächlich Erinnerungen auf. Ich will dieser Arbeit den Wert nicht absprechen, aber es handelt sich letztlich doch um Vergangenes, auch wenn ich dadurch noch sehr viel dazulerne. Lohnt es sich überhaupt, zur Vergangenheit zurückzukommen?

Erinnerungen erwecken die Liebe und ermöglichen Dir, Ideen und Werte, mit denen du einst verbunden warst, wieder ins Gedächtnis zu rufen. So gesehen ist die Erinnerung sehr wertvoll. Sie fördert die Bausteine jener Wahrheit zutage, mit denen es sich lohnte, das Leben zu gestalten. Denk an deinen Traum vor zwei Tagen!

Ich ging mit meiner Mutter irgendwohin. Ich weiß, wenn ich von Mutter träume, geht es meistens um Dich, die Göttliche Mutter. Plötzlich merkte ich, dass mir büschelweise die Haare ausgingen, wenn ich mit der Hand hindurch fuhr. Ich zeigte sie der Mutter mit den Worten: „Ich werde sicher bald kahl sein wie ein Mönch…"

Haarausfall symbolisiert das Loslassen von Unbrauchbarem. Haare sind verbunden mit dem Kopf, also dem Denk-

vermögen. Ihr Besitz bedeutet im Allgemeinen, mit dem Weltbild aus Denken und Empfinden verbunden zu sein. Die Themen, die du während unseres Dialogs ansprachst, führten zu einer starken Veränderung deiner Einstellung zur Welt. Du hast begonnen, darüber nachzudenken, wie man Mir und anderen dienen könnte – ein völlig neuer Ansatz für dich.

Du hast damit ein großes Geschenk erhalten, weil du schließlich einwilligtest, Meine Mitteilungen an dich aufzuschreiben. Bei der Schilderung von Ereignissen werden viele verschiedene Lebenswahrheiten offenbar, auch geistige, und es zeigt sich, wie du in der Welt sein und ein neues Leben erschaffen kannst, wenn du Gott als Führer und Freund wählst.

Schreib weiter! Ich werde mit Meinen Kommentaren und Erklärungen für Abwechslung sorgen. Also auf geht's und zaudere nicht! Diese Art der Kommunikation wirst du heute und zukünftig immer stärker benötigen.

Ja. Du sagtest mir heute, ich solle einer Bekannten ein paar Zeilen schreiben. Aber ich wehrte mich, denn ich wollte mich nicht zum Narren machen. Ich weiß nicht was mit ihr los ist, nur dass sie Sorgen hat.

Und was geschah dann?

Ich setzte mich an meinen Schreibtisch und nach dem ersten Wort erschien sehr schnell das nächste. Ich kam mit dem Notieren gar nicht hinterher. Es machte mich sogar nervös, weil ich Sorge hatte, Fehler zu machen, denn ich musste so rasch schreiben. Schließlich war ich ärgerlich, bis mir klar wurde, dass Du Dich über mich lustig machtest und mich provozieren wolltest. Da konnte ich befreit auflachen.

Und weiter?

Am Ende war ich erstaunt, dass ich so viel geschrieben hatte, obwohl es mir vorkam, als hätte ich gar nichts zu Papier gebracht.

Von dir ist ja auch nichts gekommen.

Als ich die zwei Seiten durchlas, war ich erstaunt, wie korrekt und bestimmend Du Dich ausgedrückt hast.

Und dann?

Heute habe ich diesen Brief abgeschickt. Es ist ein guter Tag, der dreiundzwanzigste November, also der Geburtstag von Sri Sathya Sai Baba. Ich möchte Dir bei dieser Gelegenheit für alle Gaben der letzten Woche danken. Es waren erstaunlich viele, auch materieller Natur. Aber außerdem bedanke ich mich, weil Du mir gezeigt hast, welche Freude das Geben und Teilen ist. Ich kaufte einige Geschenke für Bekannte, die sie sich nicht leisten können. Das war eine große Freude!
Und dann möchte ich Dir viel Glück und Freude wünschen! Ich hoffe, dass Du Dich so oft wie nur möglich in unserem Wirken wiederfindest. Außerdem denke ich, es macht Dich glücklich, Deine Liebe mit uns zu teilen.

Das sind schöne Wünsche, besonders die letzten. Ich danke dir dafür.

Zweiter Teil: Gespräche

Unsicherheit

Um die Wahrheit zu sagen, bin ich mir nicht ganz im Klaren, ob ich meine Erfahrungen und Gespräche überhaupt weiter aufschreiben soll. In den vergangenen Jahren hatten die Begegnungen und Plaudereien mit Ihm eine sehr persönliche Note. Viele Sachverhalte von damals sind heute für mich unbedeutend, obwohl sie vielleicht für andere von Interesse wären, beispielsweise das Leben auf anderen Ebenen und Planeten, energetische Arbeit und Heilen, oder das Leben der Meister. Die Zeit hat die Antworten ausradiert, und das ist wohl auch gut so. Aber mein Gesprächspartner kehrt immer wieder konsequent zu bestimmten Problemfeldern zurück und beleuchtet sie von verschiedenen Seiten. Andere wiederum klammert Er aus und versagt mir jegliche Stellungnahme.

So brachte Er mich an einen Punkt, an dem ich das Interesse an der Welt, an Politik und einer Menge anderer unnützer Dinge verlor. Ich achte darauf, was mir der Tag bringt und wende mich ständig an Ihn. Mit den Jahren wird mir zunehmend bewusst, dass Er die Quelle von allem ist.

Jetzt hörte ich Seine Stimme erneut.

„Beginne zu schreiben, stell Fragen und notiere Meine Antworten". Das habe ich nun vor. Ich weiß nur nicht, womit ich anfangen soll und was geschehen wird. Es ist interessant, wenn wir dem Verstand und der Seele erlauben, für einen Augenblick still zu werden. Wir werden zur bescheidenen Linse, durch die das innere göttliche Licht scheint.

Ich weiß nicht, ob aus dieser Arbeit je etwas Wertvolles erwächst. Die Zeit wird es offenbaren. Ich lade euch, liebe Leser, zu einer Reise ins Unbekannte ein. Wir wissen nicht, wo wir uns befinden und kennen auch unser Ziel nicht. Lasst uns also aufbrechen, befreit von allen weltlichen Belangen.

****

Du hast aber viel geschrieben, hast eine gute Einführung verfasst.

Ich weiß nicht, wie mir geschah. Es ging ganz von selbst, ohne dass ich überlegen musste.

Das ist eine gute Art, eigene Konzepte loszulassen.

Aber im Moment fühle ich mich wie abgeschnitten. Es kommt mir einfach nichts in den Sinn, es herrscht totale Stille.

Eben darum geht es ja! Wenn der Verstand schweigt, und sich Stille ausbreitet, kann man die Stimme hören, die ständig spricht. Sie erzählt von der Liebe, von der Einheit allen Lebens und ist immer bereit, euch den Weg zu zeigen.

Du redest ständig? Unentwegt?

Ja.

Meister, warum lachst Du?

Du fragst Mich, ob Ich andauernd spreche? Jaaaa! Bedenke: Das ganze Weltall ist Meine Aussage. Es ist Ausdruck Meines Selbst.

Eine geradezu unglaubliche Feststellung!

Und sie beruht außerdem noch auf der Wahrheit.

Früher sagtest Du mir, das Ziel dieses Buches sei die Vermittlung von Hinweisen, damit jedem, der Deine Stimme finden möchte, das auch gelingt. Ich dachte an eine Art unmittelbare Kommunikation, wie sie gerade zwischen uns stattfindet.

Deine Intension ist gut, aber Ich möchte die Aussage etwas verbessern. Das Hören meiner Stimme ist nicht so

wichtig wie die Annäherung an die Göttlichkeit, das Erfahren Ihrer Liebe und die Transformation eures Lebens.
Wie du den Leserbriefen und Reaktionen der Menschen entnehmen kannst, besteht die Gefahr, dass Meine Botschaft zu einer Art technischem Trick verkommt, der es erlaubt, in bisher völlig unbekannte Lebensbereiche vordringen zu können. Um der Sache willen rate ich euch, davon Abstand zu nehmen.
Das bloße Hören Meiner Stimme ist nicht das Wesentliche. Wesentlich ist die Veränderung, die sich dank der Hinwendung zur Liebe in eurem Leben vollziehen wird. Alles andere kann warten bis die Zeit reif ist. Beginnt mit dem Allerwichtigsten!

Meister, woran denkst Du dabei?

Ich denke an die Umkehr zu Gott. Es ist ein Weg, der viele praktische Aspekte beinhaltet. Ihnen ist das ganze Buch gewidmet.

Meister, Deine Antwort ist wie ein Gedanke, der von „nirgendwo" her zu kommen scheint. Die Worte formen sich jenseits meines Verstandes, erscheinen prompt und ohne, dass mein Intellekt beteiligt ist, manchmal sogar, noch bevor ich die Frage beendet habe. Dieser Antwortgedanke ist oft von Liebesenergie begleitet, einem sehr süßen, wunderbar zärtlichen… phantastischen Gefühl.

Das ist richtig. Ein stiller Verstand ist dabei grundsätzliche Vorbedingung, dann können sich Meine Gedanken offenbaren. Den ersten Schritt dazu geht man, wenn man sich stufenweise von der Welt und ihren Ereignissen abwendet. Die Welt beunruhigt uns mit ihrem lauten Verlangen nach unserer Aufmerksamkeit für Politik, Wirtschaft, Gesetze und vieles andere. Zunächst muss also diese unerwünschte Beeinflussung unseres Verstandes abgestellt werden, damit sich die Gedanken von den starken Eindrücken der öffentlichen Meinung befreien können.

Sind die Ereignisse unsere Aufmerksamkeit nicht wert?

**Meistens nicht! Sie betreffen euch in der Regel nicht un-
mittelbar. Tatsächlich braucht ihr in den wenigsten Fällen
eine Meinung zu vertreten. Wenn ihr dafür Zeit und Aufmerksamkeit investiert, nehmt ihr eine Menge unbrauch-
barer Informationen und Energien auf und wendet euch
von Gott ab. Investiert eure Energie in etwas, das euch
Auftrieb bringt und den Kontakt mit dem wunderbarsten
und ungewöhnlichsten Wesen unter der Sonne fördert.
Seid klug und trefft eine gute Wahl. Andernfalls werdet
ihr weiterhin in der Illusion der Existenz einer Welt stecken bleiben. Um sich von ihr zu befreien, muss man sie
vorerst beiseite schieben.**

Es gibt viele Gemeinschaften, die isoliert leben. Sie studieren heilige
Schriften und weise Bücher… Was sagst Du dazu, Meister?

**Abgeschiedenheit ist wünschenswert, wenn sie eliminiert,
was eure Entwicklung zum Guten und zur Liebe stört. Sie
wird sogar notwendig, wenn wir darunter die Reduzierung
des Kontaktes mit der Welt auf ein unabdingbares Mi-
nimum verstehen. Begrenzt das Studium der Presse, der
Nachrichten, das Interesse an Politik und den Weltereig-
nissen. Ihr habt dadurch mehr Zeit für nützliche Tätigkeiten oder für eine aktive Ruhezeit. Eliminiert Störungen,
die von außen kommen. Diese Angelegenheit hat noch
weitreichendere und tiefere Konsequenzen, denn das Interesse an der Welt und ihrem Geschehen verwickelt euch
in das allgemeine Karma und das anderer Menschen.
Es gibt Türen, die ein geduldiger Mensch mit Liebe zum
Schöpfer, mit guten Taten und dem Verzicht auf die Lorbee-
ren danach zu öffnen vermag. Heilige Schriften studieren
kann hilfreich sein und ist sinnvoll. Als heilig gilt aber nicht
nur die Bibel. Viele Menschen finden ihren Weg durch das
Studium anderer Werke. Euer Herz weist euch den Weg.
Der goldene Schlüssel, der die Tür zu geistiger Entwicklung
sperrangelweit öffnet, ist die Liebe zum liebenden Schöp-**

fer. Seid Ihm jeden Tag nahe, jeden Augenblick. Erledigt
eure Aufgaben mit dem Gedanken an Ihn. Legt Ihm alle
Auswirkungen und Verdienste eurer Tätigkeiten zu Füßen.
Die Bücher mögen anfangs hilfreich sein, später werden sie
aber zu Hindernissen. Merkt euch, sie sind nur Wegweiser
auf der Strasse zu Gott, selbst aber weder der Weg noch das
Ziel. Wenn du dank irgendeines Buches lieben lernst, ist es
gut für dich. Geh jedoch über Worte und Inhalte hinaus
und schau auf die Göttlichkeit. Wende dich direkt an Sie.
Sie braucht keine Bücher, um dich zu sich zu geleiten.
Statt zu viel Zeit mit Literatur zu verbringen, fokussiert
eure Aufmerksamkeit auf die Göttlichkeit. Der Nutzen
wird hundertfach größer sein. Viele Menschen ziehen Gelehrsamkeit der Liebe vor. Das führt zu jahrelangen Dispu-
ten über die Bedeutung dieser oder jener Aussage. Solche
Diskussionen sind völlig fruchtlos, sie enden nirgendwo.
Sie können euch in keiner Weise positiv verändern, produzieren nur widersprüchliche Wortgefechte.

Die Menschen haben Angst und suchen nach einem sicheren Weg.
Sie wollen nicht in eine Sekte oder etwas Ähnliches geraten.

Sucht nach guten Dingen, und ihr werdet sie finden.
Wenn ihr nach Sicherheit strebt, nach Zugehörigkeit
oder dem Gefühl, ein Auserwählter zu sein, dann erhaltet ihr genau das. Wenn ihr Gott und Seine Liebe her-
beisehnt, bekommt ihr genau das. Also überlegt euch
gut, was ihr wirklich wollt. Wenn ihr euch das Ziel klar
vor Augen führt und euch auf dieses Ziel ausrichtet,
wird eure Reise sicher sein, und ihr geratet nicht in die
Fallen der Wünsche. Bittet die Göttlichkeit inbrünstig,
Sie möge euch den Weg zeigen. Sich an Gott zu wenden, der in jedem Menschenherzen wohnt, ist die beste
Methode. Sprecht in der Stille. Der, der Liebe ist, wird
euch antworten.
Sprecht in der Stille! Der, der Liebe ist, antwortet euch.

Kehren wir jetzt zu unserem Hauptthema zurück, dem Lauschen auf die Stimme Gottes.

Der erste Schritt ist, sich bis zu einem gewissen Grad von der Außenwelt zurückzuziehen. Lest weniger Zeitung, schaut weniger fern, hört weniger Radio. Das wird viel Ruhe in euer Leben bringen. Tut es mit der Absicht, die gewonnene Zeit mit der Suche nach tieferen Werten zu verbringen, auf dem Pfad der Liebe zu gehen.

Der zweite Schritt führt zu Meditation und Gebet. Er wird euch viele positive Veränderungen und Segnungen bringen. Widmet einen Teil des Tages ausschließlich dem Fokussieren eurer Aufmerksamkeit auf den Höchsten und lernt, Ihn zu lieben. Schiebt alle Gedanken beiseite. Wendet euch mit eurem ganzen Selbst, eurem ganzen Herzen direkt an Ihn.

Der dritte Schritt: Beobachtet all das, was sich in eurem Umfeld abspielt, alle so genannten „Zufälle", außergewöhnliche Ereignisse und wie ihr Antworten auf eure Gebete und Bitten bekommt. Auf diese Weise könnt ihr euch von der Realität des spirituellen Weges überzeugen und die Liebe spüren, die der Schöpfer für euch hegt.

Du hast mich oft zum Schreiben angetrieben! Nun bin ich hier und habe keine Ahnung, womit wir beginnen. Du sprachst früher davon, dass Du einige Worte über die Welt sagen möchtest, die Religion, den Weg zu Dir und natürlich über die Liebe, die Du bist. Bei der bloßen Erwähnung des Wortes Liebe fühle ich mich so herrlich. Womit werden wir beginnen?

Vielleicht mit der Aufgabe dieses Buches? Falls du es noch nicht gemerkt haben solltest: Ich beginne gerade mit dem Diktat der nächsten Kapitel.

Oh, wunderbar! Ich freue mich schon auf die Arbeit.

Das Buch ist der Liebe gewidmet, Ihrer Wirkung in der Welt und wie die Menschen sie erreichen können.
Dieser Weg hat viele Etappen, und wir werden sie der Reihe nach besprechen. Gegenwärtig leben auf der Erde

Menschen aller Entwicklungsstadien, verstandesmäßig Schwache, aber auch hoch entwickelte geistige Meister. Die letzteren sind herabgekommen um zu helfen, eine Epoche abzuschließen und in die Ära der Wahrheit hinüberzuwechseln, in der Gott als alleinige Ursache und Wirkung erkannt wird.

Das prophezeien auch zahlreiche Schriften!

Ja, die Menschheit wird seit Tausenden von Jahren darauf vorbereitet.

Also leben wir in interessanten Zeiten. Der Avatar ist auf Erden, aber auch Seine Helfer, die Meister.

Das ist wahr. Im neuen Zeitalter wird die Liebe einen breiten Strahl auf die ganze Erde senden. Die Menschen werden in Ihr das Licht des Lebens erkennen, was Sie tatsächlich auch ist. Sie werden sich von Ihr leiten lassen und das Erdenantlitz total verändern. Es werden keine Kriege mehr stattfinden, noch nicht einmal lokale Konflikte. Verständigung und Zusammenarbeit sowohl zwischen Einzelpersonen als auch in Gemeinschaften ist dann die Regel.

Aus Deinen Worten strömt wunderbare Energie einer süßen, sanften und verständnisvollen Liebe.

So bin Ich, ja. Wenn du jemanden liebst und nur an ihn denkst, kennst du Mich völlig. Auch wenn du dich über ein Kind oder ein Tier beugst und liebevolle Worte findest, fühlst du Mich…
Jedes Wort der Liebe und Güte enthält Mich, drückt Mich aus und erschafft eine neue Realität. Ihr kennt Mich gut, aber bis heute habt ihr Mich nicht erkannt. Jetzt aber kommt die Zeit der Bewusstwerdung und des Verstehens, wer Gott wirklich ist. Ich war immer da. Ihr konntet Mich bloß nicht wahrnehmen.

Ich werde in diesem Buch darlegen, wie man mit Gott glücklich und in naher Freundschaft lebt, wie ihr in Ihm einen Vertrauten, Kollegen, einen liebenden, ergebenen Freund finden könnt.

Ich danke Dir für dieses Gespräch. Es hat mir vieles erklärt.

Ich nehme deine Dankesworte entgegen. Merk dir aber, dass Ich überall und immer da bin. Ich spreche ständig. Meine Liebe ist allgegenwärtig. Unser Dialog hat kein Ende. Dein Leben ist ein fortwährendes Gespräch zwischen einem Menschen und der liebenden Göttlichkeit.

Die weise und liebende Kraft

Kehren wir für einen Augenblick zurück zu Deiner Empfehlung, sich von den Ereignissen dieser Welt abzuwenden.

Gut.

Viele Menschen meinen, sie müssten wissen, was in der Welt vor sich geht, wie die Aktien stehen, wer gestorben ist,...

Ja, aber schaut genau hin, was diese Neuigkeiten bewirken. Stellt euch die Frage, ob ihr damit glücklicher seid. Habt ihr euch durch die Überflutung mit Informationen verbessert? Verhaltet ihr euch liebevoller? Empfindet ihr tiefe innere Ruhe und Entspannung, die euch zu einer Arbeit antreibt, die Freude macht, wenn ihr Zeitung lest oder Radio hört? Lernt ihr dadurch etwas Wertvolles, Aufbauendes? Ist euer Leben hinterher leichter geworden?
Denkt einfach darüber nach. Das Ergebnis wird eure täglichen Gewohnheiten in Frage stellen.

Ich danke Dir, Baba, für die großartigen Anregungen. Mir ist jetzt zum ersten Mal klar geworden, dass unser Handeln uns oder anderen einen Nutzen, irgendetwas Gutes bringen sollte.

Wir fühlen uns nicht besser nach den Nachrichten oder dem Fernsehprogramm. Viele Gruppen in der Öffentlichkeit bemühen sich um unsere Zustimmung für ihre Denkweise. Sie greifen zu jeder verfügbaren Manipulationstechnik und perfektionieren sie bis zum Äußersten, um unseren Verstand zu beeinflussen. Unter dem Vorwand von Tatsachenvermittlung werden Missgunst, Feindseligkeit und Voreingenommenheit transportiert. Jeder will uns aus Eigennutz auf seine Seite ziehen. Niemand tut uns wirklich etwas Gutes.

Oh Gott, nachdem ich dies geschrieben hatte, musste ich mich vor Lachen schütteln. Die Medien und Gutes tun! Das schließt sich wohl gegenseitig aus. Sie bringen weder Ruhe noch Liebe, weder Entspannung noch ein einfaches Leben. Die Werbung will uns nur zum Kaufen und Geldausgeben überreden.

Ein einziger Schluss ist daraus zu ziehen, wenigstens für mich: Schade um die Zeit, schade um das Leben, das man vertut. Die Zeit eilt und kommt nie wieder zurück.

Es ist schon angebracht, ab und zu einen Blick auf das eigene Leben zu werfen und die Frage nach dem Wert von dieser oder jener Aktivität zu stellen. Gefällt sie der Liebe? Führt sie zum Guten? Bringt sie euch oder anderen irgendeinen Wert? Die Liebe kommt nicht aus dieser künstlichen Welt. Das Glück strömt aus der Erfahrung der Göttlichkeit und einer Zusammenarbeit mit Ihr. Opfert dreißig Prozent der Zeit, die ihr mit weltlichen Dingen verbringt, dem Interesse an der Göttlichkeit. Dann verändert sich euer Leben auf der Stelle. Hier wartet eine riesige Goldader, die es wert ist, geplündert zu werden.

Die Göttlichkeit irrt niemals. Sie wacht über den vollkommenen Ablauf aller Geschehnisse. Wozu investiert ihr noch eure Aufmerksamkeit? Ihr könnt sowieso nichts tun, und selbst wenn: Ihr seid gar nicht die Handelnden!

Überlasst Gott die „ganze Welt" und schenkt Ihm eure Gedanken. Das ist der einzig gute Weg, um die Situation

zu verbessern, deine eigene und die eines jeden Menschen
– und auf diese Weise den Zustand der ganzen Welt.
Die Welt verlangt gar nicht nach Veränderungen, so, wie
ihr sie euch vorstellt. Sie verlangt nach Liebe! Liebe führt
beständige und positive Veränderungen herbei. Das, was
ihr tut, ist meistens bruchstückhaft und vorläufig.

Mein Leben ist wunderbar. Mühelos fügen sich die Geschehnisse des
Tages ineinander. Ich begegne Menschen, mit denen ich sprechen
sollte. Vorher studiere ich irgendein Buch scheinbar „ohne Grund",
und das Gelesene nützt mir dann im Gespräch…
Du weißt über alles Bescheid und kümmerst Dich selbst darum…

Die Menschen nennen das Zusammentreffen von Ereignissen Zufall, Glück oder Schicksal. Sie gebrauchen verschiedene Begriffe. Doch die Wissenden kennen die weise,
liebende göttliche Kraft, die hinter allem waltet. Sie sind
im Recht.

Also, eigentlich sehe ich Dich, wohin ich auch schaue: Computer,
Schreibtisch, Wände, die Bäume hinter dem Fenster, - das alles bist
Du.

Ja, alles, was existiert, ist Liebe. Schau aus dem Fenster:
Der Wind der Liebe schüttelt die Bäume, die Gräser beugen sich sanft und wellenförmig im Rhythmus eines stillen Liebesgesangs, mit dem sie vom Schöpfer gestreichelt
werden, das Wasser berührt liebevoll die Steine, umspült
sie und strebt dann zum fernen Meer. Die Liebe ist gleichzeitig Schöpfer und Werkstoff des Alls. Alles entspringt
der Liebe, und alles geschieht aus Liebe. Ihr seid bis über
beide Ohren in Sie eingetaucht. Lebt in diesem Bewusstsein. Sprecht nett zu Menschen und Tieren. Denkt über
nichts und niemanden schlecht. Sämtliche Ereignisse haben in der Liebe ihren Anfang und ihr Ende.

Einerseits bist Du zärtlich und liebevoll. Deine Bescheidenheit hat mich schon so manches Mal ganz plötzlich beeindruckt. Aber Du kannst auch hart sein wie ein Diamant.

Ich bin all das, was du aufgezählt hast. Ich schätze bescheidene Menschen. Bescheidenheit ist eine wertvolle und heutzutage selten gewordene Eigenschaft. Ihr würdet Mich erfreuen, wenn ihr anfingt, sie zu kultivieren.

Was könnten wir in dieser Hinsicht unternehmen?

Die Menschen sollten erstmal beginnen, sich überhaupt der Notwendigkeit bewusst zu werden, bescheiden zu sein. Bescheidenheit im Angesicht Gottes ist die Schwester der Spiritualität. Ein universeller Hinweis hierzu wäre, um Hilfe bei der Entwicklung dieser Eigenschaft zu bitten. Man könnte sehr viele Scherereien vermeiden, wenn Menschen nur ein wenig bescheidener wären und sich mit ihrem Ego nicht so brüsteten. Dieser Druck des Egos bewirkt, dass ihr außer euch selbst nichts anderes wahrnehmt. Alles Erstrebenswerte - Glück, Freude, Liebe - flieht vor euch. Ihr opfert sie auf dem Altar eures eigenen Egos. Euer ganzes Verhalten, die Art eurer Kleidung, die Gestaltung eurer Häuser, also sämtliche so genannten Errungenschaften der Zivilisation, sind auf die Betonung und Stärkung des Egos ausgerichtet. Der Weg zu Gott führt in entgegengesetzte Richtung...
Lasst etwas Luft ab. Gebt euch selbst mehr Atem. Lasst auch einander, der Natur und Mir mehr Raum. Nehmt euch nicht so wichtig. Im Grunde habt ihr dazu keinen Grund. Persönliche Errungenschaften, Erfindungen, neue Ideen, Bildung und Besitz - all das erhaltet ihr von Gott. Auch die Erde mit ihren zu bewirtschaftenden Gütern, der Himmel und die Sehnsucht nach dem Unendlichen ist Mein Geschenk. Das Weltall ist dazu geschaffen, dass ihr es kennenlernt und Güte und Liebe weiter tragt.
Mehr Demut, mehr Bescheidenheit, Meine Kinder! Beachtet Meine Worte, denn ich habe einen sehr wichtigen Punkt berührt: Ich werde ihn mit Hilfe einer Gleichung darstellen:

Ich + du = eins.
Wenn „du" also zählt, dann muss „Ich" Null sein. Mit anderen Worten: Je mehr von dir, desto weniger von Mir, selbstverständlich gilt das auch umgekehrt. Wenn das kleine „ich" verschwindet, öffnet sich der Raum, der Himmel wird weit und Ich erscheine. Mit Mir kommen Weisheit, Liebe und Macht, also Gott selbst.
Die Welt braucht Liebe. Sie wird euch beleben und über alle Widerwärtigkeiten hinwegtragen.
Das Ego verwehrt der Liebe den Einlass und wird so zur Ursache vieler unnötiger Leiden. Wendet euch an die Liebe! Sie möge diesen Zustand auf Ihre Weise beenden. Sofort werden alle viel leichter leben. Denn darum geht es ja eigentlich. Werdet glücklich!

Ich bin mir bewusst, dass es uns sehr an Demut und Bescheidenheit mangelt. Wie können wir sie entwickeln?

Merkt euch, der Lehrer ist ständig bei euch. Euer Lehrer ist die Liebe. Sie ist da und schaut zu. Sobald du dich an Sie wendest, wird Sie dir in jeder Angelegenheit helfen. Erinnere dich, es ist gesagt worden: „Bittet und ihr empfangt". Bittet also! Bittet mit Liebe! Der liebende Schöpfer ist da, Er sieht, und Er hört. Meistens antwortet Er nicht sofort, obwohl das auch vorkommt. Er antwortet mit einer Situation, mit einer Verkettung von Umständen, einem Traum, einem Buch oder Treffen. So wirkt die Liebe und so schickt Sie Ihre Zeichen. Hört hin und ihr werdet die Antworten vernehmen. Wendet euch an Gott, und Er wird euch die Hilfe nicht verweigern. Er versagt sie nie…

Du hast mich vor vielen Jahren aufgefordert, Verbeugungen zu praktizieren. Ich verbeugte mich physisch und mental zu Hause und auf öffentlichen Plätzen, in Kirchen und Museen. Die Leute hatten ihre Freude daran. Einmal sagtest Du mir, ich solle mich an Ort und Stelle sofort vor Dir verbeugen - auf einem großen Platz voller Menschen. Ich lag auf der Erde und berührte mehrmals das Straßenpflaster mit dem Kopf. Heute denke ich voller Freude an diese Spiele zurück.

Das waren gute Spiele, wie du so schön sagst. Sie haben große Teile deiner Überheblichkeit entfernt, eine Überheblichkeit, die dich jahrelang behindert hat. Diese Übungen haben dir gute Dienste geleistet.

Ich möchte dich nun im Namen der Leser fragen, ob Verbeugungen vor Dir grundsätzlich einen Wert haben und was sie bewirken. Können wir Dir dadurch näher kommen?

Jeder wird durch die Übungen gesegnet. Sie können euch von der Last des Egos befreien. Verbeugt euch vor der liebenden Göttlichkeit. Bittet Sie um Liebe und die Fähigkeit zur Hingabe. Ihr werdet gleich feststellen, wie viel leichter sich das Leben anfühlt. Natürlich werdet ihr auch der Göttlichkeit näher sein. Alles, was ihr mit dem guten Vorsatz, Ihr näher zu kommen, praktiziert, hat wohltuende Wirkungen.

Zufriedenstellen von Eltern, Gesellschaft und Gott?

Unsere ganze Kultur, die spirituelle wie die „weltliche" ist so aufgebaut, dass man mit seinem Tun Eltern, Gesellschaft und Gott zufriedenstellen soll.

Du musst gar nichts unternehmen, um Mich zufriedenzustellen, denn Ich bin immer zufrieden, mehr noch: Ich bin immer glücklich. Ich bin die alleinige Glückseligkeit. Deshalb musst du nichts tun, um Mir zu gefallen.
Ich wünsche Mir nur, dass du genauso glücklich bist wie Ich, weil Ich Dich liebe. Und Liebe bedeutet, das Glück mit den Geliebten zu teilen.
Ich bin die Liebe und Ich liebe jeden von euch ohne Ausnahme. Ich liebe und akzeptiere euch so, wie ihr seid. Ich bin Liebe, Ich bin Freude, Ich bin das Glück selber. Und jetzt sage Ich euch: Wacht auf und begreift: Liebe, Ak-

zeptanz und grundlose Lebensfreude ist euer natürlicher Zustand. Er gehört uns gemeinsam.

Der liebende Vater gibt Acht auf das, was du tust. Nur zu deinem Wohl reagiert Er manchmal so und nicht anders. Aber dies verändert nichts an Seiner Liebe zu dir. Deine Mutter akzeptiert und liebt dich bedingungslos. Obwohl sie dich manchmal tadelt, bleibt ihre Liebe davon unberührt. Und Ich spende die Liebe von Millionen Müttern und Vätern, Milliarden. So bin Ich eben.

Wenn Ich euch nicht akzeptieren würde, wie ihr seid und euch nicht bedingungslos liebte, würde das bedeuten, dass Meine Liebe konditioniert ist, also abhängig von eurem Tun und Denken. So ist Sie nicht, und so war Sie niemals! Alle, die ihr als Verbrecher verdammt, haben das gleiche Recht auf Meine Liebe wie eure Heiligen.

Bedeutet das, Du verurteilst weder Stalin noch Hitler noch Pol Pot?

Nein, Ich verdamme niemanden! Ich bin Liebe, die akzeptiert, sich an euch schmiegt und auf eure Rückkehr wartet.

Vielleicht ist gerade diese Deine Haltung das Problem unserer Welt. Sie ist so, wie sie eben ist, weil Du keine Stellung beziehst, Dich nicht klar zu der Seite bekennst, die wir das Gute nennen.

Sei vorsichtig, du bewegst dich auf glattem Parkett! Erstens seid ihr so etwas wie Meine Familie, Meine Kinder. Meine Liebe wird nicht durch eure Handlungen beeinflusst. Wie könnte Ich Mich also auf irgendeine Seite schlagen?

Zweitens: Was du „gut" nennst, ist eine Bewertung der Vergangenheit, aus der Perspektive von heute. Der Blick geht zurück auf frühere Taten und deren Folgen. Euer Urteil ist nicht eindeutig, denn in den Zeiten, als die so genannten "Bösen" regierten, erfreuten sie sich der Unterstützung vieler Millionen Menschen. Viele beteten für sie in gutem Glauben, dass diese das Gute tun.

Drittens: Aus der Perspektive der Zeit wird eure heutige Zivilisation gleichfalls kritisch beurteilt, und viele eurer heutigen Führer werden von nachfolgenden Generationen ebenso verdammt werden. Schau nur, was ihr eurem Planeten antut. Diesem Missbrauch schenkt ihr heute keine Beachtung.

Viertens: Ihr möchtet, dass Ich Mich auf irgendeine Seite schlage, aber ihr seid nicht eindeutig und auch nicht einer Meinung, wo ihr Mich haben wollt!

Die westliche Welt hat ihre Präferenzen, die arabische wieder ihre eigenen und der ferne Osten noch andere Ideen.

Fünftens: Ihr wisst nicht, was euch bestimmt ist aufgrund karmischer Schulden, die ihr in der Vergangenheit verursacht habt. Dieses Gesetz wird vorwiegend von euch selbst festgelegt. Es dient dazu, Liebe zu lehren. Deshalb haben Kriege und Unglücksfälle auf geistiger Ebene euer Einverständnis, weil sie der Abrechnung mit der Vergangenheit und der Weiterentwicklung dienen.

Es zeugt nur von Unwissen, wenn ihr behauptet, dass keine Gesetze existierten, die Ursachen mit Wirkungen verbinden.

Sechstens: Ich bewerte und verurteile niemanden, weder aufgrund seines Charakters noch wegen seiner Taten. Ich könnte das sehr leicht, weil Ich doch weiß, wie jeder von euch beschaffen ist. Eigentlich müsste Ich euch alle verdammen, denn in jedem von euch befinden sich Spuren jener Eigenschaften, die zur Entwicklung von Persönlichkeiten wie der von Stalin oder Pot führen.

Anstatt also andere zu richten, schaut lieber auf euch selbst. Unter euch sind viele, die, wenn sie gekonnt, gerne das Recht des Stärkeren eingeführt hätten. Dann wären ihre Gegner physisch eliminiert worden. Verdammt also niemanden, weder andere noch euch selbst. Würde Ich die von euch vorgeschlagenen Maßstäbe anlegen, wäre dieser Planet in einem Monat leergefegt.

Siebtens: Die Erde gleicht mehr einer Schule und einem Krankenhaus als einem Gericht oder Gefängnis. Unwissende verlangen nach Erkenntnis, Kranke nach Genesung. Niemand will bestraft werden. So sind die Wege der Liebe.

Ich danke Dir für diese Erläuterungen. Tatsächlich sehe ich nun vieles klarer. Wir sollten besser auf uns selber schauen und vorsichtiger mit Bewertungen sein. Sie spalten auf in Gutes und Böses. So entstehen eine Menge Konflikte und Unglücke.

Du hast ins Schwarze getroffen. Wenn ihr euch an Mich wendet, könnt ihr eure moralischen und mentalen Schwächen klar erkennen. Ihr entwickelt Demut und die Einsicht, dass ihr noch jemanden braucht, auf den ihr euch stützen könnt. In diesem Augenblick kann Ich erscheinen und euch mit etwas Neuem inspirieren. Richtet niemanden, denn ihr kennt weder die Vergangenheit noch alle anderen Umstände.

Um noch einmal alles zusammenzufassen: Eine Aufspaltung in Gut und Böse ist also relativ?

Nicht relativ sondern ungeeignet! Ihr seid nicht imstande, menschliche Schicksale in ihrer ganzen Komplexität zu erfassen. Außerdem habt ihr keine Kenntnis der geistigen Kräfte, die jeder einzelne von euch aufgrund verschiedener Erlebnisse und den entsprechend von ihm gezogenen Schlussfolgerungen entwickelt hat.
Bewertet nicht so viel! Überlasst das Urteilen den Gerichten! Schlagt ihr den Weg zur Göttlichkeit ein, denn nur Sie kann euch zum Licht, zum Verständnis und zur Liebe, also zu einer bedeutend besseren Existenz führen. Mit größerer Demut dem Leben gegenüber wird alles gleich viel einfacher…
Wenn ihr Gott mehr Demut entgegenbringt, wird das Schicksal eine andere Wendung nehmen. Demut und Bescheidenheit führen zur Liebe.

Es kommen neue Fragen auf, viele Fragen…

Stell sie also!

Verbeugungen vor einem unpersönlichen Absoluten sind für viele Menschen möglicherweise eine Überforderung. Kann man sich vor

69

Dir als Jesus verbeugen? Seit ich weiß, wer Sathya Sai Baba ist, verbeuge ich mich vor Sai.

Die liebende Göttlichkeit ist die Essenz aller Formen und auch des namenlosen gestaltlosen Absoluten. Verbeugt euch vor der Liebe. Sie ist die Schöpferkraft.
Die Form der Göttlichkeit ist ein Gefäß, in das Liebe strömt und auf Ihre Anbeter strahlt.

Je älter ich werde, desto stärker fühle ich in der Meditation die wohltuenden Auswirkungen der Verbeugungen vor der verkörperten Liebe. Ich fühle mich leichter. Statt des Gefühls eigener Bedeutsamkeit und der Macht des „persönlichen Ichs" erfahre ich Ruhe, Gedanken der Freude und Liebe. Das Kreisen um mich selbst verschwindet. Gott kommt näher.
Einige Abbildungen von Heiligen haben keine gute Ausstrahlung, finde ich. Es fehlt ihnen an Leichtigkeit, Freude und eine Art „Erhobensein", die ich täglich bei Sai Baba beobachten kann.

Schau nicht auf die äußere Form. Verehre keine Figur, sondern die Liebe selbst. Sie wird dich über all das erheben. Verwechsele nicht den Wegweiser mit dem Ziel.
Steig in die tiefste Tiefe, dringe bis auf den Grund deiner selbst vor.

Es geht also um ein privates Treffen mit Dir?

Du hast wirklich einen wunderbaren Humor, natürlich privat! Sprich leise. Ich bin da und lausche. Dein Flüstern genügt.
Sprecht zu Mir in der Stille des Herzens und des Verstandes. Sprecht zu Mir mit Liebe. Gott ist derjenige, der eure leisen Worte hört, auch wenn sie wie ein streng gehütetes Geheimnis ausgesprochen wurden. Und Er beantwortet sie. Gott selbst!

Es scheint mir, dass die materielle Welt die Menschen immer stärker an sich bindet, immer tiefer in Seele und Verstand eindringt. Es wird zunehmend schwieriger, diesen Prozess aufzuhalten. Was empfiehlst Du uns?

Für die Göttlichkeit gibt es keine Hindernisse. Wenn der Mensch bereit ist, den geistigen Weg zu beschreiten, fügt Sie das Schicksal in Seinem Sinne. Denkst du etwa, die Welt wäre stärker als Gott? Das ist Ignoranz. Du bist noch stark im Außen gebunden, du verwechselst die Welt, unsere Beziehung und die Wahrheit über Mich. Die Welt ist ein Teil von Mir und Mein Geschenk an euch. Das, was euch begegnet, einem jeden von euch, entspringt Meiner Absicht, hat einen wichtigen Grund, der geistigen Ursprungs ist. Die Welt ist eine Bühne, auf der ein wunderbares Schauspiel aufgeführt wird. Ihr seid die Darsteller.

Und Du führst Regie?

Wir führen gemeinsam Regie. Wir sind eine Einheit. Die Welt ist Ausdruck der Liebe und Sie gibt ihr den Sinn bis ins kleinste Detail.
Beginnt den Tag mit Liebe, füllt ihn mit Liebe und beendet den Tag mit Liebe zu Gott. Das ist der Weg zum Licht.

Liebe – das Herz der Religion

In eurer westlichen Kultur habt ihr wenig Kenntnis von der Macht des Gebets. Es verfügt über eine enorme Kraft. Gebete reinigen und erheben den Geist. Manchmal können sie sogar den Lauf der Dinge umkehren. Das Gebet ist die Verbindung von Menschen mit der Unendlichkeit, eine Begegnung mit Liebe und Hingabe. Gott ist die Essenz von Wahrheit, Güte und Schönheit. Deshalb ist es ein hoher Wert, sich Ihm in einem Gebet voller Liebe anzunähern.
Stellt euch jemanden vor, der überaus zärtlich und liebend ist. Er schaut auf eure Taten mit unendlicher Güte. Er ak-

zeptiert und liebt jeden. Alle lebenden Wesen aller Zeiten beten ständig zu Ihm. Die herrlichen Engel, Wesen voller Glanz und innerer Ehre, schauen Ihn mit nie endender Hingabe an, Ihn, von dem alles seinen Anfang nahm. Er, der im Mittelpunkt jeglicher Aufmerksamkeit steht, ist doch gleichzeitig ein Muster an Bescheidenheit und Hingabe. Stellt euch vor, dass Er sich dicht bei euch befindet und bereit ist, euch mit Seiner Liebe und allem was Er hat zu beschenken. Wenn ihr so denkt, seid ihr der Wahrheit sehr, sehr nahe. Ihr seid mit Ihm im Himmel. Liebe ist das Herz der Religion. Liebe ist ein herzergreifendes Lied allen Seins voller Dankbarkeit, einer Dankbarkeit für das Leben, für die Liebe, für das Gute, das vom Allerliebsten, Allerhöchsten strömt. Er ist für uns alle ein Vorbild.

Vater und Mutter, wir, die wir aus Deiner Liebe hervorgegangen sind, bitten Dich: Weise uns den Weg zu Dir, auf dass wir ewig in Deinen liebevollen Armen ruhen können. Führe Du uns durchs Leben, damit wir jeden Tag Deine liebevollen Anweisungen erfüllen können. Wir bitten Dich, wecke in uns die Neigung, auf Deine Stimme zu hören und mit Ihr übereinzustimmen. Beschenke uns und alle Wesen mit Deinem Segen der Liebe, der Freude und des Glücks.

Verzicht auf Religion?

Heute hatte ich einen seltsamen Gedanken: Unabhängig davon, in welcher Religion ein Mensch aufgewachsen ist, kann er sie samt aller dort verehrten Gottheiten verlassen und der Stimme seines Herzens folgen, die ihm möglicherweise ganz andere Erscheinungen der Göttlichkeit zeigt....

Das ist wahr. Wenn du Trost brauchst, spielt es keine Rolle, in welcher Religion du ihn findest. Falls du jedoch einen Weg zur Vereinigung mit der Göttlichkeit suchst, ist das, was sich Menschen ausgedacht haben, ein Hindernis.

Eure Glaubensinhalte entsprechen selten der Realität. Ihr glaubt an unsinnige, oft sogar schädliche Dinge. Die Mehrzahl der Menschen hat vergessen, dass Religionen nur Wegweiser auf dem Pfad zu Gott sind, nicht der Weg und ganz sicher nicht das Ziel. Die Menschen haben über hunderte von Jahren viele Vorstellungen entwickelt. Statt zu überlegen, welche davon wertvoll sind und welche nicht, ist es heute besser, sich einfach der göttlichen Obhut zu übergeben. Sie selbst möge euch führen und den Weg zu Ihr beleuchten....

Meister, Du nimmst uns etwas, an das wir gewöhnt sind, auf dem unsere Kultur und die Struktur unseres Gemeinwesens basiert.

Kultur ist von Wert, wenn sie imstande ist, allen Generationen Liebe zu Gott zu vermitteln. Sie müsste Menschen zur Fürsorge für andere und für die Natur inspirieren. Sie sollte die Suche nach höheren Werten vorantreiben und so das menschliche Leben bereichern.
Eure Kultur allerdings vermittelt Aberglauben, Vorurteile, lehrt Fremdenfeindlichkeit und Hörigkeit gegenüber Institutionen und anderen Instrumenten der Macht. Sie gibt euch ein falsches Signal, dem ihr dann folgt.

Können wir also Religion und Kultur vergessen?

Ihr solltet sie auf der Suche nach den wahren Werten, die im Herzen und in Gott zu finden sind, hinter euch lassen. Die Trennlinie zwischen der Welt und der Göttlichkeit ist ganz deutlich, und ihr solltet euch für eine Seite entscheiden.

Geht es in dem System, über das Du sprichst, immer nur um Macht über die Menschen?

Ja! Euer Interesse an Dingen und Angelegenheiten soll geweckt werden. Ihr werdet manipuliert, bis ihr völlig überzeugt seid und euch für sie einsetzt. Das ist keine gute Art, mit Menschen umzugehen. Es wäre viel besser, sie zur Suche nach Wahrheiten im eigenen Herzen und Gewissen zu motivieren. So würden sie in der Entwicklung höherer Werte wie Liebe zum Frieden und Streben nach dem Guten unterstützt. Eure Errungenschaften im Bereich Kultur und Weltanschauungen sind äußerst dürftig.

Was das Aufblühen der Kultur hauptsächlich verhindert, ist euer Egoismus. Ihr seid an euch selbst gekettet und hegt eine tiefe Abneigung allem Fremden gegenüber. Eurer Kultur und den Religionen fehlt es einfach an Liebe. Die Liebe sucht keine Macht. Da Sie bescheiden ist, will sie nichts für Sich. Sie handelt selbstlos. Liebe lebt vom unaufhörlichen Geben, das ist eine ihrer Eigenschaften, eine göttliche Qualität. Sie braucht keine hierarchischen Strukturen oder Unterdrückungsmechanismen anzuwenden, damit man Ihren Anweisungen folgt. Liebe ist Sorge um das Wohl und die Interessen der anderen, die über die eigenen gestellt werden.

So ist das Weltall organisiert. Das mag euch wundern, aber es ist so. Wenn gesellschaftliche Werte auf Egoismus basieren, bleiben die göttlichen Gesetze der Liebe, Güte und Selbstlosigkeit unberücksichtigt. Ihr erschafft dann ein System, das den Menschen Leid bringt. Gegenwärtig steht ihr als Menschheit vor einer riesig großen Herausforderung. Das System, das ihr erschaffen habt, muss transformiert werden. Es soll künftig mit den universellen, göttlichen Gesetzen, vor allem mit denen der Liebe übereinstimmen.

In den Werten und der Weisheit, die das erneuerte System kommenden Generationen übermittelt, werdet also auch ihr, wenn ihr hierher zurückkehrt, Güte, Liebe und Göttlichkeit finden. In dieser neuen Welt seid ihr frei von Leid.

Meister, ich befürchte, dass das, was Du jetzt sagst, für viele Menschen zu rätselhaft klingt. Es hat den Anschein, als handele es sich um eine neue Theorie. Von neuen Theorien sind wir in letzter Zeit überschwemmt worden.

Stellt euch die Frage, warum das so ist! Denkt darüber nach und versucht herauszufinden, was gesagt und dann getan wird. Natürlich auch, warum das so ist…

Theorie und Praxis stimmen nicht überein. Das ist die Hauptursache für den Misserfolg. Wir sagen etwas, tun aber etwas anderes. Meistens kommt dann noch ein Drittes heraus.
Die Politiker versprechen viel, aber wenn es ernst wird, engagieren sie sich meistens in eigenen Geschäften oder sorgen für die Gruppen oder Parteien, die ihnen nahe stehen. Erschwerend kommt hinzu, dass wir weder uns selbst noch die Folgen unserer Taten kennen.

Das ist eine gute Bemerkung. Deswegen beginnt, eine neue „Kultur" und eine neue „Religion" zu erschaffen, die als Spiritualität verstanden wird. Stützt euch auf das, was ihr selbst in euch als Wahrheit fühlt. Stellt euch Fragen, einzeln und als ganze Gesellschaft und findet Antworten darauf.
Die erste Frage sollte lauten: „Existiert Gott überhaupt?"
Möge jeder von euch so lange nach der Antwort suchen, bis er sie gefunden hat. Wendet euch an die Göttlichkeit. Sie soll euch erfahrbare Beweise für Ihre Existenz geben. Bittet Sie darum. Dieses Experiment wird euch sehr viel geben. Ich weiß, es werden Ängste auftreten. Das ist ganz natürlich. Die Religion lehrte euch zum Beispiel Jahrhunderte lang, man solle die Göttlichkeit fürchten.
Haltet diese Phase in Ruhe durch. Viele gute Kräfte werden euch zu Hilfe kommen.
Die zweite Frage könnte lauten: „Wer ist Gott?"
Und wieder, wie vorher, bittet um konkrete Erfahrungen. Bittet darum, Gott möge sie euch persönlich zeigen, damit ihr Seine Existenz zweifelsfrei fühlt und erlebt. Für die meisten von euch wird das ein Schock sein.
Die Göttlichkeit wird Sich nämlich völlig anderes zeigen als die Religionen vermittelt haben.
Überzeugt euch selbst! Gott ist zärtliche Liebe und Hingabe. Er dient euch jeden Tag mit vollkommener Hingabe und ohne jede Spur von Eigennutz. Er hat ausschließlich das Wohl der Menschen in Sinn. Er stellt sich in Demut an

die letzte Stelle, sodass alle Seine Lieben bekommen, was sie benötigen und niemand vergessen wird.

Aber bildet euch darüber ein eigenes Urteil. Überzeugt euch selbst. Seid mutig genug, Fragen zu stellen und bewertet die Qualität der Antworten.

Meister, wie sollte unser Verhältnis zur Macht sein? In Europa finden sich noch Spuren einer Art mystischer Aura, die ehemals die Herrscher umgab. Amerikaner haben da eher eine pragmatische Einstellung.

Wendet euch im Leben mit Liebe Gott zu. Alles andere wird dann um vieles einfacher werden.

Du fragst Mich nach simplen, geradezu banalen Dingen, die vergleichsweise unwichtig sind.

Macht, Herrscher und Institutionen gibt es seit Tausenden von Jahren, und sie werden noch lange Bestand haben. Sie sind der Ausdruck einer gemeinschaftlichen Bemühung, dem Leben Struktur zu verleihen, eine Ordnung zu gewährleisten sowie soziale Sicherheit zu etablieren. Machtstrukturen wurden geschaffen, um wirtschaftliche und soziale Entwicklung zu verbürgen. Obrigkeiten und ihre Institutionen entwickeln sich ständig, und sie werden es weiter tun.

Das Problem der Menschen, die eine leitende Stellung innehaben, ist überall das gleiche. Ein generelles Problem aller Menschen auf Erden ist der Egoismus.

Unter seinem Einfluss denken die Menschen, die eigentlich das Allgemeingut schützen und Sorge um seine Entwicklung tragen sollten, vorrangig daran, wie sie etwas für sich selbst erreichen können.

Meister, so ist aber die gesamte Struktur unserer Gesellschaft!

Ja! Aber wenn wir über die Liebe sprechen und was alles aus Ihr hervorgeht, muss dir schon klar sein, dass diese Einstellung nur eine Übergangsphase ist. Eure Auffassung von Macht ist falsch. Es geht um Dienst am Nächsten.

Diejenigen, die aus irgendeinem Grund begüterter sind, sei es mit Besitz oder mit Talenten, sollen mit anderen teilen und deren Wohl im Auge behalten, nicht ihr eigenes. Nach einiger Zeit werdet ihr reifer sein und gerne Eigentum für Liebe eintauschen, euch auf Gott, statt auf euch selbst konzentrieren. Dann ist ganz natürlich allen Wesen geholfen. Übergreifende Veränderungen stehen an. Die technische Revolution war dagegen nur ein Kinderspiel.

Kehren wir einen Augenblick zurück zum Einfluss des Gemeinwesens auf den Menschen.

Gut. Stell dir die Frage, was dir deine Eltern und andere Menschen bis zu diesem Zeitpunkt an Wertvollem vermittelt haben. Was hast du in der Schule und von der Religion gelernt? Was hast du mitgenommen aus den vielen Stunden, die du auf Schulbänken, Kirchenbänken und Universitätsbänken zugebracht hast?

Haben sie dir vermittelt, dass du auf eigene Faust Antworten suchen sollst? Zeigten sie dir einen Weg zur Wahrheit, den du selbstständig gehen kannst? Haben sie dir erklärt, wie du Beziehungen zu anderen Menschen aufbauen kannst, damit beide Seiten glücklich sind? Haben sie dich angehalten, wie du im Leben Befriedigung findest, wie man die Göttlichkeit und alle Wesen lieben soll?

Haben sie dich auf das Gute hingewiesen, das aus dem Menschen strömt und alles um ihn herum bereichert? Haben sie dich gelehrt, unter allen Umständen im Leben die Ruhe zu bewahren? Haben sie dir beigebracht, wie du dich an Gott wenden kannst, um Seine Liebe, Seinen Rat und Seine Führung zu erhalten?

Haben sie dich Liebe gelehrt? Bist du in der Lage, die Göttlichkeit nicht nur in Worten, sondern auch in Gedanken, Gefühlen und Taten zu lieben? Das ist doch die wichtigste Fähigkeit, aus der sich alles Gute und jegliche innere Schönheit ergibt.

Wieder einmal weiß ich nicht, was ich Dir antworten soll. Eigentlich hatte ich bisher den Eindruck, dass Schulen und Universitäten doch viele wertvolle Dinge lehren. Aber wenn ich Deine Fragen höre, die so wesentliche Dinge berühren, stelle ich fest, dass die meiste Zeit dort vergeudet wurde.

Ich gebe dir völlig Recht. Keine Schule vermittelt diese Inhalte. Keine lehrt, wie man leben soll, wie man den eigenen Platz im Leben findet. Wie kann man den Widrigkeiten des Daseins die Stirn bieten und wahre Werte anstreben? Stattdessen wird man gezwungen, sich die „verkündeten Wahrheiten" zu merken, die Anschauungen also, die auf Bewertung von Geschichte und Kultur beruhen. Ihr kultiviert Werte, die in Wahrheit keine sind. Deshalb könnt ihr auch weder Liebe noch Wahrheit finden. Sie gehören nicht zu eurer „Welt", obwohl das immer aufs Neue behauptet wird. Das Problem mit euren sozialen und kulturellen Errungenschaften ist euer verengter Blickwinkel. Ihr begrenzt euch auf das, was ihr euer Eigen nennt und was euch vertraut ist. Alles Unbekannte und Neue bewertet ihr negativ und ignoriert es.

Aber ihr seid eine Familie, mehr noch, ihr seid eine Einheit. Anstatt also Herz und Verstand zu weiten und für die ganze Erde, den Kosmos und alle Menschen zu öffnen, wird befohlen, nur ein Land, ein System zu lieben und sich dafür zu opfern.

Wenn ihr die Menschen unterweisen würdet, sich für Werte statt für Theorien zu engagieren, könnte das Leben hier ganz anders aussehen. Eure Kultur ist auf Angst und Manipulation gegründet. Aber das wird sich ändern, wenn ihr beginnt, euch von Liebe und Gott leiten zu lassen. Liebe vereinigt über alle Barrieren hinweg, die vom Verstand aufgestellt wurden. Lernt die Liebe zur Göttlichkeit. Vermittelt diese Fähigkeit den neuen Generationen. Hier wird sie weiterleben. Auch ihr werdet immer größeres Glück, größeren Wohlstand genießen, wenn ihr wiederkommt und die Kraft negativer Illusionen nach und nach ihre Macht über euch verliert.

Welch Zukunft erwartet uns?

Das sag du Mir!

Wenn ich Schlüsse ziehe aus dem, was Du mir früher offenbart hast, Meister, müssen wir uns Sorgen machen. Welche Lösung siehst Du für uns?

Ersetzen wir den Begriff „Sorge" lieber durch das Wort „Folgen". Heute stört ihr das Gleichgewicht des irdischen Lebens. Wenn ihr nach einer Weile in neuen Körpern hierher zurückkehrt, empfangt ihr die Früchte eurer heutigen Taten. Ihr könnt das glauben oder nicht.

Hier liegt euer großes, vielleicht euer größtes Problem. Ihr benehmt euch nach dem Prinzip: „Nach mir die Sintflut". So schafft ihr kein gutes mentales Klima, um das Leben zu verstehen und Glück in ihm zu finden.

Deswegen schlage Ich vor, jeder möge sich seine Reinkarnation vor Augen führen und das Gesetz von Ursache und Wirkung überdenken. Es ist gut, dass ein ökologisches Bewusstsein erwacht und mit ihm die Erkenntnis, dass auch kommende Generationen Platz zum Leben brauchen. Nun geht in diesem Erkenntnisprozess noch einen Schritt weiter. Bittet um die Möglichkeit, euch überzeugen zu dürfen, ob Reinkarnation wahr ist oder nicht. Prüft als nächstes, ob das Gesetz von Ursache und Wirkung wirklich funktioniert. Daraus folgen weitere Fragen, die dich beschäftigen!

Wenn ihr die Antworten gefunden habt, bedenkt die tief greifenden Folgen und zieht eure Schlüsse. Die nächste Generation seid doch ihr selbst! Großeltern, Eltern, Kinder, Enkel und ihr. Wenn das Gesetz wirkt, rächt sich jede negative Tat und fällt früher oder später auf euch selbst zurück. Überlegt also. Wollt ihr leiden?

Möge die Kenntnis des Gesetzes von Ursache und Wirkung sowie die Liebe zur Göttlichkeit die Achse eures Denkens über die Welt, die Menschheit und ihre Leiden werden. Ihr könnt vieles, sehr vieles verstehen, wenn ihr diesen einzigen Schritt tut. Den meisten von euch wird dann zum ersten Mal bewusst, dass ihr Weltbild, einst mit großem Engagement erschaffen, riesige Lücken hat.

Bleibt nicht stehen, schreitet voran! Bittet die Göttlichkeit, Sie möge euch durch eigene Erfahrung von Ihrer Existenz und Ihrem Wirken überzeugen. Das wird die zweite große Lücke schließen.

Bittet Sie, Sie möge euch immer näher zu Sich führen, jenseits dieser Welt voller Illusionen ins Land des Glücks und der Liebe.

Kehrt zurück zum Ort eurer Herkunft, zu Gott und Seiner Liebe. Das Ziel einer jeden Reise ist die Rückkehr zur Liebe. Keine Zivilisation kann sich weiterentwickeln, wenn sie nicht mit der Macht zusammenarbeitet, die das Weltall erschaffen hat. Ohne Harmonie, die mit Liebe einhergeht, verursachen Wissenschaft und Technologie viele Schwierigkeiten. Sie gleichen dann einem verrückten Pferd, das auf Gebirgswegen dahinjagt. Wie schnell kann da ein Unglück geschehen! Das Weltall kennt keinen Begriff wie Schaden. Es gibt nur Prozesse, die solche oder andere Auswirkungen haben. Und alles mündet, hier wie da, in der Liebe.

Du kennst die Zukunft. Könntest Du mir sagen, welches Ende alles nehmen wird?

Die Menschheit verschmilzt im Licht.

Wird das Leben auf Erden fortdauern?

Nein. In einigen Milliarden Jahren wird die Erde von der Sonnenstrahlung völlig erfasst und dieser Planet wird verbrennen.

Geschieht in den kommenden hundert oder zweihundert Jahren etwas, das die Menschheit bedrohen könnte?

Auf diese Frage bekommst du keine Antwort. Ich habe genug gesagt.

Meister! Ich habe den Eindruck trotz unseres Gespräches über die Bedrohungen in der Zukunft können weder Deine noch meine Worte etwas ändern.

Du irrst, sehr sogar. Im Augenblick findet ein Wettlauf mit der Zeit statt. Manchmal kann ein einziger klar denkender Mensch den Lauf der Geschichte massiv beeinflussen.

Ich glaube aber, in den nächsten fünfzig Jahren wird nichts dergleichen geschehen.

Du kennst die Zukunft nicht. Nur wenige Menschen ahnten die Geschehnisse im September 2001 und sieh, welche Erschütterung ihr erlebt habt. Ihr wisst nicht, was die Zukunft bringt. Ihr seid nicht imstande, euch genügend abzusichern. Manchmal kann ein vernünftiger Mensch in eine neue Richtung zeigen und bewirken, dass die Menschen ihm folgen.

Und aufhören herumzuspielen, beispielsweise in der Wissenschaft.

Nicht unbedingt! Nicht die Wissenschaft als solche ist eine Bedrohung, nur die Art und Weise, wie ihr ihre Entdeckungen ausnutzt. Wenn ihr erst in der Union mit Gott lebt, werdet ihr euch noch gewaltigere Kräfte nutzbar machen können, aber sie bedrohen dann eure Existenz in keiner Weise. Jetzt, nach großen industriellen und technologischen Errungenschaften ist es an der Zeit, Verstand und Gewissen zu aktivieren und euch von beiden leiten zu lassen. Jetzt gilt es, Gott zu entdecken, die Liebe zu finden und sich mit Ihr zu versöhnen, eine Liebe ohne Anfang und Ende, grenzenlose Liebe, die das Weltall ausfüllt.
Ihr seid Mitglieder eines größeren Systems; und dieses System ist ein lebendiges Wesen. Indem ihr einem seiner Teile schadet, zerstört ihr einen Teil von Mir. Das Leben ist Eins.

Ich wage nicht zu hoffen, dass Du mir die Zukunft voraussagst...?

Wenn Ich dir deine Fragen heute beantwortete, würden wir uns um die Freude bringen, die Welt und das All zu entdecken. Das Buch mit den zukünftigen Ereignissen ist seit Tausenden von Jahren vor den Menschen verborgen, und es soll auch so bleiben.

Das größte Abenteuer ist sowieso, Dich zu finden!

Es ist wahrhaftig so.

Trotz allem habe ich das Empfinden, Du weißt sehr genau, was hier in hundert oder zweihundert Jahren sein wird, willst aber nicht darüber sprechen.

Es ist völlig unnötig, dass ihr die Zukunft kennt, obwohl Menschen leben, die sehr viel über dieses Thema wissen. Aber noch bleiben Thesen und Visionen in der Sphäre der wissenschaftlichen Phantasie.

Ich erinnere mich an die Bücher von Jules Verne oder Arthur Clarce: Sie enthalten erstaunlich viele treffsichere Voraussagen, beispielsweise die des ersten Mondflugs und verschiedene Entdeckungen.

Nicht nur sie kannten den goldenen Schlüssel zu den Türen, hinter denen die Zukunft verborgen ist.

Heißt dieser Schlüssel Imagination?

Nein, innere Inspiration.

Aber wir könnten uns heute schon über mögliche Ereignisse austauschen?

Nein, heute noch nicht. Es ist noch viel zu früh dafür, vielleicht in einigen Jahren.

Meine letzte Frage: Aus Deinen Worten entnehme ich, dass gedankenlose, moralisch inkompetente Menschen mit gefährlichen Experimenten beschäftigt sind.

Nein, so habe Ich das nicht gesagt. Diese Menschen sind keineswegs gedankenlos, im Gegenteil, sie sind intellektuell sogar äußerst befähigt. Allerdings sind sie innerlich nicht beteiligt, was aber bei einer Beschäftigung mit derart wichtigen Sachverhalten, die möglicherweise weit reichende Konsequenzen haben, unverzichtbar ist. Vor allem fehlt es ihnen an Liebe! Sie ist es, die den Forschern den Weg zur Entwicklung guter und hilfreicher Dinge zeigt. Ein vom Herzen geleiteter Verstand ist ein mächtiges Werkzeug, um Gutes zu vollbringen. So geführt werdet ihr imstande sein, viel, viel mehr kennen zu lernen.
Viele Forschungsgebiete sind und bleiben noch verschlossen, wenn ihr euch nicht ändert. Liebe im Herzen ist der beste Wegweiser für jeden.

Welchen Schluss kann ein Leser aus Deinen Ausführungen ziehen?

Es ist lohnend, sich in jeder Situation an Gott zu wenden und bei Ihm Schutz und Sicherheit zu suchen. Es zahlt sich aus, sich an die Liebe zu richten, da Sie alle Probleme löst und Hoffnung für die Zukunft gibt. Wenn die Dinge ihren richtigen Lauf nehmen, dann wird das einundzwanzigste Jahrhundert eine Zeit der Faszination von Göttlichkeit und Liebe, so, wie das zwanzigste Jahrhundert von Technik geprägt war. Alle Sorgen der Menschen nehmen dann ein Ende.

Und in diesem Zusammenhang gibt es viel zu entdecken?

Ja, das ganze Weltall ist Liebe, Freude und Lebenskraft, die sich nie erschöpft.

Mein Gefühl sagt mir, dass in den nächsten zehn Jahren der Erde keine ernsthafte Gefahr droht.

Aber ja! Es gibt viele drohende Gefahren, aber zum Glück bin Ich hier und achte darauf, dass nichts passiert, was eure Entwicklung aufhält.

Das heißt, das Schicksal der menschlichen Rasse hängt von ihrer spirituellen Entwicklung ab?

Ja, das ist die Hauptdeterminante der Zukunft.

Also könnte eine Situation eintreten, in der aufgrund einer starken Strahlung eine große Katastrophe geschieht?

Rein hypothetisch ja, es könnte geschehen. Das muss aber keine äußere Erscheinung sein, sondern wird dann physisch von euch ausgelöst.

Aus Deinen Worten ist also zu schließen, dass wir auf einem Vulkan sitzen.

Ja.

Meister, was rätst Du uns in dieser Situation?

Ihr möchtet alle Antworten kennen. Geht ins eigene Innere. Dort findet ihr sie. Sucht Unterstützung in der Liebe zu Gott. Erwählt Ihn zu eurem Führer und Deuter. Er wird euch nicht enttäuschen.

Könntest Du uns einen Hinweis ins Ohr flüstern?

Das habe Ich doch gerade getan! Ich zeigte euch den direkten Weg zu dauerhaftem Frieden und Wohlstand. Nun müsst ihr ihn gehen.

Kannst du etwas konkreter werden?

Das ist ein ganz konkreter Rat! Wendet euch an euer Inneres, an eure Herzen, an den dort wohnenden Gott. Findet Ihn

und fangt an, mit Ihm und euch selbst in Eintracht zu leben. Ihr werdet glücklicher, und die Welt verändert sich sofort. Jeder einzelne erhält individuelle Beratung! Bittet darum! Ich bin immer erreichbar, jederzeit, immer und überall. Ich bin Liebe, und Ich liebe euch. Bittet, und ihr werdet empfangen. Niemals wird euch die Hilfe versagt werden.

Und das soll der Weg zur Transformation des kollektiven Bewusstseins auf Erden sein?

Mehr noch, es ist der Weg zur vollkommenen Veränderung des gesellschaftlichen Bewusstseins und der Weg zur Einstimmung auf das planetarische Bewusstsein. Die Annäherung beider, heute noch getrennter Seinsebenen wird große Potentiale spiritueller Energie freigeben, die gegenwärtig benötigt wird, um weiterer Vernichtung Einhalt zu gebieten. Dann werden auch den hartnäckigsten Gegnern die Augen aufgehen. Sie entwickeln Verständnis und ändern ihr Verhalten fast augenblicklich.

Du hast in einem Deiner Bücher den Begriff „kritische Masse" erwähnt...?

Damit ist eine bestimmte Anzahl ähnlich denkender, geistig ausgerichteter Menschen gemeint. Diese wären fähig, das öffentliche Bewusstsein in positive Bahnen zu leiten. Wenn ein kritischer Punkt überschritten ist, setzt sich von selber eine kreative Kraft in Bewegung und führt das weitere Geschehen in gute Richtung. Ich warte auf diesen Augenblick.

Ist es noch weit bis zu diesem Punkt?

Ja, weit.

Es geht also um eine allgemeine Bewusstseinsveränderung?

Ja, deshalb spreche Ich nicht über Konkretes, sondern weise euch den Weg, der zu den einzelnen Lösungen führt.

Ich möchte, dass euch dieses Wissen langsam dämmert. Gäbe Ich euch fertige Antworten, wäre zwar euer Interesse geweckt, aber keine innere Wandlung vollzogen. Sie kann nur durch die Liebe zum Schöpfer geschehen. Ohne tief greifende Veränderung tretet ihr weiterhin auf der Stelle und werdet den ungünstigen Verlauf der Ereignisse nicht umkehren können. Selbst wenn ihr viel wisst, bringt euch allein das Wissen keinen Schritt vorwärts.

Du meinst das Wissen vom ungünstigen Verlauf des Geschehens hilft nichts?

So ist es. Nur konzentrierte Arbeit an euch selbst, die Umkehr zur Liebe, Ihre Wahrnehmung, richtige Entscheidungen, die Verbindung von Menschen mit der liebenden Göttlichkeit – das ist der Weg zur Verwandlung eures Schicksals. Es geht um die individuelle Arbeit jedes einzelnen Menschen, direkt, ohne einen Vermittler von außen.

Meister, das behauptet jede Religion. Ich bin etwas unartig und sage…

Jede Religion schafft Vermittler und lebt von ihnen. Es ist klar, dass eurem egoistisch eingestellten Verstand die Suche nach Mitteln, die möglichst großen Einfluss auf Menschenmassen versprechen, ganz natürlich erscheint. Folglich hat die Religion kein Interesse, eine individuelle Suche des Individuums nach Gott zu unterstützen. Sie ist bestrebt, mit immer mehr Geboten eine bessere Anpassung des Gläubigen an die sich jeweils entwickelnde kirchliche Doktrin zu erreichen.
Ich spreche aber von etwas anderem. Vermittler sind für niemanden notwendig. Jeder von euch hat ein Herz, in dem Ich wohne. Es genügt, sich dorthin zu wenden. Nur das hebt das kollektive Bewusstsein auf eine höhere Ebene, nicht die „moralische Entwicklung", auch nicht ein Festlegen im Glauben, wie ihr unsinnigerweise behauptet. Fangt selbst damit an! Wendet euch an die Göttlichkeit mit der Bitte, Sie möge in euch eine positive Verwandlung

veranlassen. Nehmt die Herausforderung der Veränderung zum Besseren an. Zusammen werden wir eine andere Welt erschaffen, die auf Liebe gegründet ist.

Ich fasse also zusammen: Wir brauchen keine heiligen Schriften und auch keine Vermittler?

Nein, gegenwärtig braucht ihr nur Liebe zu Gott und die Resonanz Seiner Liebe und Gnade. Nur das kann euch befreien. Der größte Teil aller religiösen Doktrinen samt der sie begleitenden spirituellen Kultur ist vom Egoismus vergiftet, aufgeteilt in „mein" und „mir fremd", in „uns" und die „Fremden". Trennungen bewirken verschlossene Herzen und Mangel an Liebe. Der Weg zu Gott führt woandershin. Glaubst du, die Göttlichkeit sei nicht imstande, den Menschen zu führen und ihn auch ohne „Helfer" zu erreichen? Ein verschlossenes Herz kann nur Gott öffnen, kein Vermittler oder Buch bringt so etwas fertig. Die wahre Verwandlung ist nur von innen möglich.

Die wahre Verwandlung kann also nur von innen kommen?

Zuerst verwandelt sich das Individuum, dann die Gemeinschaft und schließlich alle Welt - genau in dieser Reihenfolge.

Die Welt ist Licht

Wie sieht die wahre Welt aus? Was ist sie wirklich? Werden wir sie je begreifen können?

In der polnischen Sprache ist im Wort für Licht (Swiatlo) die Welt (Swiat) enthalten. Unsere wahre Welt ist also das Licht. Der Weg zum Licht führt über die Liebe.

Gemeint ist aber nicht die Liebe zu Menschen, anderen Geschöpfen oder der Welt als solcher. Vielmehr geht es um die Liebe zu Gott, zur Wahrheit, also zur Allliebe.
„Nennt Sie, wie ihr wollt", sagt Baba.
Denkt weniger und liebt mehr! In eurem Fall ist das der beste Rat.

Ich habe einige Schwierigkeiten, Swami, Deinen Gedankengängen zu folgen.

Das schadet nichts. Ich werde Meine Worte noch ungefähr zweihundert Mal wiederholen.

Sprichst Du von der Gottesliebe?

Von der Liebe zu Gott.

Wie kann man Sie entwickeln?

Oh, eine gute Frage!
Fangt an, euer eigenes Leben zu verändern. Legt alte Gewohnheiten und Gepflogenheiten ab und haltet euch dabei an euren Verstand oder an die Liebe, falls ihr Sie schon empfindet. Widmet Gott eure Gedanken, Seiner Nähe, Liebe und Hingabe. Gebt euch Mühe, Ihm in Gebet und Meditation näher zu kommen. Er sieht euer Tun und hört jedes Wort. Seid gewiss, Gott ist Liebe. Erkennt, dass Er euch über alles liebt.
Fragt euch, wer Er ist und sucht Antworten. Folgt dem, was aus bestem Wissen resultiert, den eigenen spirituellen Erfahrungen und vertraut Seiner Liebe und Weisheit.
Auch wenn ihr die Wirkungen eurer Bitten und Bemühungen nicht sofort bemerkt, so solltet ihr wissen, dass nichts verloren geht. Keine einzige Hinwendung, nicht ein gutes Wort, kein Blick ist umsonst. Alles, was ihr in dieser Richtung unternehmt, bringt euch der Liebe näher. Der Schöpfer segnet all eure Bestrebungen. Eure Empfindsamkeit wird sich steigern, und bald werdet ihr Seine lebendi-

gen Antworten wahrnehmen. Vorläufig mögt ihr sie noch nicht bemerken, aber sie sind schon da.

Hingabe an Gott? Unsere Religion spricht wenig davon...

Die Religion vernachlässigt viele Aspekte der Göttlichkeit. Liebe, Hinwendung und Bescheidenheit können und sollen ein Beispiel für euch sein. Religion weiß einfach zu wenig, weil ihre Vertreter es vorzogen, Macht über die Menschen auszuüben, anstatt ihnen zu vermitteln, wie sie Glück und Liebe in der süßen Einheit mit dem Schöpfer finden und erleben können.

Euer inneres Bild von der Göttlichkeit ist verzerrt, weil ihr es niemals infrage gestellt habt. Bis heute verspürt ihr keine Sehnsucht danach, Gott wirklich kennen zu lernen. Ihr glaubt an Theorien, ohne sie jemals ernsthaft überprüft zu haben.

Nun ist es soweit, diesen kleinen Schritt nach vorne zu wagen. Jetzt ist die Zeit, MICH zu erfahren. Nur ein kleiner Schritt, und ihr steht am Tor zum Weltall, das voller Wunder ist.

Machen wir also die Türen weit auf! Mögen sich Licht, Liebe und Glück verwirklichen!

Licht, Liebe und Glück, all das sind Attribute des SCHÖPFERS.

Meister, mir kommen Fragen in den Sinn, die verschiedene geistige Schulen seit Jahrhunderten quälen. Ist Gott eine Person, wie manche behaupten, oder keine, wie andere meinen?

Beide Überzeugungen, Gott sei eine Person, oder ein nicht personifiziertes Absolutes, sind gleich weit von der Wahrheit entfernt. Er ist personifiziert, unpersonifiziert und noch viel mehr. Wesentlich besser ist aber, nicht über Seine vermeintliche Natur nachzugrübeln, die immer nur Verstandeskategorien spiegelt, sondern jede sprachliche Form hinter sich zu lassen und Anstrengungen zu unternehmen, die Wahrheit wirklich zu finden.

Wie kann man also vorgehen?

Der Verstand ist nutzlos. Du brauchst ein reines, liebendes Herz. Der Weg zur Erkenntnis, zur Erfahrung Seiner wahren Natur ist die Liebe, die Liebe zum Schöpfer, zur Wahrheit, zur Liebe... wie du es auch immer ausdrücken magst. Das ist eine Herausforderung für jeden von euch! Lernt, den Schöpfer zu lieben und hört erst dann auf, wenn ihr erfolgreich wart.
Die Liebe ist der Schlüssel zum Öffnen der Himmelspforten, der Tore des wunderbaren Weltalls. Du liebst, kommst näher und schaust in das liebende Angesicht des Schöpfers. Alle Gefühle, die dich in diesem Augenblick überfluten, sind mit Worten nicht zu beschreiben.
Du kannst Mir zuhören, kannst Meine Worte hundertmal lesen, aber die dahinter stehende Realität berührst du nicht. Merk dir, Worte sind nur Wegweiser. Geh den Weg, den Ich dir zeige. Dann wirst du das finden, wovon Ich spreche.

Meister, ich möchte Dich fragen, wie man lieben lernt. Bitte gib mir einige praktische Anweisungen.

Du bist aber begriffsstutzig! Ich habe schon öfters darüber gesprochen.

Teurer Lehrer! Wiederholungen festigen das Wissen. Man sagt: „Repetitio est mater studiorum!"

Die Wiederholung ist zwar die Mutter des Wissens, aber die Erfahrung der göttlichen Liebe ist die Mutter aller Weisheit!

Genau das meine ich! Bitte gib mir einige praktische Hinweise.

Und wie, denkst du, werden sie etwas nützen?

Meister, machst Du Dich über mich lustig?

Das darf Ich! Meine Worte sind wertvoll.

Meister, Deine Antwort wundert mich. Willst Du mir etwa unterstellen, ich empfände keine Achtung vor Deinen Hinweisen?

Genau so ist es...
Du hast Meine Aussagen schon so viele Male erhalten, aber noch immer nicht umgesetzt. Angesichts der großen Gabe, Meine Worte direkt empfangen zu können, solltest du Meine Güte viel mehr zu schätzen wissen.
Die bloße Tatsache, dass du das, was Ich dir sage, mit deinen Ohren aufnimmst, ist für Mich bedeutungslos. Ich brauche Mich nicht mit dir zu unterhalten. Du hast Mich darum gebeten, also antworte Ich.
Veränderung geschieht aber nicht durch Hören, sondern nur durch Anwendung des Gehörten. Lernt, Gott zu lieben und euch im Alltag von Ihm leiten zu lassen.
Wir unterhalten uns nur, damit du diese Wandlung erfährst. Sonst hat das Buch keinen Wert für Mich. Den Wert stellt die Liebe dar und der Weg zu Ihr. Also betritt diesen Weg und beginne, erste Schritte zu gehen. Du wirst stolpern und fallen, wirst bitten und Ich werde dich aufheben. Du wirst weiterlaufen und das Ziel erreichen. Dafür bin Ich da. Deshalb spreche Ich. Auf dem Weg versorge Ich dich mit Wissen, Energie, Hinweisen und Schutz. Aber das Ziel ist, die Liebe zu finden und die eigene Transformation, nicht das bloße Hören Meiner Stimme.
Von nun an lausche sehr aufmerksam auf das, was Ich sage und bemüh dich, es ins Leben einzufügen. Das ist der einzige Weg. Wende Meine Hinweise im Alltag an.

Ich danke Dir für Deine liebevollen Worte. Könntest Du mir doch noch einmal etwas dazu sagen?

Nein, es ist genug! Jetzt ist Zeit zum eigenständigen Arbeiten! Wenn dir das, was Ich gesagt habe, glaubhaft erscheint, wende dich an die Göttlichkeit, Sie möge dein Denken und deine Suche unterstützen. Übe die Zusam-

menarbeit mit Gott. Beschränke dich nicht nur aufs Hören Meiner Worte. Handle! Arbeiten wird dich verändern. Das gilt für jeden von euch.

Meister, ich habe den Eindruck, als hätten sich Schwierigkeiten in unser Gespräch eingeschlichen. Es sind die Begriffe, die wir benutzen und die zu Missverständnissen führen können.

Der Verstand erschafft Begriffe und hat die Neigung, sich dahinter zu verschanzen. Ihr macht euch innerlich ein Bild: „So und so muss es sein..." und dann hört ihr auf zu denken. Ihr seid überzeugt von eurer eigenen Wichtigkeit und Autorität. Unterbrecht diesen Prozess!
Was du als „Schwierigkeit" wahrnimmst, ist, dass Ich hinter viele Gedanken, Begriffe und Wertmaßstäbe ein Fragezeichen setze, um euch von den Vorstellungen eures Verstandes zu befreien, von dem, was er für die einzige Wahrheit hält. Dann hört eure Sucht auf, alles in Begriffe einsperren zu wollen. Am liebsten sortiert ihr die Dinge in einer Reihenfolge, um sie, wie ihr euch merkwürdigerweise ausdrückt, zu „verstehen". Ihr werdet lernen, wie wertvoll es ist, anders zu forschen, von verschiedenen Seiten an das Problem heranzugehen.
Es ist wert, zu lieben und nach Liebe zu suchen, denn Sie wird dich und alle von der Dunkelheit ins Licht führen.

Gibt es keinen alternativen Weg?

Nein!

Und die Meditation? Es gibt so viele verschiedene...

Meditationen dienen vielen Zwecken. Wenn du meditierst, weil du liebst oder lernen willst, Gott zu lieben, dann ist das in Ordnung. Es ist das höchste Ziel. Hast du andere Ambitionen, ist das sicher von irgendeinem Vorteil, aber das wichtigste Ziel wirst du damit nicht erreichen - die Liebe. Jede der großen Weltreligionen betrachtet Meditation als eine

Medizin gegen den Irrsinn der Welt. Jede platziert die Liebe zur Göttlichkeit ins Zentrum ihrer Dogmen und Lehren. Vereinigen wir zwei Dinge: Das Ziel, nämlich die Liebe zu Gott und das Mittel, Meditation. So erhalten wir eine harmonische und, was entscheidend ist, erfolgreiche Einheit.

Ich lese und höre, aber trotz allem ist das, was Du mir sagst, für mich nicht greifbar.

Du vermutest hinter Meinen Worten noch irgendeinen versteckten Sinn. Aber es ist wirklich ganz einfach: Gott ist das Ziel, und Meditation ist ein Mittel, es zu erreichen. Das ist keine tiefe Wahrheit, über die lange nachgegrübelt werden muss, sondern ein konkreter Hinweis, den du anwenden sollst.
Lasst ab vom Verstand und lenkt eure Schritte auf die Wege der Liebe. Viele Dinge klären sich sofort von selbst. Wendet euch der Liebe zu und folgt Ihr. Der Rest wird von allein klar. Vertraut Mir! Und liebt Mich!

Das ist ein ausgezeichneter Hinweis. Wir sind gewöhnt, ständig zu denken und Informationen zu verarbeiten.

Ja. Ihr gleicht einem Menschen, der sich viel Mühe gibt, auf schnellstem Weg ein tiefes Loch zu graben, um dann sofort hineinzufallen. Dieses Loch ist der vom Egoismus angetriebene Verstand, Gedanken im Dienst des Ego mit seinen diversen Varianten wie „ich weiß", „ich habe", „ich bin jemand, der..", „ ich bin groß", „ich bin klug".

Meister, es kann doch nicht dermaßen simpel sein.

Es ist aber so einfach! Folgt den Wegen der Liebe, vernachlässigt den Verstand und wählt Gott als Führer. Dann kommt die Liebe, und Sie wird bei euch bleiben. Ihr werdet der Göttlichkeit von Angesicht zu Angesicht begegnen.
Strengt euch nicht so an! Lasst los! Ihr braucht mehr Freude und Schwung. Hört auf, eure Gehirne zu quälen,

sie sind nicht dafür geschaffen. Wendet euch der Liebe zu, und mit der Zeit wird alles, was ihr benötigt, von allein offenbar.

Versprichst Du das?

Ich gebe Meine Zusage. Die Wahrheit kann man nachprüfen und am eigenen Leib spüren. Liebe und Gott sind Realität. Ich weiß es. Du weißt es auch. Jeder kann sich selbst überzeugen, wenn er die Schaufel beiseite legt und aufhört, ein Loch zu graben. Das „Ich" wird zum Schöpfer geleitet. Lasst alles beiseite, was ihr bereits zu wissen glaubt und wendet euch mit Herz und Verstand der Liebe, dem Schöpfer zu, der das liebenswerteste Wesen im Weltall ist. Sogleich wird Sich die Göttlichkeit manifestieren. Eure Liebe ist der Magnet, dem Sie nicht widerstehen kann. Liebt Gott und vergesst alles andere.

Wie sollen wir den Alltag bewältigen? Er verlangt von uns, dass wir aufmerksam, umsichtig und gedanklich präsent sind.

Meinst du? Die Mehrheit aller Geschehnisse findet unabhängig von euch statt. Es sieht nur so aus, als seien sie von euch veranlasst.
Wenn du imstande bist, hinter die Kulissen zu schauen und Liebe gibt dir die Möglichkeit dazu - wirst du die Wahrheit erkennen. Kein einziger Gedanke entsteht ohne den Willen und die Einwirkung Gottes. Unser ganzes Gespräch findet in Gott statt. Es ist von Ihm inspiriert, eingegeben und abgesegnet. Diese Tatsache betrifft jeden Menschen und alle Begebenheiten. Wenn ihr aufmerksam hinschaut, könnt ihr es manchmal wahrnehmen.

Kann man daraus Schlüsse ziehen?

Selbstverständlich! Was immer du tust oder irgendjemand sonst – es ist niemals „außerhalb" von Gott.

Letztlich bist du allein zu nichts imstande. Egal, was du tust oder ein anderer Mensch, der Handelnde im eigentlichen Sinn bin Ich.

Du steckst also verborgen hinter allem?

Ich bin Grundlage allen Seins. Mein Bewusstsein ist der Schauplatz der Tragödie, oder, wie diejenigen behaupten, die sich näher an der Wahrheit befinden, der Komödie des Lebens, ein irrealer, aber schöner Tanz von Trugbildern.

Trugbilder, … die Welt als bloße Illusion, - was ist denn dann real, Meister?

Gott ist Realität. Nur Er. Alles andere ist göttliches Spiel. Ihr nehmt daran teil als Persönlichkeiten. Ihr habt nur vergessen, dass dieses Spiel unwirklich ist, ein Film, in dem ihr mit großem Engagement auftretet. Ihr habt vergessen, dass ihr Schauspieler seid. Wacht auf!

Was ist nun zu tun?

Betet und bittet Gott, diesen Prozess zu leiten. Bemüht euch auch selbst, Hinwendung und Liebe zu Gott zu entwickeln.

Wie kann solch eine Bemühung aussehen? Wir sind zwar alle verschieden, aber vielleicht gibt es einige Gemeinsamkeiten?

Ja, es gibt viele. Zum einen ist da eure Lebensweise. Jeder von euch ist so beschäftigt mit irdischen Angelegenheiten wie Familie, Arbeit, Freundschaften und Unterhaltung, dass keine Zeit übrig bleibt, sich mit Mir zu verbinden und Meinen Kommentar zum eigenen Leben zu erfahren.
Die ersten Schritte zu Gott verlangen, dass ihr euch stufenweise von den Dingen, die die Welt betreffen, verabschiedet und Kontakte auf das Allernötigste beschränkt. Hört bewusst damit auf, euch in die Angelegenheiten anderer Menschen einzumischen.

Der zweite Bereich betrifft die Reinigung von Lasten aus der Vergangenheit. Dazu ist es unverzichtbar, meditieren zu lernen.

Es macht euch nichts aus, viele Jahre in Schulen und Universitäten zu verbringen, um euch einen Haufen von Informationen anzueignen. Gleichzeitig verspürt ihr aber keine Lust, täglich einige Minuten für ein nützliches mentales Training zu opfern, das viele Segnungen während eures ganzen Lebens bringen würde.

Meditation reinigt den Verstand, verringert die Anfälligkeit für Krankheiten und beseitigt viele physische und psychische Unpässlichkeiten. Sie verbessert außerdem die geistige Regsamkeit. Innere Sammlung ist so wichtig, dass die Behauptung wahr ist, ein Leben ohne zu meditieren sei ein verlorenes Leben.

Dank der Meditation durchschaut ihr manche Tricks des Egos und bei einiger Wachsamkeit könnt ihr verhindern, auf sie hereinzufallen. Die Liebe, an die ihr euch wendet, wird euch den Weg zeigen.

Wie soll man am besten meditieren? Gibt es irgendeine universelle Methode?

Ja, fragt Gott, den ihr im Herzen tragt, welche Methode sich für euch persönlich eignet und bittet Ihn, Er möge euch während der Meditation lehren und beschützen. Bittet Ihn, Er möge euch die richtigen Hinweise geben.

Meister, denkst Du an irgendwelche besonderen Bücher, Kurse oder Meditationslehrer?

Bittet um sichere, geeignete Methoden. Die Liebe wird sie euch nicht versagen. Ihr könnt die hier beschriebenen benutzen.

Wird dieser Weg von besonderen Zeichen begleitet?

Ja, wird er. Heutzutage brauchen die Menschen Zeichen und Wunder, um völlig von der Wahrheit, die sie erleben, überzeugt zu sein.

Das Kennen lernen von geistigen Wahrheiten, die Auswirkungen der Hinwendung zur Göttlichkeit, die Erfahrung des Gesetzes von Ursache und Wirkung - all dies bewirkt, dass ihr mit der Zeit den Wert der Lehren, die Ich euch hier vermittele, voll und ganz begreift. Die schlimmsten Widersacher auf dem spirituellen Pfad sind Zweifel. Sie verursachen viel Verwirrung und bringen Leid.

Ja, ich erinnere mich an diesen Fluch früherer Zeiten. Was sollte man in solchen Fällen tun?

Beschäftigt euch mit irgendetwas Nützlichem, wenn sie auftauchen und gestattet der Situation, sich von alleine aufzulösen. Unterbrecht unnötige Gedankengänge. Meistens führen sie nirgendwohin. Statt zu denken richtet eure Aufmerksamkeit auf die Göttlichkeit und bittet Sie um Unterstützung für andere und das Glück aller Wesen.

Was ist das Wichtigste?

Meister, ich möchte Dich fragen, was Du den Lesern dieses Buches übermitteln willst.

Es gibt vieles, aber merkt euch, das Wichtigste ist immer die Liebe zu Gott. Nicht die Karriere, eure Familie, Kinder, noch nicht einmal die Meditation, sondern die Liebe steht im Mittelpunkt. Sie erleuchtet und weist den Weg. Wenn ihr euer Leben ändern und schnell geistige Höhen erklimmen wollt, dann ist es am besten, Gott lieben zu lernen.
Sucht die Liebe zu Gott und bittet um Sie. Wenn Sie dann da ist, bleibt in Ihr und lasst Sie ständig euren Alltag inspirieren. Euer Leben wird sich in rasendem Tempo verän-

dern. Liebt, liebt, liebt! Möge euer Dasein ein Liebeslied für den Schöpfer werden.

Das ist aber ziemlich schwierig während des Tages!

Anfangs ist alles schwierig! Mit der Zeit wird der Weg immer leichter. Merkt euch auch, dass ihr immer um die Gnade der Liebe zum Herrn bitten könnt. Diese Bitte ist Seinem Herzen besonders lieb.
Fangt an, brecht auf und lasst euch von Schwierigkeiten nicht entmutigen. Begreift sie als Gelegenheit, noch intensivere Hinwendung an die Liebe zu praktizieren.

Du bist ein wunderbares Wesen. Deine Liebe ist so süß...Worte können Sie nicht beschreiben.

Es gibt keine Worte, um Ihre Süße, Ihr Strahlen und Ihre Tiefe einzufangen. Aber jeder kann Sie selber kosten. Jeder SOLLTE Sie selber ERFAHREN.
Ich bin überall da, auch bei dem, der jetzt diese Worte liest. Ich war, Ich bin und Ich werde sein. Ich garantiere dir, du wirst Mich einmal kennen lernen. Wisse, dass Ich immer bei dir bin, immer.
Überdenke das zutiefst. Als Frucht deiner Reflexion und Erkenntnis dieser Wahrheit erhältst du die Gewissheit, dass die dich liebende Göttlichkeit auf Geschehnisse im Alltag unmerklich Einfluss nimmt.

Wenn ich das Thema „Gott ist Liebe" anschneide, werde ich oft mit Vorbehalten wie: „Das Leben ist oft so schwierig, es gibt Scheidungen, Unglücksfälle, Verluste des Vermögens, Verlassenwerden" konfrontiert. Deshalb beginnen wir uns zu fragen, welche Einstellung Du zu uns hast. Wir wissen nicht, warum wir leiden müssen, warum unsere Nächsten uns verlassen, warum die Ereignisse einen bestimmten Lauf nehmen – und schließlich, warum wir unglücklich sind. In solchen Situationen fangen wir an, Zweifel an Dir und Deiner Liebe zu hegen.
Was kannst Du uns darauf antworten?

Ihr allein bestimmt die Form der Welt, in der ihr lebt! Die gute Nachricht ist, dass ihr sie ändern könnt, eine Welt schaffen, die auf anderen Prinzipien gegründet ist.

Das verstehe ich nicht, Meister.

Eure Welt besteht aus Bindungen, Besitz, Familie, Nahestehenden. Wenn ihr verliert, was ihr für wertvoll und unverzichtbar haltet, leidet ihr. Weil ihr gleichzeitig eure Aufmerksamkeit auf die materielle Seite fokussiert, seid ihr unfähig, die wahre Quelle des Lebens und jeglichen Wohlbefindens zu entdecken.
Die Natur der Welt ist vergänglich und veränderlich. Ihr seid damit möglicherweise nicht einverstanden, aber das sind die Fakten. So oder so werdet ihr gezwungen sein, selbst auch einmal zu gehen und all das, worum ihr euch so sehr gekümmert habt, verlassen zu müssen.

Ich gebe zu, ich sehe keinen Ausweg aus dieser Situation.

Die Liebe ist der Ausweg! Sie kann euch von Bindungen befreien. Sie kann euch bisher verborgene Aspekte der Realität aufzeigen, vor allem aber die Tatsache, dass der Tod nicht das Ende des Lebens bedeutet. Ihr geht und kommt wieder. Eure Verwandten und Freunde, die diese Welt verlassen haben, erscheinen wieder in den Körpern der Kinder. Wenn ihr das versteht und in Einheit mit der Göttlichkeit zu leben beginnt, begreift ihr Tod und Geburt als Wirken der Liebe. Dann werdet ihr alles tun, um anderen auf dem Weg zum Licht zu helfen, weil ihr Sinn und Zweck der Ereignisse begreifen könnt, auch ihre Unvermeidbarkeit. Leid und Schmerz bei einem Verlust weichen Gebeten voller Liebe, Gebeten für das Glück und Wohlergehen der Scheidenden, darum, dass sie fähig sein mögen, alle Bindungen und Begrenzungen hinter sich zu lassen, um sich völlig dem liebenden Licht hingeben zu können.
Wenn ihr die Welt in dieser gegenwärtigen Form wählt, mit dem Schwerpunkt auf Bindung und Eigentum, ent-

scheidet ihr euch für das Leiden. Kreiert eine Welt, die auf Liebe gegründet ist, entledigt euch egoistischer Bindungen, dann werdet ihr auf gleicher Ebene mit dem liebenden Schöpfer sein. Ihr trefft die Wahl! Eure Vorwürfe bezüglich leidvoller Erfahrungen sind an die falsche Adresse gerichtet. Ihr solltet sie euch selbst zuschreiben, euren gesellschaftlichen Autoritäten und geistigen Führern, die Schöpfer eurer Pseudokultur. Sie waren es, die euch, eure schweigende Zustimmung vorausgesetzt, seit Hunderten von Jahren eingeredet haben, das Wichtigste seien Eigentum, Persönlichkeitsentwicklung und Bindungen.

Begreift, WER Gott IST, lernt Ihn kennen. Bringt die hier wirkenden Gesetze in Erfahrung und untersucht sie. Wenn Liebe und Weisheit eure Taten inspirieren, werdet ihr Freiheit vom Leiden finden und noch viel, viel mehr. Ihr entdeckt die Liebe, die Freude, die Göttlichkeit. Sie selbst versichert euch, dass Liebe, Selbstlosigkeit und Hilfsbereitschaft am wichtigsten sind. Das Leben soll ohne Bindungen gestaltet werden, der Verstand auf den liebenden Schöpfer gerichtet sein. Erschafft diese Welt, sie ist die wahre Wirklichkeit.

Nun, Meister, nehmen wir zum Beispiel Unglücksfälle oder den Tod von Kindern. Jeder stellt dann die Frage: „Warum muss so etwas sein? Was haben diese Unschuldigen getan?"

Der Tod ist keine Strafe für „Schuld". Versteht bitte, dass er Teil eines Prozesses ist, der euch zu Glück und Befreiung führt, zu ewigem Glück und ewiger Freude. ALLE Ereignisse, wie immer sie auch aussehen, sind Schritte zum Licht. Ihr schaut auf das hilflose Kind und seht nur seinen Körper. Ihr habt keinen Einblick in die Vergangenheit dieses Wesens und dass es unter euch gelebt hat, um die nächste Lektion in der göttlichen Lehranstalt zu erhalten. Kommen und Gehen haben einen tiefen Sinn.

Meister, worin besteht er?

Es geht immer darum, alle wunderbaren Aspekte der Liebe auszudrücken.

Ich war wahnsinnig neugierig, was Du mir antworten würdest. Aber jetzt kann ich nicht behaupten, dass mir Deine Worte Klarheit gebracht haben, obwohl ich auch nicht weiß, was ich eigentlich erwartet habe.

Dein Verstand ist für viele geistige Wahrheiten noch nicht vorbereitet. Das Verständnis wird euch allen viel leichter fallen, wenn ihr die liebende Göttlichkeit in den Mittelpunkt eures Interesses, ins Zentrum eures Weltalls stellt. Wenn ihr begreift, dass Sie den höchsten Wert darstellt und nicht das, was sich auf Erden abspielt, entsteht ein völlig neues Bild von der Welt und auch von eurer Rolle. Den Platz von Bindungen, die ihr so krampfhaft verteidigt, werden Freiheit und Liebe einnehmen. „Mein Eigentum" wird durch „dein Wohlsein" ersetzt. Alles Horten und Sammeln weicht dem Teilen und Geben, Geben, Geben... Wenn ihr auf andere schaut, seid euch bewusst, dass sie euch jederzeit verlassen können, jeden Augenblick. Dagegen ist kein Kraut gewachsen. Wenn sich dann die neue Gewissheit von Veränderlichkeit und Unvermeidbarkeit der Geschehnisse in euch genügend gefestigt hat, stellt euch folgende Fragen:
„Worauf kann ich mich stützen?"
„Was kann ich für andere tun?"
„Woran kann ich mich orientieren, wenn ich vom Strom der Ereignisse weggetragen werde?"
Wenn ihr die schicksalhaften Wandlungen gut verinnerlicht habt, kommt die Zeit, Sympathie zu zeigen, Zeit für ein wohlwollendes Lächeln und ein gutes Wort voller Wärme für die anderen Mitpilger.
Über die letzten Dinge nachzudenken ist sehr hilfreich, um eine angemessene innere Haltung zu entwickeln. Sie sollte dazu anregen, nach dem Lebenssinn zu fragen, die Werte, zu denen man sich bekennt, zu überdenken, selbstverständlich das Verhältnis zwischen Mensch und Schöpfer zu thematisieren. Ich möchte euch dazu bewegen, euer Leben anzuschauen, und es so zu akzeptieren, wie es ist. Nehmt seine Unbestimmtheit und Veränderlichkeit, sei-

ne Unabwendbarkeit und Unvermeidlichkeit an. So ist es eben, das Leben. Beginnt zu fragen! Beginnt zu suchen! Aber vor allem: Beginnt zu lieben!

Wir können von Dir also keine Soforthilfe erwarten, eine, die unsere Leiden und negativen Erfahrungen abmildern würde?

Doch, natürlich! Ihr könnt immer um Unterstützung bitten, ihr werdet sie bekommen. Mein Anliegen ist die Transformation eurer Denkgewohnheiten, damit ihr in Zukunft angemessener reagieren könnt, mit größerer Liebe. Dann werden die Begleitumstände der Veränderungen nicht so heftig sein müssen.

Aber sind sie denn überhaupt nötig?

Darauf müsst ihr euch selbst eine Antwort geben.
Aus der Bindung an irdische Dinge erwächst Leid. Du fragst Mich, ob die Wirkung nötig ist? Stell dir die Frage, ob die Ursache einen Sinn hat. Sie liegt nämlich bei euch. Lasst ab vom Egoismus und wendet euch Gott zu. Wenn ihr dank eurer Sensibilität diesen Punkt begreift, ist der Weg zur Freiheit offen. Wendet euch der Göttlichkeit zu, Sie wird die Fesseln eurer Abhängigkeiten zerstören und Sich selbst zum Geschenk machen. Ihr verwandelt euch in Wesen voller Liebe, die tagtäglich in bestem Einvernehmen mit der Göttlichkeit leben.

Entscheidend für die Befreiung vom Leiden ist also die geistige Entwicklung?

Man könnte es so ausdrücken, die Entwicklung, ihre Früchte in Gestalt von Liebe und das Verständnis für die geistige Seite des Lebens.

Was hat in unserem Fall Priorität?

An erster Stelle steht die liebevolle Hinwendung an Gott. Liebe ist ein Gefühl, das Er mit Freude verstärkt und so wird Sie immer mehr und mehr. Die Liebe umarmt euch und entfernt alles, was sich Ihr in den Weg stellt. Durch Ihre Einwirkung werden alle eure Erlebnisse hundertfach abgemildert, sowohl deren Ablauf, als auch eure psychische Resonanz darauf.

Ich möchte noch einmal zum Thema „Ursachen" zurückkehren, also zur Abhängigkeit und ihren Auswirkungen in Gestalt von Leiden. Wie kann man sich darüber erheben? Genügt es nicht, das Gesetz als solches zu durchschauen?

Das Verstehen der Ursachen von Leiden wird dich nicht davon befreien. Auch eine Grippe kann nicht durch die Kenntnis ihrer Erreger geheilt werden. Wenn wir den Mechanismus durchschauen, haben wir die Diagnose. Um ihn unwirksam zu machen, braucht man eine Therapie. Die Therapie ist ein Leben mit Liebe, in Liebe und all das, was diesen Zustand herbeiführt.

Ich stelle die gleiche Frage etwas anders: Wie kann man Abhängigkeiten loswerden, um nicht mehr unter ihnen leiden zu müssen?

Heute gibt es dafür nur ein Rezept! Richtet all eure Aufmerksamkeit auf Gott und bittet Ihn um Befreiung. Taucht völlig in Ihn ein.

Meister, könntest Du mir noch etwas über die Ursachen der Leiden sagen? Wenn wir sie besser kennen, gelingt es uns vielleicht eher, sie wenigstens teilweise zu vermeiden.

Ihr benötigt kein Wissen. Viel wichtiger ist die Liebe zu Gott. Die euch liebende Göttlichkeit kennt die Ursachen all eurer Schmerzen. Sie ist auch imstande, jedem einzelnen das richtige Medikament zu verschreiben. Das Einzige, was ihr tun solltet, ist, zu lernen, wie man sich an Sie wendet.

Den Rest wird jemand für euch erledigen. Liebe und Vertrauen, dies beides erwartet der Schöpfer von euch.

Meister, Du bist so süß und lieb!

Wie ihr alle!
Eure Welt wird mit Angst und Bindungen gebaut. Erschafft eine andere, die auf Liebe basiert. Es liegt in eurer Macht. Die Identifizierung mit dem Körper und der Persönlichkeit ruft Leid hervor. Die Liebe ist nur einen Schritt entfernt. Jeder von euch ist Liebe. Wer ist gekommen? Wer geht? Der, der gar nicht geboren wurde, kann auch nicht sterben. Ja, wahrhaftig, der Tod existiert nicht.

Meister, was bedeutete der Traum von heute Nacht? Ich träumte, dass einer meiner alten Bekannten mich einfach skandalös behandelte. Dabei hatte ich ihm zuvor eine große Gefälligkeit erwiesen. Ich war sehr erbost und wollte ihn schlagen. Daraufhin erwachte ich.

Die Energien von Bindungen sind noch im Unterbewusstsein gespeichert und üben von dort einen großen Einfluss auf unsere Wahrnehmung aus. Außerdem blockieren sie den ungehinderten Zugang zur Liebe. Sympathien und Antipathien sind eng an diese Welt gekoppelt und bewirken, dass ihr euch für die Angelegenheiten anderer Menschen engagiert. Eure Motive sind also nicht rein und selbstlos. Hinter jeder dieser Energien verbergen sich die verschiedenartigsten Geisteszustände. Bindet euch an die Göttlichkeit.

Meister, soll ein Mensch seine Familie verlassen, um sich auf die Suche nach Dir zu begeben?

Was heißt das, „Suche nach Gott"? Muss man an einen besonderen Ort gehen?

Das bedeutet also, jeder soll dort bleiben, wo er ist…?

104

Ich warne vor unüberlegtem Handeln! Benutzt die „Suche" nicht als Vorwand, um eine Bindung zu lösen. In jeder Lage gibt es für den Menschen genügend Möglichkeiten, mit der Göttlichkeit Kontakt aufzunehmen. Seid versichert, falls ihr wahrhaftig die Einsamkeit braucht, um euer spirituelles Leben zu vertiefen, werdet ihr sie finden. Wenn ihr einen Schritt in diese Richtung gehen wollt, merkt euch, dass ihr immer um einen Hinweis, auch um einen zweiten oder dritten bitten dürft. Wenn ihr offen und ehrlich nachfragt, bekommt ihr sicher eine Antwort. Um solch wichtige Entscheidungen zu treffen, benötigt ihr viel Zeit, Ruhe und Geduld. Im Moment fehlt es euch an Ausgeglichenheit und vor allem an Liebe.

Jedes Zusammenkommen und Auseinandergehen hat tiefe karmische Konsequenzen. Daher empfehle ich in solchen Fällen die dreifache Dosis einer bestimmten Medizin: Ruhe, Ruhe, Ruhe. Und natürlich Liebe.

Was ist mit Bindungen, in denen Gewalt eine Rolle spielt?

Die habt ihr längst gelöst. Gewaltanwendung wird bestraft.

Entschuldigst Du die Trennung in solchen Fällen?

Ja, Situationen solcher Art treten häufig auf.

Das bedeutet also, es gibt Ehen, in denen der Treueschwur seine Verbindlichkeit verliert?

Ja, viele. Das Gelöbnis „bis dass der Tod euch scheidet" kann nicht immer erfüllt werden. Es gibt Umstände, in denen der Schwur in den Augen Gottes seine Gültigkeit verliert, wie Untreue, Alkoholismus, Gewalt oder sexueller Missbrauch. Die Ehe ist das Feld, auf dem sich Liebe entwickeln sollte, eine Art Erweiterung des eigenen Fürsorgebereiches und eine Gelegenheit, für andere Menschen da zu sein, denen wir Hingabe, Schutz und Liebe schulden. Man sollte aber noch weiter gehen und die soziale Ordnung und die Eheinstitution hinter sich lassen. Es gibt wichtigere Werte, viel wichtigere. Die Menschen werden nicht geboren, um enge Bindungen einzugehen.

Wir kommen auf die Welt, weil…

… ihr euch mit der liebenden Göttlichkeit in Liebe vereinigen sollt.

Wenn nun eine Verbindung eine Vereinbarung zwischen zwei Parteien ist, die von Dir getätigt wurde, aber auch eingestellt oder sogar aufgelöst werden kann, ist klar, dass das „Sakrament" der Ehe, wie es die Religion nennt, nicht die entscheidendste Angelegenheit im Leben beider Personen ist.

Verbindungen stehen nicht im Vordergrund, das ist ganz offensichtlich. Erinnere dich, was Ich dir in Indien auf deine Frage antwortete, was bei einem Zusammenschluss zweier Menschen an erster Stelle stehen sollte.

Deine Antwort überraschte mich total. Ich nahm an, Du würdest Liebe, Hingabe oder vielleicht Treue nennen, aber Du sagtest, dass der erste Platz Gott gebührt.

Und was hältst du von dieser Antwort aus der Perspektive vergangener Jahre?

Ich habe nur sehr langsam die Bedeutung dessen begriffen, was Du eigentlich meintest. Du solltest in jedem unserer menschlichen Kontakte an erster Stelle stehen. Wenn es so wäre, würde unser Leben ganz anders aussehen. Wir wären glücklicher.

**Ja. Ja. Ja.
Kehren wir zurück zu unserem Hauptthema, dem Leiden und seinen Ursachen. Leiden entsteht also aufgrund von Bindungen, den sozialen Vereinbarungen, die ihr trefft. Bindungen und Liebe sind zwei verschiedene Dinge, sogar sehr verschiedene. Lasst euch von Liebe leiten. Allmäh-**

lich werden dann auch eure menschlichen Kontakte herzlicher, verständnisvoller und liebevoller.

Das ganze „Problem" besteht darin, dass ihr die Welt auf eine sehr begrenzte Weise betrachtet. Ein Teil eurer Schwierigkeiten resultiert auch aus eurer Sturheit. Ihr seid aber fähig, diesen Umstand schnell zu verändern.

Wie denn?

Nur durch die Rückkehr zur Quelle des Lebens und der Liebe. Konzentriert euch mit der ganzen Macht eures Verstandes und Herzens auf die euch liebende Göttlichkeit. Tragt Ihr Bild immerzu in euren Herzen und in eurem Geist, täglich, ohne Unterlass. Dieser Schritt ist die Grundlage für einen weiteren: Beschäftigt euch nur mit guten Gedanken, Worten und Taten. Ihr Ursprung liegt in der Göttlichkeit, sie haben dort ihren Anfang und ihr Ende. Alles geschieht in Gott. Was euch während des Tages widerfährt, ist ausschließlich ER.

Mit der Zeit werdet ihr begreifen: Das, was ihr als Leben bezeichnet, ist in der Realität eine Art Theaterstück, in dem Lichtengel verschiedene Rollen zugewiesen bekamen, in der Regel „gewöhnliche Leute" wie Mütter und Väter. Aber jedes Stück geht einmal zu Ende und gerade jetzt nähert sich eins seinem Schluss. Die Liebe blinzelt schon hinter dem himmlischen Vorhang hervor. Man hört stürmischen Beifall. Es war ein wunderbares Schauspiel mit einem tiefen Hintergrund. Mir bleibt nur noch, Mich bei euch für die Teilnahme zu bedanken. Ihr habt es ganz fabelhaft gemacht, wirklich fabelhaft.

Und nur einen Augenblick später wird für viele von euch das nächste beginnen. Möchtest du wissen, wie es heißt?

Aber ja, natürlich!

Die göttliche Liebe führt die erwachende Menschheit zu Glück und Licht.

Wunderbar!

Und wie schön der Inhalt des Drehbuches ist... bald werdet ihr euch davon überzeugen können.

Die allerwichtigsten Bitten

Meister, um was sollen wir Menschen Dich bitten, was wäre Dein Wunsch?

Meiner? Ich habe keine Wünsche.

Du schäkerst mit mir! Vielleicht sollte ich die Frage anders formulieren?

Das ist nicht nötig, es war ein Scherz.. Worum Ich gebeten werden möchte? Es gibt da etwas, etwas ganz Außergewöhnliches! Ich möchte, dass ihr Mich um Liebe zur Göttlichkeit bittet und nachfragt, wie ihr euch an Sie wenden könnt. Das ist der goldene Schlüssel zur Befreiung vom Theaterstück. Das Spiel ist Liebe, und die Befreiung davon ist es auch. Alles ist Liebe. Wenn der Schleier fällt, seid ihr eins mit Ihr.

Meister, wie sollen wir Dich ansprechen und bitten, mit welchen Worten?

**Mit Worten der Liebe, die von Herzen kommen, gerichtet an den Geliebten, der euch sehr nah und teuer ist. Benutzt freundschaftliche, zärtliche Worte, die ihr für euren Liebsten bereithaltet. Auf solche Anrede antwortet die Göttlichkeit sofort. Nähert euch Ihr täglich Schritt für Schritt. Ihr werdet bald in Ihre Liebe eingehüllt leben.
Ich bitte euch, fangt endlich an, Mich gut zu behandeln. Ich habe es verdient, denn Ich gebe euch doch alles, was ihr wirklich braucht. Jeden Tag kümmere Ich Mich um**

euch. Ich bin euer ergebener Begleiter, ja sogar euer Diener, und das seit Tausenden von Jahren. Schon längst stünde mir eine bessere Behandlung zu. Räumt Mir einen Platz in eurem Leben ein. Lächelt Mir öfters zu. Bittet Mich um Rat, um Hinweise und Hilfe. Bittet um Liebe und Licht für euch, eure Nächsten und alle Wesen. Bedankt euch auch ab und zu für Mein Eingreifen zu euren Gunsten. Dankbarkeit ist eine sehr gute Eigenschaft. Sie ermöglicht geistige Weiterentwicklung, deshalb bitte Ich euch darum. Ich bin der Diener dieser Menschheit und erfülle eure Wünsche...
Bittet ab heute um Gutes für alle Wesen.

Meister, worum bitten die Menschen Dich am meisten?

Beginnen wir also mit etwas Statistik?

Bitte antworte nicht, es sei denn, es ist lehrreich.

**Meistens wird um Gesundheit und Besitz gebeten. Danach folgen berufliche Angelegenheiten und am Ende des Wunschzettels steht Glück in der Liebe. Diese Dinge sind für euch am wichtigsten. Es gibt selbstverständlich auch seltsame Anfragen. Zum Beispiel, dass den Feind oder Nachbarn ein Unglück treffen möge.
Bitten, die Schlechtes für andere beinhalten, machen ungefähr drei Prozent aus. Ich werde öfter von Frauen angerufen, doppelt so häufig wie von Männern. Zehn Prozent aller Frauen bitten um einen guten, verständnisvollen Partner und um Liebe. Frauen verfügen über eine besser entwickelte Intuition. Sie wissen, dass es Mich gibt, sie fühlen Mich.**

Drei von hundert Anfragen sind Bitten um Unglück? Das kommt mir sehr viel vor.

Diese Menschen wissen nicht, was sie tun. Sie sind wütend, werden von Hass motiviert. Dann wünschen sie anderen Böses. Infolgedessen leiden selbst, werden zu „Opfern" ih-

rer eigenen Handlungen. Die Nachwirkungen zeigen sich in Gestalt von schlechtem Befinden, quälenden Gedanken und Krankheiten. Das im Weltall geltende Prinzip ist klar: was du anderen antust, kehrt zu dir zurück. Darin besteht eben die Vollkommenheit.
Lernt, das Gute zu tun, an das Gute zu denken und unversehens wird sich euer Leben zum Guten wandeln.

Können wir jemanden schädigen, wenn wir ihm Böses wünschen?

Nein, so mächtig seid ihr nicht, nun, vielleicht einige von euch. So oder so wird man mit den Früchten seiner Taten konfrontiert. Denkt über niemanden schlecht. Wünscht niemandem Böses. Bittet: „Mögen alle Wesen glücklich sein"... Loka samasta sukino bhavantu.

Das sind schöne Worte, ein mächtiges Mantra.
Manchmal fällt es schwer, sich gedanklich von anderen Menschen zu trennen, besonders, wenn sie uns viel Böses angetan haben.

Gerade vor dieser Art Gedanken sollte man sich hüten. Sie verbinden mit niedrigen mentalen Ebenen und verhindern erhebende Gefühle und Gedanken. Ihr könnt dieses Trauma und seine Wirkungen loswerden, indem ihr verzeiht. Verzeihen befreit, weil es die karmische Spirale unterbricht. Deshalb übt Vergebung. Verzeiht all jenen, die euch eurer Meinung nach Schaden zugefügt haben. Verbindet euch nicht mit negativen Denkmustern. Denkt nicht daran, irgendjemandem schaden zu wollen. Solche Gedanken wirken destruktiv auf das zarte Gewebe eures Lebens.
Es gibt eine Instanz, die am Ende für Gerechtigkeit sorgt. Sie begleicht alle Rechnungen mit der „anderen Seite", also mit euren Schwestern und Brüdern. Das Ziel ist, Liebe zu lernen.

Also könnte man sagen, unser Schaden wird gerächt?

Du vertrittst einen interessanten Standpunkt! Falls du Rache suchst, grabe gleich zwei Gräber, eins für deinen „Gegner" und eins für dich. Die göttliche Gerechtigkeit dient nicht der Rache, sondern der Liebe. Sie lehrt und hilft auf den guten Weg zurück. Das mag für euch neu klingen, weil ihr meint, Gerechtigkeit müsse sein, was sehr oft die Vernichtung des „Gegners" bedeutet.

Die göttliche Gerechtigkeit wacht über die Einhaltung der Gesetze der Evolution. Sie stellt nur deshalb für jedermann Rechnungen für seine Taten aus, damit er verstehen lernt, was er tut und höhere Werte anstrebt. Diese Gerechtigkeit dient der Liebe. So nehmen die Dinge bei Menschen, die den Weg der Liebe betreten haben, einen leichteren Verlauf im Vergleich zu dem, der stattgefunden hätte, wenn sie sich ausschließlich den Angelegenheiten dieser Welt widmen würden. Beobachtet das Leben! Ihr werdet häufig die direkten Auswirkungen eurer Handlungen wahrnehmen können.

Alles dient der Liebe. Ihr stellt die Frage: Warum? Die Antwort ist ganz einfach: Weil alles Liebe ist. Das Gesetz von Ursache und Wirkung muss gelten, denn wir haben das gemeinsam so beschlossen.

Meister, was meinst Du mit „Wir"? An wen denkst Du dabei?

Wir, das sind wir alle, also die Göttlichkeit.

In meinem Leben kommt die Liebe oftmals zum Vorschein. Ich nehme Sie immer deutlicher wahr, mitten im Alltagsgeschäft. Sie ist so unbegreiflich süß, erhebend, inspirierend und dabei so sehr bescheiden.

Das hast du gut erfasst. Liebe, Hingerissensein, Inspiration und Bescheidenheit, das sind heilige Worte der Wahrheit!

Wer bist Du eigentlich? Kannst du mir sagen, woher Du gekommen bist?

Heute nicht. Vielleicht werden wir das Thema später erörtern. Im Moment würden Worte fallen, die für die Mehr-

heit bedeutungslos sind, weil sie ihren Sinn nicht erfassen. Dabei ist der Sinn gerade in diesem Fall wichtig.

Worte üben eine magische Macht auf euch aus. Sie beeinflussen eure Wahrnehmung der Welt so stark, dass man behaupten könnte, sie erschaffen sie geradezu. Deshalb schweigen wir diesbezüglich lieber noch. Abgesehen davon muss man manchen nur das Wörtchen „Gott" zuflüstern, und schon schweben sie in den Wolken beim liebenden Schöpfer. Sie begreifen im Nu.

Heute ziehe Ich es vor, über praktische Dinge zu sprechen, die euren Erfahrungen näher sind. Ich möchte, dass ihr Meine Hinweise anwendet. Ich vermeide Inhalte, die ihr bloß mental verarbeitet und es dabei belasst. Theorie verblasst gegenüber der Praxis, denn die Praxis befreit. Zu viel Theorie vergrößert das Ego und damit eure Sorgen.

Du stellst eine Menge Fragen und möchtest vieles wissen. Hier geht es aber nicht um Wissen. Gefragt ist nur die praktische Verarbeitung. Geht jeden Tag einen Schritt in Richtung Liebe. Nur dann haben Buch und Leben einen Sinn. Konzentriere dich also auf das eigentliche Ziel. Es ist die ständige Hinwendung zur Liebe. Es gilt, Sie zu finden und mit Ihr zusammenzuleben.

Kehren wir zurück zum Thema „Bitten an Dich". In der Bibel steht: „Sucht zuerst das Reich Gottes und alles andere wird euch hinzu gegeben". Was sagst Du dazu?

Das Reich Gottes ist ein Zustand! Alle, die sich dort aufhalten, alle Wesen sind glücklich und leben in der Nähe des Schöpfers. Da ist Glück, Freude und Liebe für jedermann. Sehnt euch nach diesem Lebensgefühl, bittet und betet darum, es möge sich einstellen. Der Eintritt ins Königreich Gottes ist gleichbedeutend mit Liebe, Befreitsein vom Egoismus und von Bindungen. Betet um Freiheit und Liebe für alle. Loka samasta sukino bhavantu.

Weist Gott den ersten Platz zu, für alles andere wird gesorgt sein. Heute ist die Bibel zwar eins der meist gelesenen Bücher, aber es gibt nur wenige Menschen, die ihren Sinn geistig erfassen können.

Das ist wieder mal eine revolutionäre Feststellung…

In Anbetracht des Zustands eurer Gehirne und eurer geistigen Verfassung gibt es viele mögliche Feststellungen dieser Art. Überleg mal: Was hat Religion für einen Sinn?

Ich meine, Dich im Leben ausfindig zu machen und Deiner Stimme zu folgen.

Religion soll den Menschen Liebe zum liebenden Schöpfer lehren und ihm vermitteln, wie er sich von Ihr im Leben leiten lassen kann, sich verhalten soll gegenüber Mitmenschen, Tieren, der Natur überhaupt. Religion ist der Wegweiser, der uns die Route zum eigentlichen Ziel liefern müsste.
Eigentlich kann jede der Schriften behilflich sein, die Richtung zu zeigen. Aber man muss sie entsprechend benutzen. Wenn du ein Problem hast und es lösen möchtest, kannst du Inspiration und Hilfe in der Bibel suchen. Bete zu Gott und bitte Ihn um Antwort. Dann öffne das Buch aufs Geratewohl.

Viele Menschen machen es so, und es klappt.

Jetzt möchte Ich auf einige Gefahren aufmerksam machen. Da sind vor allem zwei: Die erste ergibt sich aus der Tatsache, dass die Schrift über Hunderte von Jahren einer „Bearbeitung" zum Opfer gefallen ist. Viele der ursprünglichen Botschaften sind jetzt entstellt.
Zweitens: Da sich der menschliche Verstand ständig weiter entwickelt, hat ein Teil der alten Botschaften seine Gültigkeit verloren. Sie sollten im Geist der Liebe neu interpretiert werden.
Eine der Aufgaben der Religion besteht darin, göttliche Botschaften zu vermitteln, die der gegenwärtigen Entwicklung menschlicher Mentalität entsprechen. Aber die Religionen

missachten diese Pflicht. Sie suchen Antworten in den Schriften, statt den lebendigen Geist anzurufen, den, der sie einst inspirierte und an den sie sich heute noch wenden könnten. Das wäre ideal. Manchmal sorgen sie sich stattdessen einzig um die Aufrechterhaltung bewährter Strukturen, die helfen, Macht über die Menschen ausüben zu können.

Was den Stellenwert der Bibel betrifft: Sie ist einer von vielen Wegweisern. Lasst euch aber bitte nicht täuschen! Ein Hinweisschild ist niemals das Ziel der Reise. Habt ihr mit Hilfe der heiligen Schrift Gott im Herzen gefunden, hat sie ihre Aufgabe erfüllt. Wenn nicht, könnt ihr auch nach weiteren Quellen der Inspiration Ausschau halten, in Büchern, anderen Religionen oder geistigen Strömungen.

Für den Beginn eurer geistigen Suche gibt es keine bestimmte Regel. Irgendwann kommt sowieso der Augenblick, an dem ihr euch nur noch von der Stimme der Liebe, die ihr im Herzen hört, führen lassen werdet. Dann könnt ihr alle Schriften und Lehren beiseite legen. Verlasst euch auf die Göttlichkeit. Vertraut Ihr, nicht irgendwelchen Büchern. Wir kommen später noch einmal auf dieses Thema zurück.

Meister, sind einige Religionen „besser" als andere?

Jede Religion ist eine Sprache, in der du ausdrücken kannst, dass du die Göttlichkeit liebst. „Ich liebe dich" kannst du auf Polnisch, Englisch, Spanisch und in Hindi sagen. Hat da die Frage nach dem „Bessersein" einer bestimmten Religion überhaupt einen Sinn? Ist Spanisch besser als Französisch oder umgekehrt? Selbst wenn es so wäre: Welche Bedeutung hat Sprache überhaupt, wenn der ganze Sinn Liebe ist, nicht die Worte oder Rituale, mit denen man sie zum Ausdruck bringt?

Liebe zu Gott und geschwisterliches Zusammenleben ist das Ziel aller Religionen. In Japanisch oder Norwegisch verfasste Reiseführer und Hinweisschilder nützen Japanern und Norwegern. Was zählt, ist das Ziel der Wanderung, nämlich die Liebe. Ihr achtet allzu sehr auf Differenzen, obwohl ihr eigentlich die Einheit allen Lebens im liebenden Gott fühlen solltet.

Ich möchte hier aber meine Beobachtung anbringen, dass nämlich die doktrinären Unterschiede zwischen den einzelnen Religionen groß und wesentlich sind. Christen beispielsweise glauben, Jesus sei der Messias und Erlöser. Die Gläubigen des Islam behaupten dagegen, Jesus sei eine Art Prophet, ähnlich denen der Muslime. In den Religionen des Ostens, wenigstens in einigen, wird behauptet, die Göttlichkeit sei überhaupt keine Person. Sie glauben zum Beispiel an einen unpersönlichen Brahman, der sich in die göttliche Dreifaltigkeit Brahma, Vishnu und Shiva aufteilt.

Ich verstehe! Du willst Mich zwingen, deine Frage doch noch endgültig zu beantworten.

So meine ich das wiederum auch nicht…

Dieses Thema ist für euch sehr wichtig. Es lohnt sich, einige Kommentare abzugeben. Ihr lebt in einer Welt der Vielfalt. Es ist euch vertraut, euch durch das, was trennt, zu definieren, nicht durch das, was eint. Aber die Basis aller Verschiedenheit ist das Prinzip der Einheit! Eigentlich sollte Religion den Weg dorthin weisen.
Aus dieser Einheit tauchte einmal alles auf. Akzeptiert die Unterschiede! Denkt nicht, ihr selbst, eure Art des Denkens und eure Religion sei besser, also anderen überlegen. Im Grunde seid ihr eine große Familie, die das Beste, was sie besitzt, miteinander teilen könnte. Das Betonen der Differenzen und eine auf diesem Prinzip basierende Überheblichkeit ist ein beliebtes Spiel des Egos, das keine Gelegenheit auslässt, sich hervorzutun. Vom Hochmut führt nur ein kurzer Weg zur Erniedrigung der anderen und zur Verachtung der „Fremden" mit ihren scheinbar unverständlichen Sitten. Am Ende stehen Aggressionen und Gewalt, mit deren Hilfe die eigene bekannte Ordnung durchgesetzt werden soll.
Deshalb: Verzichtet ab heute darauf, die eigene Rasse, Religion und sogar den „eigenen" Gott höher einzustufen.

Göttlichkeit erscheint in den vielfältigen Formen aller Religionen. Akzeptiert Ihr Recht, so zu handeln und selbst die Wahl zu treffen, wie Sie Sich Ihren nach Liebe rufenden Kindern zeigen will, nämlich so, dass diese imstande sind, Sie zu verstehen und lieben zu lernen. Legt die Überzeugung ab, mehr wert zu sein als andere, oder eure Kultur und eure Errungenschaften seien anderen überlegen. Diese Haltung ist eine Quelle von Aberglauben und verursacht sehr viel Leiden.

Wenn ihr im Alltag eurem Nachbarn begegnet oder jemandem, den ihr kennt, sagt sanft in Gedanken: „Gott der Liebe, ich grüße Dich in diesem Menschen" und fangt erst dann ein Gespräch an. Merkt euch, Ich bin überall, in jedem Menschen, in jedem Wesen, auch wenn ihr euch dessen nicht bewusst seid. Ich bin alles, was existiert. Mein Name ist Liebe. Seid ehrfürchtig angesichts dieser Wahrheit.

Ich danke Dir für diese liebevolle Aufklärung und möchte noch einmal kurz einen Deiner Gedanken aufgreifen.

Die Religionen sollten also zeitgemäße, von Geist der Liebe inspirierte Inhalte für die Menschen bereithalten?

Ja, das ist eine ihrer Aufgaben.

Aber wie könnte das aussehen, rein praktisch? Sollen die alten Inhalte neu bearbeitet werden?

Nein, nicht unbedingt. Alle großen Meister dieser Erde sind nicht irgendwohin verschwunden. Ihre geistige Macht hat sich nach dem Verlassen ihrer Körper sogar gesteigert. Außerdem gibt es die Göttlichkeit, von der ihr wisst, dass Sie allmächtig ist. Sie ist zu allem fähig, zu allem! Wenn es so ist, kann Sie auch heute zu euch sprechen und Hinweise geben, die helfen, besser in der jetzigen Welt zu leben. Stimmt das nicht? Ist es nicht einfach logisch? Versagt ein liebender Vater dem bittenden Kind jede Hilfe?

Was Du sagst, Meister, ist einfach und logisch. Warum wird es nicht praktiziert?

> **Der Hauptgrund dafür ist die Angst.** Angst, Unsicherheit, Zweifel, all diese Zustände bewirken, dass ihr es vorzieht, euch an das zu halten, was irgendjemand irgendwann für richtig befunden hat, für einzig richtig. Auf diese Weise entfernt ihr euch von der Quelle. Hier und jetzt geht es aber um sie, nicht um Schriften mit ihren Lehrinhalten. Es geht um Liebe, die euch im Leben führen will und kann. Sucht Sie, aber nicht unbedingt in alten Schriften. Sie ist alles, was es gibt.

Es gibt einen Spruch der Sufis: „Wenn ein Weiser auf den Mond zeigt, schaut der Einfältige auf den Finger"...Es ist so, wie Du sagst: Die Angst, vom rechten Weg abzukommen, die Angst vor einem Irrtum hält die Menschen davon ab, freimütig nach der Wahrheit im geistigen Bereich zu suchen. Sie haben Angst vor Strafe, Unglück und Misserfolg.

> **Für die Suche nach Licht und Liebe, die Suche nach Wegen zu Gott könnt ihr nie bestraft werden. Es gibt keinen einzigen Grund, sich vor anderen Wegen zu fürchten, vor neuen Kommunikationsmöglichkeiten, vor Versuchen, die liebende Göttlichkeit zu erreichen, um Hinweise ins Leben zu übertragen. Habt nur ein wenig Vertrauen zu Gott, zu Seiner Macht und Liebe. Dann macht euch auf den Weg!**

Wie können heute existierende religiöse Organisationen Deine Ratschläge praktizieren?

> **Das geht sehr einfach. Macht euch zum einen die Allmacht und Liebe Gottes bewusst. Wendet euch vertrauensvoll an Sie wie an liebende Eltern. Dann bittet um einen Hinweis, durch welche Personen die göttlichen Botschaften vermittelt werden sollen. Es muss aber nicht unbedingt nur eine Person sein, es können auch mehrere in Frage kommen.**

Bittet, Sie soll die Form wählen, die Sie für angemessen hält. Es gibt viele Ausdrucksmöglichkeiten, auch Träume sind zu erwähnen.

Eine geistige Einsicht kann auch einmal als Antwort auf ein inbrünstiges Gebet aufsteigen. Betet und bittet Gott, Er möge in für euch wichtigen Angelegenheiten Seinen Willen kundtun. Hinterher könnt ihr eure und Seine Ansicht vergleichen.

Ich vermute, Menschen in Institutionen und spirituellen Vereinigungen haben Angst, erneut in Abhängigkeit von irgendwelchen Vermittlern zu geraten.

Warum sich an „Vermittler" binden? Vertraut auf Gott und Sein Wort, nicht auf Menschen. So könnt ihr alle Gott besser dienen. Und genau darum geht es jetzt: Nicht um die Treue zu überlieferten Worten, es geht um die heutige Hinwendung zur Liebe und Wahrheit. Der Liebe steht es frei, sich in schriftlichen Botschaften, Träumen und tausend anderen Erscheinungen kundzutun, und Sie tut es tagtäglich. Alles geschieht in Gott. Gott wird euch nie Seine Hilfe verweigern, wenn ihr Ihn darum bittet. Fangt damit an! Ihr werdet sehen, kommende Situationen und Erfahrungen werden euch überzeugen und den Weg weisen.

Wenn ich unsicher bin, könnte ich mir also ein besonderes Zeichen ausdenken, zum Beispiel eine bestimmte Aussage oder etwas Ähnliches und darum bitten, sie soll in einer Botschaft auftauchen, in einer, die in diesem Augenblick am notwendigsten ist. Dann würde ich einige Textstellen sammeln und schauen, in welcher meine Aussage vorkommt.

So ein Spielchen bleibt im Außen stecken. Wenn du Gott verehrst und liebst, flüstert dir dein Herz zu, was richtig und gut ist. Aber in Augenblicken großer Verunsicherung oder Anspannung kann man die Art von Verfahren anwenden, die du ansprachst. Die Göttlichkeit wird alles voller Wohlwollen segnen.

In großen Religionsgemeinschaften gibt es sicher viele gottergebene Menschen, die dem Wort Gottes auf lebendige Weise folgen und Ihm dienen. Sie könnten den Staatenlenkern im Grunde sehr gute Ratgeber sein, nicht wahr?

Ja. Solche Menschen gibt es.

Mir ist aber noch nie zu Ohren gekommen, dass Regierungen sich solcher Mittel je bedient hätten. Nur im Osten hatten Staatsoberhäupter geistliche Berater, die ihnen in Angelegenheiten von Staat und Religion zur Seite standen. Im Westen kenne ich solche Fälle nicht.

Aber es gibt sie trotzdem. Du brauchst nicht zu wissen, wer diese Ratgeber sind. Zudem können sich die Regierenden jederzeit an die Göttlichkeit wenden und um einen Helfer bitten. Niemand muss davon erfahren. Es ist im Grunde ganz einfach. Du kannst dich bei allen Problemen an den liebenden Vater wenden. Er spricht dann zu dir durch einen Menschen, einen Film, einen Artikel, einen Traum. Wendet euch an die Liebe.

Darf ich Dir noch eine Frage stellen? Wie können Menschen Bücherwissen bei ihren Problemen sinnvoll einsetzen?

Habt Zuversicht in Gott, nicht in ein Buch. Bücher oder ähnliche Weissagungen sind technische Mittel. Das Wesentliche besteht darin, den liebenden Vater und Meister um Führung und Hilfe zu bitten.
Natürlich ist klar, wenn ihr fragt, was ihr tun sollt, dass ihr dann aufs „Geratewohl" ein Buch öffnen könnt, um zu lesen. Es kann vorkommen, dass ihr etwas Besseres für eure Situation findet, aber eben nicht immer. Eine Antwort kann auch überflüssig sein, denn die Dinge nehmen unabhängig von euren Entscheidungen ihren Lauf.
Wenn ihr nur so kommuniziert, kommen irgendwann keine Antworten mehr. Entscheidend dafür, dass ihr einen Hinweis bekommt, ist eure geistige Haltung bei der Fragestellung. Ihr solltet euch in Demut den höheren Mächten nähern.

Außerdem empfehle Ich euch, locker im Umgang mit Mir zu sein. Freut euch, lächelt öfter, lächelt Mich an. Es kostet nichts und macht Mir gewaltige Freude.

Jetzt kennen wir also noch einen Weg zu Dir, den „Weg des Lächelns".

Oh ja, sicher, dieser Weg gefällt Mir außerordentlich. Lächeln hilft, weiterzuleben.
Wirklich große Probleme sind selten im Leben. Aber ihr liebt es, alles zu komplizieren und mit tödlichem Ernst zu betrachten. Mit mehr Gelassenheit und einem Lächeln im Alltag lebt es sich viel leichter und angenehmer. Und noch dazu ist Gott näher, denn Gott liebt eure Freude und euer Lachen. Ich bin ein Wesen voller Lebensfreude, vergesst das nicht!
Hier Mein neuer Segen für euch: „Gesegnet sind die, die viel lächeln, denn ihre reine Freude ist Gott gefällig".

Da haben wir also den **neunten** Segen!

Nun der zehnte: „Gesegnet sind die, die gelernt haben, Gott zu lieben, denn Er verwandelt ihr irdisches Leben in ein geistiges Paradies. Wohin sie auch gehen, Er wird sie beschützen und über ihre Entwicklung wachen, bis sie mit Ihm in Liebe vereint sind".
Noch ein elfter: „Gesegnet sind alle, die gelernt haben, Gott zu lieben, denn Er beschenkt sie mit Glück und Wohlergehen. Er gibt ihnen das größte Geschenk - Sich Selbst - und führt sie zum Verständnis der liebenden Einheit mit Ihm".

Das Lesen von heiligen Schriften

Meister, ich habe eine Frage: Wie sollten wir Bücher mit geistigem Inhalt lesen, also auch Schriften, die in verschiedenen Kulturen heilig sind?

Eine ausgezeichnete Frage.

Danke für Deine Inspiration.

Literatur, die sich mit spirituellen Themen beschäftigt, zeichnet sich durch ganz besondere Kreativität aus, hat aber mittlerweile ihren Auftrag erfüllt.

Nach reiflicher Überlegung denke ich, solche könnten Bücher zweierlei bewirken: Zum einen die Reinigung des menschlichen Verstandes von falschen Konzepten und zum zweiten die Konzentration von Verstand, Herz und Seele auf Dich.

Nein, nur Gott kann den inneren Menschen reinigen; kein Buch kann etwas Derartiges leisten. Lesen kann dir behilflich sein bei der Gestaltung des Lebens, kann deine Weltanschauung, deine Art und Weise, die Dinge zu betrachten, beeinflussen und dir helfen, wertvolle Schlüsse zu ziehen, damit Denken und Handeln in richtige Bahnen gelenkt werden. Deshalb haben Bücher dieser Art große Bedeutung für den Menschen, aber auch eine enorme Verantwortung. Menschen, die solche Texte verfassen, sollten sich vorwiegend auf die Göttlichkeit konzentrieren, damit Sie ihnen vermittelt, was Ihrer Ansicht nach in diesen Werken enthalten sein soll.

Ihr benötigt wesentlich weniger Theorien als viel mehr reine Liebe zum Schöpfer. Die Autoren sollten häufiger um Hilfe und geistige Inspiration beten. Meistens vermitteln sie das, was ihnen selbst richtig erscheint, ohne sich um eine göttliche Bestätigung ihrer Gedanken und Meinungen zu sorgen. Spirituelle Texte bewegen Tausende von Menschen. Schreiben ist also eine sehr große Verantwortung mit ungeheuren karmischen Konsequenzen.

Zunächst macht ihr euch aber darüber keine Sorgen. Später allerdings, wenn ihr die Konsequenzen dessen, was ihr anderen angetan habt, ertragen sollt, fragt ihr Gott, wie Er euch so etwas antun konnte. Irgendwann werdet ihr lernen, was es bedeutet, wirklich Verantwortung für die eigenen Handlungen zu übernehmen. Nur ihr entscheidet, ob der Weg einfach oder schwierig ist. Wählt also den Weg der Liebe.

Die Menschen bitten die Göttlichkeit nur selten um Ihre Meinung, aber wenn sie es tun, ereignen sich ungewöhnliche Dinge.

Und jetzt zum Lesen.

Macht euch klar, dass das bloße Studieren von Schriften nicht genügt. Falls ihr überzeugt seid, dass sie geistige Wahrheiten enthalten, habt ihr nur dann großen Nutzen davon, wenn ihr die gelesenen Hinweise in die Praxis umsetzt. Ein Gramm Praxis wiegt mehr als eine Tonne Theorie.

Wenn ihr euch an die Göttlichkeit wenden, Ihre wunderbare Liebe erfahren und dem Licht begegnen wollt, um mit ihm zu einer Einheit zu verschmelzen, lest aufmerksam und übernehmt die geistigen Inhalte in euren Alltag. Lest mit größter Demut und im Vertrauen auf die göttliche Macht und Liebe. Betet und bittet um Hinweise, welche Inhalte ihr studieren, was ihr kennen lernen und was ihr ins Leben umsetzen sollt. Bittet um Licht und Liebe, damit euch der Schöpfer zu Sich führt, während ihr Seine Worte und geistigen Wahrheiten in euch aufnehmt. So wird euer Leben ausgeglichen, freudvoll und glücklich verlaufen. Spirituelle Schriften haben das Potential, euch in Liebe mit der Quelle zu verbinden. Bittet um die Möglichkeit, weiter voranzuschreiten mit Ihm selbst als Führer.

So habe ich mich auch den hier notierten Weisheiten genähert. Manchmal lese ich sie aufs Neue und kann mich nicht davon lösen...

Achte darauf, in welchem geistigen Zustand du zu lesen beginnst! Fühle Demut, Liebe und Vertrauen zu deinem Freund, hege warme, herzliche Gefühle, bitte Ihn um Führung auf deinem weiteren Weg. Sei dankbar für das bereits Übermittelte und für die Hinweise, die folgen werden. Dann wirst du in Zukunft viel größeren Nutzen daraus ziehen können, einen viel, viel größeren. Die Göttlichkeit ist ständig in eurer Nähe. Sie schaut euch über die Schulter, während ihr Ihre Worte studiert. Bittet den geliebten Freund um Hilfe und Rat. Er wird euch niemals abweisen.

Bittet mit den warmen Gefühlen von Freundschaft und Liebe. Sprecht zärtliche Worte voller Liebe. Euer Leben wird sich schnell verändern.

Meister, Du sprichst von Schnelligkeit. Ich bin schon viele Jahre hiermit beschäftigt, mindesten zehn Jahre.

In Wirklichkeit hast du keine Ahnung, wie lange schon! Und du bist dir sicher auch darüber im Klaren, dass alles einfacher hätte ablaufen können, ohne große Erschütterungen und Mühsal, wenn du nur lieben und besser auf Mich achten würdest.
Außerdem schätzt du den Wert Meiner Worte nicht ausreichend. Was hättest du für ein Buch wie dieses, sagen wir, vor zehn Jahren gegeben?

Nach langem, langem Nachdenken scheint mir, ich hätte alles dafür gegeben. Mir wäre eine Menge Zeit erspart geblieben, von der ja niemand zu viel hat. Ich hätte mein Leben wesentlich einfacher gestalten können.

Na siehst du! Ich kann dir versichern, dass die Menschen den Wert Meiner Worte richtig einschätzen werden.

Ich danke Dir, Baba. Ich weiß, dass Du alles zu unserem Besten tust, obwohl wir das zu diesem Zeitpunkt noch nicht einmal verstehen und Dein Eingreifen nicht selten unterschätzen.

Verständnis ist weniger kostbar als Liebe zum Schöpfer. Freundet euch also mit der ergebensten, mächtigsten Kraft der Welt an.
Wenn ihr die heiligen Schriften der Menschheit studiert, konzentriert eure Aufmerksamkeit auf das Ziel, das ihr erreichen wollt. Bittet die Göttlichkeit um Führung, damit ihr es auf dem schnellsten und vollkommensten Wege schafft. Habt größeres Vertrauen zum liebenden Schöpfer. Das ganze Weltall, nicht nur ein bestimmter Text ist Sein

Werk. Der Kosmos ist eine einzige heilige Schrift, gebrannt auf goldenem Grund mit dem Feuer lebendiger Liebe.

Bücher können helfen, die Werte, die tief in deinem Herzen ruhen, ans Tageslicht zu bringen. Das ist aber nicht immer leicht, denn die in ihnen enthaltenen Lehren sind an vergangene Generationen mit einer anderen Mentalität gerichtet. Auch der sittliche und kulturelle Zusammenhang, der ihr Verstehen erst ermöglicht, ist längst vergessen. Deshalb hast du wahrscheinlich einige Probleme, dein Ziel zu erreichen. Zusätzliche Schwierigkeiten bringt die Tatsache mit sich, dass eine Gruppe von Menschen der Versuchung erliegt, Texte nur zu verehren und sich nicht bemüht, sie im Leben praktisch umzusetzen. Obwohl man die geistigen Schriften hoch achten und ehren soll, wird allein dieses Verhalten nur sehr begrenzte Veränderungen in euch hervorrufen. Beginnt das, was ihr gelesen und als richtig erkannt habt zu leben. Richtet euch freundschaftlich an die Liebe. Fangt jetzt gleich damit an. Denkt öfter an euer Ziel statt an die Wegweiser...

Vor allem aber geht los! Euer Freund erwartet euch!

Das Verhältnis zwischen Schüler und Lehrer

Meister, ich habe eine Frage: Gibt es eine Abhängigkeit des Schülers von seinem geistigen Lehrer?

Nein, Abhängigkeit gehört in die Welt der Erscheinungen, und das Spirituelle ist jenseits davon.

Viele Schulen behaupten, nur mit Hilfe eines Gurus könne der Schüler auf dem geistigen Weg vorankommen.

Ein guter Guru weiß, dass er nur die Güter des Schöpfers austeilt, nicht seine eigenen. In der Welt der Erscheinungen kann ein guter Lehrer hilfreich sein. Man sollte die Göttlichkeit bitten, solch einen Kontakt zu ermöglichen. Merkt euch

aber, der Lehrer ist überall! Die allgegenwärtige Liebe ist euer wichtigster Lehrmeister und zwar in jedem Augenblick.

Es gibt auch die Meinung, der Schüler solle dem Lehrer Unterhalt zahlen.

Manchmal ja, manchmal nein. Es hängt davon ab, was einem das Herz sagt.

Einige Schulen behaupten, dass zum Praktizieren von Meditationstechniken die Initiation eines qualifizierten Meisters nötig ist, um auf dem geistigen Pfad erfolgreich zu sein und mögliche Gefahren zu vermeiden.

Eure Lage ähnelt der von kranken Menschen. Sie kommen zum Arzt, weil sie wissen, dass die Einnahme von Medizin auf eigene Faust wirkungslos und zuweilen gefährlich wäre. Deshalb entsteht aber noch keine Abhängigkeit.

Man muss den Arzt aber meistens bezahlen.

In einer Privatklinik ja, aber es gibt Ärzte, die von der Krankenkasse entlohnt werden. Erinnere dich, dass Ich eine Art oberste Verwaltungsbehörde bin und den Menschen alles zur Verfügung stelle, was sie brauchen, den Schülern, aber auch den irdischen Lehrern.
Selbstverständlich könnt ihr miteinander teilen, wenn ihr das Bedürfnis habt. Dagegen spricht nichts. Benehmt euch natürlich und drückt eure Dankbarkeit aus, falls euch danach ist. Sie wird umso fröhlicher und reiner sein, wenn ihr wisst, dass ihr keinerlei Verpflichtung habt.

Es gibt Menschen, die sich beispielsweise für ihr Hellsehen oder für spirituelle Botschaften nach einer Art Gebührenordnung bestimmte Summen bezahlen lassen. Wie beurteilst Du so ein Verhalten, Meister? Kann dabei etwas Wertvolles herauskommen?

Diese Dienste sind völlig wertlos, wenn sie dich nicht zu Gott führen, obwohl sie in der materiellen Welt von gewis-

sem Nutzen sein können. Möglicherweise wirst du etwas aufgemuntert oder du kannst deine Alltagsprobleme besser bewältigen. Ob du dafür bezahlst oder nicht, ist zweitrangig. Für einen spirituell veranlagten Menschen sind solche Quellen sowieso nicht ratsam. Wichtiger ist es, selbst zur Quelle vorzudringen und sich im Laufe der Zeit aller Krücken zu entledigen. Man sollte der Liebe vertrauen.

Um noch einmal zu meiner Frage zurückzukehren: Geld für geistige Lehren?

Die Antwort lautet: Handele, wie dein Herz es dir diktiert. Etwas zu lernen, voranzukommen ist von Bedeutung, nicht das Geld. Gutes hat keinen Preis. Geld ist Papier, Gegenwert für geleistete Arbeit. Die geistige Lehre kommt aus einer anderen Welt, aus der Welt der wahren Werte.

Ich beharre deshalb so auf diesem Thema, weil Du in dem Buch von Neal Walsh sagst, wer einen authentischen Lehrer findet, soll ihm mehr geben, als er braucht, auf jeden Fall soll er ihn gut bezahlen.

Ja, das ist wahr.

Jetzt haben wir aber ein Problem…

Keinesfalls. Der geistige Lehrer braucht vor allem die Liebe Gottes, kein Geld. In einem anderen Buch sage Ich, dass es gut ist, seinen Reichtum mit dem Nächsten zu teilen. Denn die Menschen haben die von Herzen kommende Freigibigkeit vergessen, die ihnen selbst zugute kommt. Wenn du deinen Lehrer beschenkst, ihm etwas opferst, wandelst du dich selbst. Gib von Herzen, ohne Zwang, das wollte Ich ausdrücken. Es gibt keine Verpflichtung, es gibt nur die Liebe und die schaut nicht auf die Vergütung. Sie ist sich selbst der höchste Preis.
Ich will dein Bewusstsein schärfen für das, was du tun könntest, um Gott Freude zu machen. Geld mit Freude austeilen, ohne eine Gegenleistung zu erwarten, bringt dem Spender

Gewinn und Segen. Du kannst es dem Lehrer geben, aber du kannst auch die Göttlichkeit bitten, dir eine geeignete Verwendungsmöglichkeit zu offenbaren. Dann hast du vielleicht die Idee, es für heimatlose Tiere zu überweisen, Kinder in Waisenhäusern zu beschenken oder Menschen in einer schwierigen materiellen Lage zu unterstützen.

Es gibt auch Personen, die es für ihre Pflicht halten, mit einem Teil ihres Einkommens spirituelle Meister zu unterhalten, Lehrer und Stiftungen zu finanzieren.

Viele Leute haben dieses Bedürfnis. Sie unterstützen mit ihrem finanziellen Potential geistige Projekte. Sie tun das in der Stille und Bescheidenheit ihres Herzens. Mögen sie dafür gesegnet sein. Es ist doch nur natürlich, dass du das, was du als wertvoll empfindest, auch förderst.

Es gibt also in diesem Fall keine eindeutige Antwort.

Doch, aber nicht als allgemeingültige Regel: Tu dies oder jenes. Handele, wie es dein Herz und die darin wohnende Liebe möchte. Und bitte – seht diese Angelegenheit nicht so scharfkantig! Betrachtet sie mit Leichtigkeit. Geld ist ein Liebesgeschenk von Gott. Möge es der Liebe dienen.

„Geld ist ein Liebesgeschenk von Gott". Schön gesagt...

Diese Worte eignen sich dazu, mit einem Rahmen versehen zu werden. Benutzt das Geld zum Dienst für die Liebe.

Einfluss von Energien

Ich kann mich erinnern, wie ich vor einigen Jahren anfing, den Einfluss äußerer Energien wahrzunehmen und zwar sowohl auf mich selbst als auch auf die Umgebung. Einmal trafen wir uns im Freundeskreis und unterhielten uns über geistige Dinge. Wir alle waren freudig erregt und erhoben. Ich zumindest habe die Stimmung so empfunden. Man könnte diesen Zustand auch „sympathische Atmosphäre" nennen, die mit Ruhe klare Gedanken hervorruft.

Nach einer Weile drehte sich das Gespräch um einen Bekannten, einen Menschen, der sehr von sich eingenommen und arrogant ist. Im gleichen Moment fühlte ich einen so deutlichen Missklang, dass ich alle anderen auf dieses Phänomen aufmerksam machte.

Anschließend entschieden wir uns für folgendes Experiment: Wir sprachen zunächst kurz über die Meister und geistige Dinge. Dann kehrten unsere Gespräche wieder zu dem erwähnten Bekannten zurück. Alle Anwesenden nahmen sofort eine Art Dissonanz wahr, aber zwei völlig voneinander verschiedene Energien. Erst war die Atmosphäre positiv geladen, nach einer Weile wurde sie unangenehm.

Wie kam das zustande?

Ihr konntet die Energien des betreffenden Menschen dank eurer Empfindsamkeit gut spüren. Tatsächlich täuschte jener Mensch nur vor, sich geistig zu entwickeln, aber versank im Morast seiner eigenen Theorien. Wirkliche Spiritualität ist Leichtigkeit, Inspiration und Eingebung, eben Liebe. In der Gegenwart von Menschen mit positiver Ausstrahlung fühlen sich alle wohl.

Es gibt ein Sprichwort. „Sage mir, mit wem du umgehst, und ich sage dir, wer du bist". Es verdeutlicht, dass sich nahe stehende Personen einander angleichen. An den anderen denken stärkt die emotionale Verbindung. Sinnst du nach über Menschen, die Probleme haben, nimmst du deren Energien auf und wirst selber depressiv. Wenn du auf die Göttlichkeit, auf die Liebe zum Schöpfer ausgerichtet bist, wirst du von hohen, reinen göttlichen Strömen durchdrungen. Sie bringen Inspiration, inneres Wissen und ein tiefes Verständnis für das Leben mit sich.

Aus diesem Grund halten die Religionen des Ostens so viel von der Wiederholung des Namens Gottes. Solch eine Praxis hat die Macht, schädliche Einflüsse der Umgebung abzuwenden. Denk also an Gott und verweile in Seiner Energie. Das ist die Lehre, die du aus dem eben beschrie-

benen Erlebnis ziehen kannst. Wiederhole Seinen Namen. Er hat enorme Kraft zu reinigen und lenkt damit dein Leben in eine positive Richtung.

Überall, wo immer ihr euch aufhaltet, daheim oder bei der Arbeit, durchdringt ihr euch gegenseitig mit euren Energien. Äußere Energien haben einen gewaltigen, oftmals unguten Einfluss auf euch. Deshalb Mein Rat: Wo du dich auch befindest, was du auch tust, bemüh dich, an Gott zu denken und Seinen Namen zu wiederholen. Du wirst dich besser fühlen und deine Arbeit wird dir leichter fallen.

Wenn ich aber gedanklich arbeite und mich konzentrieren muss, kann ich doch nicht die ganze Zeit an Gott denken!

Doch, das kannst du. Es gibt zwei Arten von Arbeit: Routine, die das Denken nicht beansprucht und kreative, die Mühe und Inspiration verlangt. Die erstere lässt dem Verstand meistens etwas Freiheit. Die zweite braucht göttliche Unterstützung und wird besser gelingen, wenn du Mir erlaubst, mitzumachen. Konzentriere Dich auf Mich und bitte, dass Ich den Job erledige. Leg deine eigenen Eingebungen und dein „Ich" beiseite und konzentriere dich im Gebet auf Meine Liebe. Ich bin dein Freund. Bitte lerne, Mich dementsprechend zu behandeln. Sei zärtlich! Frag Mich um Meine Meinung.

Ich habe schon viele Male erfahren, dass meine Laune sich verschlechtert, wenn ich an andere denke. Erst die Hinwendung zu Dir bringt Frische, Freude und Erhebung. Jetzt verstehe ich, warum Du mir all die Jahre abgeraten hast, mich an Menschen zu halten. Wozu soll ich mich mit der Welt einlassen, sie kommt Dir in nichts gleich.

Energien durchdringen alles. Die Menschen tauchen in ihr Feld ein und strahlen sie aus. Wendet euch in Gedanken an Gott, nicht an Personen oder die Welt. Verbindet euch mit Gott, nicht mit der Welt.

Hinter dem Vorhang

Meister, was sieht und fühlt ein Mensch beim Austritt aus dem Körper? Inwiefern verändert sich seine Wahrnehmung?

Ihr seid ganz einfach sehr verwundert, dass ihr euch auf einmal an der Grenze einer neuen Welt befindet, die sich offenkundig parallel zu eurer materiellen Welt ausdehnt. Ihr könnt zurückgebliebene Verwandte und Bekannte sehen, könnt den Schmerz aufgrund des erlittenen Verlustes mitempfinden, aber ihr seid nicht imstande, Kontakt aufzunehmen oder ein Lebenszeichen von euch zu geben. Eure Wahrnehmungsfähigkeiten wachsen enorm. Deshalb könnt ihr die Auswirkungen eures Handelns und seinen Einfluss auf andere deutlich sehen. Meistens bemerkt ihr auch eine Tiefe, die jenseits der Geschehnisse wahrnehmbar ist. Sobald ihr wissen wollt, worum es sich dabei handelt, wendet ihr Verstand und Herz in diese Richtung und findet den Weg zu Mir.

Du bist diese Tiefe?

Ich Bin, der Ich Bin.

Deine Worte lassen eine Vielfalt von Deutungen zu…

Sie weisen darauf hin, wie Ich Mich selbst bezeichne…

Sie könnten ein Thema für die Meditation sein.

Ja. Für viele Menschen. Sucht nach ihrer Bedeutung, ihrem wesentlichen Inhalt.

Welches Gefühl sollte einen Menschen beim Hinübergehen leiten?

Die Sicherheit, dass er Mir in Kürze begegnet und Liebe erfährt…

Man spricht vom Flug durch einen Tunnel, der Begegnung mit Bekannten und Familienmitgliedern, spirituellen Meistern, Jesus oder sogar Elvis Presley.

Der Flug durch den Tunnel findet auf jeden Fall statt. Es ist der Augenblick, in dem sich das Bewusstsein von allen materiellen Grenzen befreit. Auch das Treffen mit Bekannten, der Familie und Meistern wird erlebt.

Was geschieht nach diesen Begegnungen?

Das Lernen!

Lernen?

Ja, ihr macht Bekanntschaft mit Wahrheiten. Eigentlich ist es nur ein Wiedererinnern, denn ihr hattet sie für eine Weile vergessen.

Und die Begegnung mit Dir?

Ja. Anschließend kehrt ihr zu Arbeit und Unterricht zurück.

Was erfahren wir auf der anderen Seite?

Verschiedenes.

Meister, entschuldige, wenn meine Frage zu aufdringlich ist.

Nein, keineswegs. Es gibt sehr viele Wissensbereiche.

Dort, auf der anderen Seite existiert also eine weite Welt?

Eine von enormer Ausdehnung!

Vor einiger Zeit gab es berühmte Filme zu diesem Thema, u.a. mit Robbie Williams und Annabella Sciorra.

Einige der dort gezeigten Phänomene entsprechen der Wahrheit.

Etwa die Hölle?

Hölle ist ein Geisteszustand, die Entfernung des Menschen von Gott.

Also entspricht er nicht der Realität?

Darauf antworte Ich so: Das, was real aussieht, ist für dich die Wirklichkeit. Du erschaffst eine Welt, die für dich persönlich real ist, aber vom Standpunkt eines Beobachters ist sie Illusion.

Was also ist die Wahrheit?

Nur Meine Liebe, nicht das, was eure Gehirne erschaffen.

Meister, Deine Antwort ist ungeheuerlich.
Nun scheint mir der passende Augenblick gekommen zu sein, Dir folgende Frage zu stellen:
Welche Vorkehrungen soll man für den Übergang auf die andere Seite treffen, damit man bestmöglich vorbereitet ist?

Eure Verfassung nach dem Übergang ist durch viele Faktoren bestimmt; sie hängt im Wesentlichen von eurem Verhalten im irdischen Leben ab. Kreisten eure Gedanken nur um euch selbst? Wieviel Güte konntet ihr euren Mitmenschen erweisen? Wie war eure Beziehung zur liebenden Göttlichkeit? Die Summe all dessen bestimmt den menschlichen Zustand nach dem Verlassen des Körpers. Einige Bedeutung kommt der Atmosphäre der letzten Tage und Augenblicke zu. Auch Bitten und Gebete der letzten Weggefährten, der Menschen auf dieser und der anderen Seite fallen ins Gewicht. Bittet Mich um eine ruhige und erfolgreich verlaufende Reise.

Worum sollte man in Momenten des Abschieds bitten?

Bittet um Liebe und Führung für den Scheidenden. Bittet um die Auflösung seiner weltlichen Bindungen. Bittet, er möge sich in Liebe mit der Liebe vereinigen und glücklich sein, er möge göttliches Glück erfahren und ruhig heimkehren. Er wird schon von seinen göttlichen Eltern erwartet. Wenn du den Eindruck hast, dir fehlt es an Zeit, um dich liebevoll an Gott zu wenden, bedeutet das nur, du vergeudest Dein Leben. Wie groß auch immer die Taten sind, die du auf dieser Welt vollbringst, du verlierst nur Zeit, die nie wieder zurückkehrt.
Ich bitte euch, Meine Worte sorgfältig zu überdenken. Ihr könnt auf der irdischen Seite so viel Güte verbreiten, aber erst im Augenblick, da ihr euren Körper verlasst, wird euch das in voller Klarheit bewusst. Überlegt euch, solange ihr noch hier seid, wozu ihr eigentlich gekommen seid! Welchen tieferen Sinn haben Taten? Bittet die Liebe, Sie möge euch bei eurer Suche helfen.
Habt ihr Gutes getan?
Habt ihr selbstlos gehandelt?
Habt ihr jemandem geholfen, ohne etwas dafür zu verlangen oder auf irgendeine Gegenleistung zu warten?
Habt ihr andere so sehr geliebt, dass ihr euch vom eigenen Egoismus befreien konntet?
Diese Meine Fragen sind von großer Bedeutung auf dem Pfad eurer Entwicklung zu Gott. Die angeführten Eigenschaften sind eine getreue Abbildung Seiner reinen und liebenden Natur.

Meister, ich empfinde es als Problem, dass die Menschen weder an das jenseitige Leben noch an Reinkarnation glauben.

Und doch sind beides Tatsachen. Wenn ihr gründlich nachforscht, findet ihr viele Beweise. Es gibt Hunderte von Büchern, welche Menschen geschrieben haben, die von „dort" zurückgekommen sind; Frauen, Männer und auch Kinder können sich manchmal an ihre vergangenen Inkarnationen zurückerinnern.

Eure Welt versucht, diese Erscheinungen zu ignorieren. Sie spricht ihnen ab, wahr zu sein und kreiert eigene Theorien ohne tieferen Sinn, was nach dem Tod geschieht. Zieht außerdem in Betracht, dass bis heute die Themen „Tod" und „Sterben" tabuisiert werden. Die wichtigste Ursache dafür ist Angst, ganz einfach Angst.

Wacht auf! Beginnt, eigenständig zu denken und zu forschen. Stützt euer Leben nicht auf fremde Ansichten und Ängste. Begreift die momentan gültigen Theorien und Forschungsergebnisse als Ausdruck großer menschlicher Bemühungen, mit den eigenen Beschränkungen und der Angst fertig zu werden. Akzeptiert sie in dieser Weise, aber schreitet voran und bittet die Liebe, eure Suche zu leiten. Bittet für die persönliche Suche um Licht. Eure Meinung wird sich allmählich ausbreiten.

Auch dein Standpunkt ist für Mich von Interesse, lieber Leser. Wende dich an die Liebe! Sie soll dir zeigen, auf welche Weise du zu Ihr gelangen kannst.

Können sich Menschen immer unmittelbar an Dich wenden, damit Du sie führst und ihnen hilfst, Dich zu finden, Dich, Deine Liebe, den tieferen Sinn ihrer Suche?

Selbstverständlich! Solche Bitten sind wertvoll. Bittet für euch und andere um Inspiration. Die Göttlichkeit wird jedem etwas Kostbares schenken.

Zweifelt nicht!

Die Liebe lebt vom Geben, Sie teilt immer aus. Jeder von euch erhält Wertvolles, daran sollt ihr nie zweifeln. Betrachtet euer Leben mit Aufmerksamkeit und bittet um Antworten auf eure Fragen. Überlegt sorgfältig, worum ihr fragt. Bittet um gute und wertvolle Dinge.

Aber Gottes Antwort auf euer Gebet ist nicht immer mit Erfüllung verbunden. Manche Sehnsüchte sind ohne Nutzen, weil euch die Wege der Liebe oft noch fremd sind. Zuweilen braucht ihr Spielraum, um euch von Begrenzungen befreien zu können. Es kann vorkommen, dass die Liebe es für richtig hält, Bindungen aufzulösen und euch damit einiger Vergnügungen beraubt. Das kann auch schmerzlich sein…

Du weißt, was am besten ist.

Ja. Es wäre gut, wenn die Menschen, die sich an Mich wenden, schon von vornherein, also noch bevor sie den geistigen Pfad betreten, wüssten, welche Konsequenzen ihre Bitten haben.

Eben – was könnten solche Konsequenzen sein? Würdest Du den Schleier um diese Geheimnisse etwas lüften?

Ihr lebt in einer Welt von Bindungen, die zwar unsichtbar sind, aber einen ständig Einfluss auf euer Denken, eure Entscheidungen und Handlungen ausüben. Der Platz, der Gott und der Liebe gebührt, wird von anderen Dingen belegt: Von euch selbst, eurer Familie, dem Besitz, Bekanntschaften, Süchten und Schwächen.
Das Ziel des geistigen Pfades ist, den Dingen ihren gebührenden Stellenwert zu weisen. Gebt Gott, was Gottes ist und dem Kaiser, was des Kaisers ist. Gott steht der erste und wichtigste Platz zu, weil Er Ist, Der Er Ist.
Setzt nicht eure Familie, Bekannte, Geld oder Annehmlichkeiten an Seine Stelle. Die Liebe zu Gott hat absoluten Vorrang, und diese Haltung verlangt euch innere, oftmals auch äußere Veränderungen ab. Das kann wehtun. Wenn Beziehungen aufgelöst werden, empfindet ihr Schmerzen, zumindest am Anfang. Später wird es viel einfacher. Die Stelle der Bindungen übernimmt die Göttlichkeit. Die Göttlichkeit ist dein wahres Gegenüber. Göttlichkeit ist die Befreiung von dir selbst, deiner Vergangenheit und alten, immer wiederkehrenden Gedankenmustern. Sie befreit auch von der Welt, zumindest von dem, was euch eure Gehirne als Welt vorgaukeln. Ein Herz, das von Liebe zur Göttlichkeit überfließt, versteht diese Zusammenhänge im Nu.

Ich möchte Dir jetzt eine zusätzliche Frage stellen, Meister.

Bitte, Ich höre dir zu.

Du sagtest, an die Stelle der Bindungen tritt die Göttlichkeit. Wie geht das vor sich? Was empfindet man in diesem Moment? Wie können wir sicher sein, dass wir einen solchen Prozess gerade durchmachen?

**Wenn du Vertrauen in Gott, Seine Weisheit und Liebe hast, nimmst du diese Tatsache einfach zur Kenntnis. Wisse, dass der Geliebte sich um alle und alles kümmert und auf die Bitten der Herzen antwortet. Stell also nicht allzu viele Fragen. Vertrauen ist hundertmal besser als der Versuch, alles begreifen zu wollen. Dieses Bemühen ist in der Regel vergeblich wegen eurer äußerst begrenzten Sichtweise. Nur manchmal kann es für euch von Nutzen sein, die göttlichen Interventionen in eurem Leben zu verstehen, dann nämlich, wenn sie euch zu totaler Hingabe an Gott und Seine Liebe inspirieren. Die bloße Bestätigung den richtigen Weg gewählt zu haben, ist relativ unbedeutend, falls ihr damit nicht zur Liebe angeregt werdet. Die Krönung aller Erfahrungen ist die Liebe. Wenn du Sie findest, lerne, Sie zu fühlen, in Ihr zu leben und dich mehr und mehr zu Ihr hinzubewegen. Such keine andere Erfahrung. Den Wunsch zu wissen, lass los.
Manchmal wollt ihr Fakten und Informationen, um anderen etwas zu beweisen. Auch das ist nicht richtig. Die wahre Wandlung wird auch bei euren Mitmenschen nur durch Liebe vollzogen. Richtet euch an Sie. Betet um Liebe für alle Menschen, nah und fern. Ihr seid eine Familie. Echte, dauerhafte Transformation kommt nur durch die Liebe. Verzichtet darauf, andere zu bekehren. Fangt bei euch selber an. Wandelt euch, dann werden euch andere Mittel in die Hände gespielt, die positive Veränderungen in den Menschen hervorrufen.**

Meister, Menschen, die Deine Worte lesen, könnten auf die Idee kommen, es handele sich um eine ganz neue Theorie, vollkommen verändertes Denken oder eine Art Gehirnwäsche.

Nein, sie werden nicht notwendigerweise so empfinden. Viele atmen auf bei der Aussicht auf ein lohnendes Lebensziel, einen erreichbaren wahren Wert, auf den man sein Leben bauen kann.
Gebt Gott, gebt der Liebe den ersten Platz im Leben.

Das ist sehr schön gesagt und birgt große Macht in sich. Aber, - entschuldige bitte, – ein einziger Satz ist nicht viel als Dreh- und Angelpunkt eines Lebens.

Der Satz als solcher nicht, aber seine Bedeutung reicht aus. Ich bin Liebe und kann euer Leben verändern. Das ist keine bloße neue Theorie. Gerade hier trefft ihr auf Meine Worte, die euch die Richtung anzeigen, in die ihr gehen sollt. Wenn ihr euch für sie entscheidet, habt ihr Meine Garantie, dass ihr selbst bald von der Richtigkeit eurer Wahl und der Wahrheit dessen überzeugt seid, was hier gesagt wurde.
Merkt euch, ihr könnt Mich immer auf die Probe stellen, Ich stimme dem Versuch ausdrücklich zu. Verfahrt nach dem Motto: „Teste, bevor du kaufst". Fangt also einfach an, mit verschiedenen Angelegenheiten zu Mir zu kommen, damit Ich helfe, indem Ich den Weg zeige oder das Problem selbst löse. Das Ergebnis wird euch überzeugen. Ich versuche nur, euch zu überreden, auszuprobieren und eine Erfahrung zu machen. Spürt das Wirken der Göttlichkeit, erlebt die Antwort auf euer Bitten. Wendet euch an die liebende Göttlichkeit mit der Bitte um eine konkrete Erfahrung. Die zerstreut jeden Zweifel, bringt Zuversicht und ebnet den Weg.
Fürchtest du dich davor, lieber Leser? Wenn nicht, dann schenk Mir ein Lächeln.
Wenn doch, lächele trotzdem. Freude ist der Weg zur Göttlichkeit.

Was hältst Du von Bitten um die Erfahrung Deiner Liebe?

Sie bringen mit Sicherheit konkrete Ergebnisse.

Eins möchte Ich noch sagen: Wenn sich das, worum ihr bittet, einstellt, wird offenbar, dass Ich kein Gott von Angst und Wut, sondern ein Gott der Liebe bin, der Liebe und Freude. Die Gaben, die ihr von Mir als Antwort bekommt, bezeugen die Liebe, sind Zeichen von Freundschaft und Beweise zärtlicher Fürsorge. Mein Ziel ist nicht nur, euch in Sorgen beizustehen. Ich möchte euch auch auf den Weg zu Glück und Liebe zurückbringen. Angesichts eines solchen Geschenks verblasst alles andere. Ihr werdet euch selbst überzeugen können.

Einige befürchten, dass eine neue, unbekannte Macht plötzlich von ihnen Besitz ergreift. Diese Angst ist ein Erbe eurer Religion, die lehrte, sich vor Gott fürchten zu müssen. Das sollt ihr aber nicht!

Gott darf man lieben, denn Er Ist Liebe, nur Liebe.

Die Menschheit steht vor einer enormen Herausforderung. Sie muss materielles und spirituelles Leben zu einer Einheit verschmelzen.

Warum erlaubt Gott so viel Unglück auf Erden?

Meister, oft begegne ich folgender Frage: Wenn Gott existiert, warum gibt es dann so viel Hunger, Krankheiten, Unglück und Kriege auf der Erde?

Diese Frage wird nahezu täglich fast überall gestellt. Meine Antwort lautet folgendermaßen:

Noch lasst ihr die Fähigkeit vermissen, miteinander zu teilen und euch um einander zu kümmern. Äußerlich seid ihr weit entfernt von der Liebe. Wenn ihr diesen Zustand ändert, wird sich auch die Anzahl der ungünstigen Geschehnisse verringern. Hunger und Krieg verschwinden, und das Gesetz von Ursache und Wirkung arbeitet in Übereinstimmung mit euren Vorhaben und Plänen, nicht, wie es heute der Fall ist, gegen sie.

Ereignisse, die ihr heute für schlecht haltet, sind die Folge eigener Taten. Ihre Aufgabe besteht darin, euch wieder auf einen guten Weg zu bringen.

Ihr besitzt Kraft und Mittel, um anderen zu helfen. Ihr könnt Hungernden zu essen geben, sie unterrichten und ihnen Bedingungen für ein ruhiges und gutes Leben verschaffen. Aber ihr bevorzugt, ausschließlich an euch selbst zu denken, an eigene Besitztümer, die eigene Entfaltung. Ihr wünscht euch Glück und die Befriedigung eigener Wünsche. Deshalb ist die Erde in diesem Zustand. Und jetzt klagt ihr die Göttlichkeit an, dass Sie eine Welt mit so viel Leiden, Schmerzen und Bösem schuf, die euch gar nicht gefällt.

Aber ihr selbst wollt nichts dafür tun, um sie zu verbessern. Wenn dieses Thema so wichtig für euch ist, warum beschäftigt ihr euch nicht damit? Ich wäre sicher behilflich, eine Lösung zu finden. Beginnt mit den Veränderungen bei euch selbst. Fragt euer Herz, in dem Gott wohnt. Findet Ihn und Seine Liebe! Fangt an, euch von Ihr führen zu lassen. Es gibt sehr viel zu tun. Eine Menge hungernder Menschen warten auf eine Mahlzeit. Viele Seelen warten auf das Licht der Liebe. Ich werde es ihnen mit eurer Hilfe schenken. Ich bin bereit dazu. Ihr werdet es sein, die die Welt verändern. Ihr könnt dann sehen, wie zärtlich und liebend die göttliche Mutter ist. Euer Herz wird Ihre Liebe, Freude und Großzügigkeit erleben. Dann hört ihr ein für allemal auf, Mich anzuklagen und beginnt zu lieben.

Ihr besitzt alle Mittel und auch die Kraft, wenn ihr die Probleme dieser Welt lösen wollt. Es ist im Überfluss für alle da. Fangt an zu handeln. Natürlich ist es viel bequemer, nach einem Schuldigen zu suchen…Hört auf damit! Diese Situation ist eine Herausforderung nur für euch selbst.

Mir scheint, dass Regierungen und Politiker niemals für das Gute sind.

Du kannst zwar diese Meinung vertreten, aber die Wahrheit sieht anders aus. Die politische Macht ist eine Konzentration gesamtgesellschaftlicher Kräfte. Wählt Politiker, die dem Guten zustimmen, mehr noch, die die gewünschten Veränderungen zustande bringen.

Meister, das ist doch unrealistisch...

Ganz im Gegenteil! Alle Veränderungen sind in Reichweite. Selbst ein einzelner Mensch könnte die Mauer des Schweigens hinsichtlich der Sorge um andere durchbrechen. Fürsorge ist das Wertvollste, sowohl sozial als auch politisch. Dem Einzelkämpfer werden andere folgen.

Die Menschen würden kaum jemanden wählen, der nicht Steuersenkungen, die Erhöhung von Sozialleistungen oder konkreten Nutzen für die eigene Gesellschaft verspricht.

Die eigene, immer wieder die eigene Gesellschaft. Jetzt stehen wir wieder am Anfang. In Wirklichkeit habt ihr nur sehr wenig Interesse am Schicksal anderer. Und deshalb gibt es Hunger, Unglück und Krieg auf Erden. Eine bessere Zukunft liegt in euren Händen.

Meister, ich möchte die Möglichkeit nutzen und Dir folgende Frage stellen: Wie sollen wir eine Veränderung bewerkstelligen? Was rätst Du uns? Welchen praktischen Hinweis kannst Du uns geben? Was können wir tun?

Das ist eine gute Frage.
Fangt bei euch selber an. Bittet die Liebe, Sie möge eure Herzen, Seelen und Gehirne zum Positiven beeinflussen. Meditiert und lächelt öfter. Bittet die Göttlichkeit, dass Sie euch bewusst macht, welche Fähigkeiten ihr habt und wie ihr sie für andere einsetzen sollt. Lernt, euren Besitz zu teilen. Wenn ihr nichts habt, verschenkt wenigstens ein gutes Wort oder ein Lächeln. Man kann sehr viel für die Mitmenschen tun, wenn man nur will.
Beginnt, Gott in allen Wesen und überall wahrzunehmen. Euer ganzes Leben ist Gott. Es existiert nichts außer Gott, ringsum ist nur Liebe. Lernt, weiterzureichen, was die

Liebe euch vermittelt. Bittet um Klarheit, wem ihr geben sollt oder wer Hilfe braucht. Bittet um eine veränderte Welt, um Glück und Wohlbefinden für andere.

„Loka samasta sukino Bhavantu" - Mögen alle Wesen in allen Welten glücklich sein. Bittet um Glück für alle, für Politiker, aber auch für jene, die ihr für eure Feinde haltet und für negative Menschen. Mögen alle Wesen in allen Welten glücklich sein. Die Gebete werden eure Herzen öffnen und auf göttliche Inspirationen vorbereiten, die euch mitteilen, wie ihr nützlich sein könnt.

Denkt nach, was ihr an Gutem für Verlassene, Leidende und Hungrige tun solltet. Und dann handelt!

Meister, verzeih mir meine nächste Frage. Du erwähnst die Notwendigkeit von Veränderung und Verbesserung. Gleichzeitig bezeichnest Du diese Welt als vollkommen. Du sagst, man solle sich von ihr abwenden und alles Eingreifen Dir überlassen. Ist das nicht ein Widerspruch?

Die Welt ist Licht. Mitten in dem, was ihr Unglück und Leiden nennt, wird der Grundstein für eine neue Sicht gelegt, für die Wiederauferstehung von guten Eigenschaften und die Erhebung zur Göttlichkeit. Im Innern ist alles nur Liebe und Ihr Ausdruck. Außen zeigt sich dieser Zustand als Fürsorge, Trost für Leidende, Sanftmut und selbstloses Teilen von Wissen und Eigentum. Die heutige Welt bietet dazu viele Gelegenheiten. Sie ist ein wunderbares Feld, gute Eigenschaften zu manifestieren. Für jeden von euch gibt es fabelhafte Anlässe. Aber merkt euch, an erster Stelle sucht den Weg zu Gott, zum liebenden Schöpfer. Noch kennt ihr euch selbst nicht. Ihr wisst nicht, was in euch steckt. Weist also der Göttlichkeit den ersten Platz zu, der Rest ergibt sich von allein.

Etliche Wesen müssen noch aufgrund früherer Taten Hunger und Unglück erleiden. Sie sollten das bewusst als Auswirkung vergangenen Fehlverhaltens erleben. Andererseits haben viele Menschen nun die Möglichkeit, wunderbare Eigenschaften zu entwickeln, wenn sie andere betreuen und ihnen Hilfe zukommen lassen. Die Erde existiert nicht, damit sich einige ihrer bemächtigen. Ihr sollt lernen, euer Bestes miteinander zu teilen. Bittet Gott, dass Er euch eingibt, wem und in welcher Form ihr helfen könnt. Er tut das mit großer Freude. Öffnet euch für Seine Antwort…

Beachtet dabei noch einen weiteren Aspekt. Ihr habt die Möglichkeit, selbst Schöpfer der Ereignisse zu sein und zwar nicht nur durch unmittelbare Einwirkung. Eure Taten wirken viel weiter in die Zukunft hinein. Ihr erschafft Gedanken, Gewohnheiten und Charaktere. Ihr kreiert euer zukünftiges Schicksal. Möge es segensreich sein, für euch und andere.

Können wir das?

Ja, indem ihr die Wege zum Guten einschlagt. Bittet die Liebe um Unterstützung. Sprecht nur Gutes. Sagt über niemanden Negatives, denkt es nicht einmal. Alles ist in Göttlichkeit getaucht und verkörpert Sie. Wenn du schlecht über jemanden sprichst, sprichst du schlecht über Mich. Meditiert, betet und liebt den Schöpfer.

Ruft Gott als Freund an. Er soll euch den besten Weg zeigen. Nun will Ich noch ein wichtiges Problem ansprechen. Ihr besitzt ein Quäntchen göttliche Schöpfungskraft, geht aber bis zum jetzigen Zeitpunkt unangemessen damit um. Wenn ihr anfangt, vom Ego befreite Wege zu betreten, kreiert ihr Dinge und Zustände, die gut sind für alle und alles, was lebt. Ihr erschafft das Paradies auf Erden, einen Planeten der Liebe. Das könnt ihr allein bewerkstelligen, wenn ihr wollt.

Positive Tendenzen werden am Ende die Oberhand gewinnen. Die heutige Welt gefällt euch nicht. Es ist daher folgerichtig, dass ihr die Göttlichkeit entweder beschuldigt oder Ihre Existenz bestreitet. Das ist falsch. Ihr zieht nicht in Betracht, dass ihr selbst die Welt entsprechend euren Wünschen erschafft. Sind sie weder gut noch liebevoll, sondern destruktiv, habt ihr nach einer Weile die Konsequenzen zu ertragen. Dann sucht ihr nach einem Schuldigen im Außen, immer im Außen. Dabei bestimmt ihr in Wahrheit den Zustand eurer Welt selbst.

Fangt an, gute Dinge zu erschaffen. Lasst euch von Liebe leiten. Das Äußere wird sich eurem inneren erhabenen Ideal im Laufe der Zeit anpassen. Ihr seid viel bedeutsamer, als ihr zu sein glaubt. Ihr seid die Göttlichkeit selbst, ausgestattet mit unerhörter Schöpferkraft. Ihr habt euch und die Welt erschaffen, aber das Ergebnis ist weit entfernt von dem, was eure Vorstellung von Licht ist. Ihr könnt etwas ganz anderes entstehen lassen, etwas, das die Liebe des Schöpfers ausdrückt in sanften Tönen innerer Harmonie.

Ab und zu durchforste ich meinen Kleiderschrank und finde immer etwas, das ich nicht mehr gebrauchen kann. Ich kann es also jemandem schenken. Das Leben hat auch mich schon gezwungen, Läden aufzusuchen, die mit gebrauchter Kleidung handeln. Ich weiß sehr gut, was es bedeutet, an der Armutsgrenze zu leben.

Na also. Du weißt selbst, wie es ist. Deshalb hilfst du gern. Je mehr du den Notleidenden gibst, desto mehr bekommst du und hast zum Geben und Verteilen, ist dir das schon aufgefallen?

Ja, manchmal fühle ich sogar, dass ich etwas weggeben sollte, das ich meiner Meinung nach eigentlich noch gebrauchen könnte. Ich verschenke es und prompt erhalte ich etwas noch Besseres. Wenn ich es mir so betrachte, stelle ich fest, dass ich wegen der alten Klamotten, die ich früher hergab, heute teure gute Anzüge tragen darf. Eins zieht offensichtlich das andere nach sich.

So wirkt das Prinzip. Je mehr du freigibig und von Herzen austeilst, desto mehr bekommst du, auch spirituelle Freude wird dir so zuteil. Aber denk daran: Liebe ist kein Tauschgeschäft nach dem Motto: „Heute gebe ich, also werde ich morgen sicher mehr erhalten". Verschenkt selbstlos, nur aus reiner Freude am Teilen. Betrachtet Armut und irdisches Leid als eine große Herausforderung für geistige Entwicklung und spirituelle Freude, als hervorragende Gelegenheit, richtiges Handeln lernen zu können. Tut gute Werke und reicht die Früchte dem Schöpfer dar.

Stellt alles, was ihr besitzt, der göttlichen Liebe zur Verfügung und bittet Sie, euch das Teilen zu lehren. Wenn du jemandem etwas gibst, denk nicht an eine Gegenleistung. Stell dir vor, du beschenkst damit die Göttlichkeit selbst, die sich dir in Gestalt eines anderen Menschen zeigt. Geben und Teilendürfen ist eine große Gnade, ein Ausdruck der Liebe. Ihr seid alle eins. Einheit ist Göttlichkeit.

Ich denke, einer der Gründe für den heutigen Zustand der Welt ist die Globalisierung im Geschäftsleben. Manche werden ausgenutzt und geraten unter ökonomischen Druck.

Verurteile niemanden! Es ist leicht, die „anderen" zu diffamieren, denn dadurch stielt man sich selbst aus der Verantwortung, nicht wahr?

Aber die Ursachen der gegenwärtigen Misere liegen in jedem einzelnen von euch. Der Egoismus eurer Herzen und Gehirne blockiert äußerst wirkungsvoll alle guten, himmlischen Eigenschaften, die euch Glück und unvorstellbaren Segen bescheren würden. Deshalb muss die Transformation der Welt bei euch selbst beginnen, mit der Veränderung eurer Herzen, ihrer Öffnung für die Liebe und damit, dass ihr auf die verborgene Stimme Gottes lauscht.

Sind die Herzen übervoll mit Liebe und befreit vom Egoismus, ist die Welt ein Paradies der Liebe. Das ist auch die eigentliche Wirklichkeit. Wenn ihr erwachsen werdet, wenn die menschliche Rasse reif ist für das Leben in der Einheit mit Gott, öffnen sich die himmlischen Pforten. Und ihr werdet feststellen, dass sie im Grunde nie geschlossen waren.

Gott und Seine Liebe sind immer für jeden in Fülle erreichbar. Jeder muss selber anfangen, den Weg zum liebenden Schöpfer zu suchen und Ihn um Hilfe und Liebe zu bitten. Ich bin immer da. Ich bin bereit euch zu dienen. Wenn ihr liebt, wollt ihr dienen. Ich liebe euch sehr. Deshalb möchte Ich euch ständig dienen. Bitte urteilt selbst und behandelt Mich in Zukunft liebevoller. Ich erwarte nicht viel und brauche wenig, nur ein freundliches Lä-

cheln, eine zärtliche Geste, etwas Gutes, das ihr auch für
Freunde bereithalten würdet. Euer Glück ist Mein Glück.
Die Seligkeit findet ihr in der Einheit mit Mir. Stellt Mich
auf die Probe. Untersucht Mich.
Stell mir noch einmal die Frage, mit der dieses Kapitel be-
gonnen hat.

Meister, wenn es Gott gibt, warum müssen die Menschen auf der
Erde so viel Hunger, Krankheiten, Unglück und Kriege ertragen?

Damit die Menschen ganz und gar eins werden mit der
Liebe.

Wandlung

Meister, ich möchte Dir heute danken für Deine Nähe und Deine
zärtliche Liebe, die mich ständig begleitet.
Worüber werden wir heute Abend reden?

Die Mehrheit von euch sucht im Leben Befriedigung, Liebe
und Glück. Aber ihr habt keine Ahnung, wie weit ihr von
einem reinen, erfüllten Gefühl der Zufriedenheit, von Freude und Liebe entfernt seid. Ihr denkt, jedes Neugeborene ist
eine Art unbeschriebenes Blatt, auf dem die liebenden Eltern
im Idealfall aufbauende und wertvolle Dinge festhalten.
Eure Zivilisation ist sehr unwissend, was das Wirken subti-
ler Energien betrifft. Aber ihr lebt mit ihnen und verarbeitet
diese Kräfte fortwährend mittels Körper und Verstand. Vom
Moment der Geburt an nimmt die Gesellschaft Einfluss auf
das menschliche Wesen. Ihre Energien und Probleme durchdringen die Eltern auf unsichtbare Weise und gelangen so in
junge Körper und Gehirne. Auf diese Weise entstehen Denkstrukturen und Gefühle. Im Laufe des Erwachsenwerdens
tretet ihr allmählich selbst in Kontakt mit den feinstofflichen
Kräften der Welt, und euer innerer Zustand stabilisiert sich.

Wenn die Mutter während der Schwangerschaft Zigaretten raucht oder Alkohol trinkt, kann die Gesundheit des Kindes Schaden nehmen. Das ist euch bekannt. Ihr wisst aber nicht, dass Kontakte mit bestimmten Energien ebenfalls ungünstige Auswirkungen auf die sich formenden jungen Körper und deren Psyche haben. Achtet also darauf, euch nur mit gesunden und positiven Inhalten abzugeben. Meidet Texte und Bilder, die Aggressionen, Gewalt und alle Arten von Negativität vermitteln. Als Erwachsene lebt ihr mit den von Eltern und Gesellschaft auf euch übertragenen Belastungen, aber auch mit eigenem karmischen Kapital aus früheren Existenzen. Wenn ihr euch entwickeln und euer Leben verändern wollt, führt der einzig gute Weg über eine Umkehr und die Hingabe an die göttliche Liebe. Eine bewusste Anstrengung, die Liebe und das Gute zu verwirklichen, ist unabdingbar. Die wahre Transformation geschieht in der Stille, durch den Schöpfer selbst.

Könntest Du aufzeigen, wie wir uns verhalten müssen, um eine Wandlung in Deine Richtung zu vollziehen?

Meditiert und konzentriert euch auf die Liebe zum Schöpfer. Strebt danach, euren Charakter und eure Neigungen zum Positiven zu verändern. Vermeidet jede Form von Negativität.

Meister, Du sprichst von einer auf Liebe ausgerichteten Meditation. Wie sollte die aussehen?

Es gibt viele Methoden. Nähert euch der göttlichen Gestalt, die zu lieben euch am leichtesten fällt und erweist Ihr Liebe und Hingabe. Das ist am einfachsten. Mit Liebe meine Ich zärtliche Worte, Nähe, Berührungen, freundschaftliche Umarmungen. Gleichzeitig empfindet Achtung, die aus dem Wissen erwächst, mit welch großem Schatz ihr es zu tun habt. In der Meditation vereinigt ihr euch mit der Quelle aller Werte. Dementsprechend sollte auch euer Verhältnis dazu sein.

Als zweites erwähnst Du die positiven Veränderungen des Charakters.

Ich meine damit eine bewusste Anstrengung, die sich auf das Gute richtet. Bemüht euch, in jeder Situation und in jedem Menschen das Gute und nur das Gute zu sehen. Denkt über etwas Böses nicht einmal nach. Betrachtet alle ohne Ausnahme als Verkörperungen des Guten. Bemüht euch, das Gute zu tun. Teilt miteinander und unterstützt Bedürftige. Widmet alles dem liebenden Schöpfer. Stellt euch vor, ihr arbeitet in Seinem göttlichen Garten. Habt immer ein Lächeln auf den Lippen und strahlt Freude aus. Tut das Gute für den Besten und Allerliebsten.
Der Weg der Liebe entwickelt sich von selbst vor euren Augen. Vertraut der Liebe, überlasst euch Ihr und alles andere geschieht ohne euer Zutun.

Meister, was meinst du damit, wenn Du sagst: „Meidet jede Negativität"?

Schaut nicht auf das Böse. Meidet Aggressionen in Gedanken, Worten und Taten. Sprecht nicht schlecht über jemanden. Sagt niemandem etwas Böses. Beherrscht euren Zorn. Begrenzt die Stunden vor dem Fernseher und achtet auf den Inhalt der Programme, die ihr euch anschaut. Trefft auch eine Auswahl für eure Kinder und passt auf, dass ihre Gehirne nicht von Aggressionen und Arroganz überschwemmt werden. Verbreitet nichts Negatives über einen Menschen, ungeachtet dessen, wer er ist und was er tut. Sprecht und denkt positiv. Verwandelt Traurigkeit in Lachen. Stellt statt der Probleme die Lösungen in den Vordergrund. Die liebende Göttlichkeit hilft euch dabei. Bittet den Schöpfer jeden Tag um Unterstützung.

Einige von uns sind eifrig bemüht ihr Verhalten zu ändern...

Eifer ist gut, aber Liebe ist besser. Ersetzt eure Ungeduld mit süßer Vorfreude auf das Gute, das vom Schöpfer kommen wird. Aus eigener Kraft könnt ihr nicht allzu viel erreichen.

Deshalb wartet mit Hingabe und Vertrauen auf das Wirken der Liebe. Wendet euch jeden Tag an Sie. Jeden Tag!

Oft kommen wir unterwegs ins Stolpern, weil wir Fehler machen.

Das ist natürlich, sogar notwendig. Die Fehler spiegeln euch eure Unvollkommenheit. Sie machen die Notwendigkeit deutlich, dass ihr umkehren müsst zur liebenden Vollkommenheit. Jeder Fehler, den ihr bemerkt, gleicht einem Schatten, der verdeutlicht, woher das Licht kommt. Lasst den Schatten hinter euch und geht dem Licht entgegen, beständig, unaufhaltsam. Grübelt nicht über Fehler nach. Sie sind nicht so wichtig wie die Zeit, die der Liebe und dem geistigen Pfad gewidmet wird. Konzentriert euch auf das Wesentliche! Alles andere überlasst mit Liebe und guten Wünschen seinem eigenen Schicksal.

Körperliche Arbeit

Lieber Meister, worüber werden wir uns an diesem wunderbaren Abend unterhalten?

Heute sprechen wir über die Notwendigkeit körperlicher Arbeit. Sie ist ein Ausgleich für geistige Betätigung und bewirkt viele Veränderungen. Das Leben an sich, aber insbesondere die Möglichkeit, arbeiten zu dürfen, ist eine Gnade des Höchsten. Seid dankbar, dass ihr euch einbringen könnt. Das gibt euch Gelegenheit, höhere Werte umzusetzen und euch in Liebe mit der Liebe zu vereinigen. Reicht die Früchte eurer Werke dem Schöpfer dar und sorgt dafür, dass ihr euch nicht an sie bindet. Verzichtet auf jede Art von Belohnung. Sinnt nicht darüber nach, was ihr für eure Tätigkeit verdient hättet.

Wohin sollen wir während der Arbeit unseren Geist lenken?

Denkt an die Liebe und richtet Verstand und Seele auf Sie. Lasst die liebende Göttlichkeit durch eure Hände wirken. Lächelt Gott an, während ihr arbeitet. Stellt euch vor, dass Er neben euch steht und liebevoll auf das schaut, was ihr gerade tut. Sofort werdet ihr eine Veränderung eurer Einstellung zur jeweiligen Handlung feststellen können.

Auf den ersten Blick scheinen Deine Empfehlungen etwas unpraktisch zu sein…

Ja? Und was meinst du damit?

Nun, ich weiß aus Erfahrung, dass sie einfach genial sind. Nicht alle habe ich praktisch umgesetzt, aber schon erstaunliche Resultate erzielen können. Die Atmosphäre bei der Arbeit wird gleich viel angenehmer. Man ermüdet nicht wie sonst üblich und empfindet größere Freude und Liebe. Ich danke Dir für Deine Worte, Meister. Wenn ich für Dich arbeite, strömt spürbar eine Energie durch meine Hände und den ganzen Körper. Im Herzen wird es warm und süß, wie immer, wenn Du in der Nähe bist.
Das Schwierigste ist, auf die Früchte der Arbeit zu verzichten. Der Wunsch nach Lohn und Anerkennung kehrt immer wieder zurück. Was kann man da tun?

Macht kein Problem daraus! Verfolgt diese Gedanken nicht weiter, gebt ihnen keinen Raum. Richtet eure Aufmerksamkeit auf das, was ihr tut und konzentriert euch auf die Göttlichkeit. Verhaltet euch ganz pragmatisch, übt, und ihr verändert euch.
Überlasst die Ergebnisse eurer Arbeit der Göttlichkeit. Seid in dieser Beziehung äußerst konsequent, sie gehören euch nicht mehr. Achtet darauf, euch an nichts, an gar nichts und niemanden zu binden, außer an die liebende Göttlichkeit.

Meister, während meiner Arbeit quälen mich oft aufdringliche und sehr intensive Gedanken, die zu verjagen große Anstrengung kostet. Das ist nicht angenehm.

Gedanken kommen und gehen. Wende dich an Gott. Mit der Zeit wirst du mit ihnen fertig werden. Ausdauernde Bemühungen um die höchsten Werte tragen Früchte. Euer Geist wird immer stärker. Körperliche Arbeit kräftigt die Muskeln. Die Konzentration auf Gott bringt geistige Kraft, festigt den Charakter und verändert Gewohnheiten zum Positiven. So könnt ihr eure Schwierigkeiten meistern. Um das Gute zu festigen, wiederholt den Namen des Herrn. Mantren mit Seinem Namen sind sehr mächtig. Sie helfen in Situationen, die ihr für schwierig haltet.

Mantren wie: „Om Namah Shivaya", „Om Namah Rama" und das uralte „Gayatri" sind jahrhundertealte Methoden geistiger Ausrichtung. Wendet euch liebevoll an den Schöpfer. Betet zu Ihm und bittet um Seine Begleitung und Führung bei all eurem Tun. Erfahrt, wie es ist, mit Ihm zusammenzuarbeiten. Lernt auf neue Weise zu handeln. Pflegt die Gemeinschaft mit Gott. Verrichtet eure Arbeit mit Herz und Liebe. Ihr verbringt euer ganzes Leben im Garten des Schöpfers. Seine Güter reichen weit über den Horizont hinaus. Ihr arbeitet also immer mit Ihm und für Ihn, nicht für euch selbst. Seid tätig für die Liebe. Achtet darauf!

Meister, viele Leute mögen nicht, was sie tun. Sie empfinden ihre Arbeit nicht als Gnade.

Man kann seine Haltung verändern. Konstante Bemühungen im Sinn der erwähnten Prinzipien bringen mit der Zeit guten, auch sehr guten Erfolg. Wenn die Umstände so sind, dass ihr sie akzeptieren müsst, bittet um eine andere Einstellung zu dem, was ihr tut.

Hütet euch vor negativen Emotionen, überhaupt vor jeder Art von Negativität. Richtet euch nach dem Guten. Bald werden die Resultate eurer Bemühungen deutlich sichtbar sein. Aber bindet euch nicht an sie. Geht weiter! All eure Beobachtungen und Erfahrungen sind nicht so wertvoll wie die Liebe und der Weg zum Schöpfer.

Übt euch darin, die positiven Aspekte der jeweiligen Situation herauszufinden und zu betrachten. Bittet die Liebe dabei um Unterstützung. Sicher wird Sie helfen, das tut Sie immer.

Wenn ihr ein Problem habt, bittet die Liebe um eine andere Einstellung zu eurer Arbeit, zu allem, was ihr tun müsst, Sie soll euch lehren, mit Liebe und Hingabe dabei zu sein. Tut alles mit Liebe! Auch die banalsten Tätigkeiten ermöglichen die Umkehr zum Schöpfer. Jede winzige Geste, jeder Atemzug kann zu einem Liebeslied werden, zu einem wunderbaren Opfer auf dem Altar des Alltags.

Gewöhnlich verknüpft ihr Tätigsein mit materiellem Gewinn, aber das ist keine gute Einstellung. So zu denken, bindet euch an die Welt. Gute Arbeit wird dem Höchsten dargereicht, ein Geschenk des Herzens, ohne Bindungen an die Früchte. Schuftet nicht für Geld. Das wäre ein Fehler. Arbeitet mit und für die Liebe.

Ich habe neulich endlich meinen Flur geputzt. Es war wunderbar. Ich hatte es nicht eilig, trotzdem ging die Arbeit flott voran. Während der Schrubberei wandte ich mich an die Liebe. Der Fußboden, der alte Putzlappen, mein Wassereimer, - alles waren Formen der Göttlichkeit, der reinen strahlenden Göttlichkeit. Ich stellte mir vor, wie ich Sie mit meinen Händen berühre, voll Zärtlichkeit und Liebe. Ein wunderbares Gefühl! Dazu gab ich Küsse, als stände der lebendige Schöpfer vor mir und ich liebkoste Sein Gesicht. Die Tätigkeit füllte sich mehr und mehr mit Liebe und Freude.

Wenn man arbeitet „wie immer", geht man die alten, ausgetretenen Wege und ermüdet. Wenden wir uns mit herzlichen Gefühlen der Liebe zu, dann wird es fantastisch!

Die Barrieren des „persönlichen Ichs"

Ich wache auf und richte meinen Verstand auf Dich. Sofort fühle ich, wie sich die Barrieren meines persönlichen „Ichs" auflösen, von mir abfallen, dieses spezifische Gefühl eigener Wichtigkeit und Bedeutung verliert sich. Mir wird deutlich, wie starke Egostrukturen den Zustrom

Deiner reinen, erfrischenden Liebe blockieren können. Die wird nämlich sofort deutlich, wenn das Ego verschwindet. Was soll ich noch sagen? Ich bin voller Glück! Alle meine Probleme lösen sich auf, oder
vielmehr löst Du sie für mich. Ich danke Dir dafür, geliebter Baba.
Vor Jahren sagtest Du in Indien zu mir, ich müsse üben, mich für die
Menschen zu öffnen. Ich solle ihnen während meiner Meditation mitteilen, dass ich sie liebe und mich selbst öffne für die Liebe, die sie mir
entgegenbringen. Ich fühlte während der Meditation, wie das Ego von
mir abfiel bei der bloßen Vorstellung, jemand stünde vor mir und sagte
diese wundervollen Worte. Ich musste nicht einmal etwas äußern.
Aber ich erschrak, als ich sah, wie mein Verstand reagierte. Er stellte eine Menge Fragen und zweifelte: „Was wollen diese Menschen
von mir?" „Was steckt dahinter?" Ich beobachtete meine aufsteigen-
den Ängste und schließlich musste ich herzlich lachen.
Als sich mein Verstand endlich beruhigt hatte, kämpfte ich mit einem Anflug von Hilflosigkeit. Ich fühlte mich nackt inmitten einer
Menschenmenge.
Könntest Du diese Erfahrung heute erläutern, Meister?

**Ja, die Übung ist sehr gut. Sie hilft, viele Barrieren zu be-
seitigen, die die Liebe daran hindern, frei zu fließen. Auf-
tauchende Hindernisse stammen aus diesem und früheren
Leben. Wenn euch jemand eine Wunde zufügt, euch ent-
täuscht oder Erwartungen und Hoffnungen nicht erfüllt,
verschließt ihr euch und umgebt euch mit Mauern. Es ist
eine Art der Selbstverteidigung, aber ihr unterdrückt so
auch das Gute, das in euch steckt. Deshalb ist es angebracht, von Zeit zu Zeit die Energieblockaden aufzulösen.
Bittet den inneren Meister, diesen Prozess durchzuführen
und für euer inneres Gleichgewicht zu sorgen.**

Welches Gleichgewicht?

**Ich meine einen Zustand innerer Sammlung und Freude.
Kannst du dir darunter etwas vorstellen?**

Ja, ich liebe Deine Scherze.

Wenn euer Verstand halbwegs ruhig ist, bittet die Göttlichkeit um Führung und Begleitung. Dann stellt euch vor, der Reihe nach treten Bekannte, Verwandte, Freunde, aber auch Unbekannte vor euch hin. Sagt jedem einzelnen von ihnen: „Ich liebe dich." Und jeder antwortet mit dem gleichen Satz: „Ich liebe dich." Seid ruhig und voller Liebe. Lasst zu, dass das, was ihr hört, die Wahrheit ist, ohne Hintergedanken, ohne versteckte Absichten.

Anschließend tretet vor die Göttlichkeit. Ihr sagt: „Ich liebe Dich" und hört, wie Sie die gleichen Worte an euch richtet. Glaubt, dass es die Wahrheit ist, die reine Wahrheit aller Wahrheiten.

Wir beenden die Übung, indem wir noch einige Minuten in Ruhe meditieren, ohne an das, was sich ereignet hat, zu denken. Seid gesammelt und liebevoll. Diese Meditation bringt viele Segnungen. Praktiziert sie des Öfteren.

Eine weitere Variante beruht darauf, sich vorzustellen, dass jeder, der uns begegnet, ob bekannt oder fremd, ein Engel ist, die Verkörperung von Güte und Liebe. Wendet diese Methode an! Ihr werdet sehen, wie sich eure Einstellung zu den Mitmenschen verändert. Lächelt und habt für jeden ein gutes Wort. Seht ausschließlich seine positiven Eigenschaften.

Aber weiht diesen Menschen nicht in unsere Geheimnisse ein. Nutzt die Segnungen, die ein Kontakt mit der Liebe und Güte bringt und integriert sie in euren Alltag. Das ist für euch das Wichtigste.

Die Liebe ist überall. Sie ist alles. Das Leben ist Licht. Übt oft.

Ich habe eine Weile so meditiert. Die Gelegenheit, etwas Wertvolles zu lernen, kann ich doch nicht verstreichen lassen.

Ich stellte mir vor, die Menschen seien Engel. Diese Übung ist wunderbar. Sofort bekam ich Lust, den Menschen zu helfen, mit ihnen zusammenzuarbeiten, sie anzulächeln. Ich spürte sehr viel Liebevolles und Angenehmes. Traurige Gedanken verschwanden und machten der Freude Platz.

Wenig später hatte ich ein deutliches Bild vor Augen: Ich sah den Schlüssel zum Öffnen einer Konserve. Früher gab es Sardinendosen mit einem Schlüssel aus dickem Draht. Was hat das zu bedeuten, Meister?

Das ist ganz einfach! Lächele, lieber Leser, - lächele. Dein Interesse am Thema ist gut, aber deine Freude ist besser. Unterbrich deine Lektüre einen Augenblick und lächele Mich an. Ich Bin, ... Bin die Liebe. Täglich winke Ich dir zu durch den dünnen Schleier des Himmels. Lächele. Fische sind in deinem Fall Symbole egoistischer Eigenschaften. Sie stecken zusammen mit anderen Energien in euch, dicht gedrängt wie in einer Sardinendose. Die gerade beschriebene Meditation öffnet und reinigt euch. Sie dient im übertragenen Sinn als Dosenöffner... ist alles klar?

Ich danke Dir, Meister, für die fabelhafte Deutung. Danke, Baba! Womit könnte ich mich bei Dir für Deine Güte revanchieren? Ich wünsche es mir so sehr...

Gut, dann sag Mir, dass du Mich liebst und hör zu, was Ich dir sage. Ich liebe es so sehr, wenn Menschen das wunderbare Wort aussprechen...

Was aus meinem Herzen zu Dir strömt, ist besser als viele Worte. Wenn ich auch noch mit vielen Hindernissen zu kämpfen habe, bitte ich Dich doch, meine bescheidene Liebe zu Dir anzunehmen, so wie sie ist, Meister!

Jeden Tag einen kleinen Schritt

Meister, heute möchte ich Dich fragen, wie viele von Deinen Eingebungen ich schon in meinen Alltag integriert habe?

Eine außerordentlich gute Frage! Die Antwort lautet folgendermaßen: Ungefähr zwanzig Prozent, es kommt auf den Tag an.

154

Das ist nicht viel, Meister. Sag mir bitte, wie ich mich noch um einige Prozentpunkte steigern könnte. Gibt es weitere praktische Hinweise? Ich denke, sie wären auch für viele Leser von Interesse…

Findest du meine Hinweise unpraktisch?

Meister, manchmal verstehe ich sie nicht. Vor allem, wenn sie die Allgemeinheit betreffen, weiß ich oft nicht, wie ich mit ihnen umgehen soll. Bitte sei etwas konkreter, wenn es möglich ist natürlich.

Das ist selbstverständlich möglich! Manchmal möchte Ich deine Neugierde anregen, damit du das Gebiet stärker beackerst und dich nicht mit den ersten Antworten zufrieden gibst.
Unser Thema lautet also: „Wie kann man näher bei Gott sein und öfter auf Ihn hören?"

Ja, danke. Das ist meine Frage.

Wir reden schon lange genug darüber, wie der Weg beschaffen ist. Versuchen wir nun, alle bisher erwähnten Hinweise noch einmal zusammenzufassen.
Das Wesentliche ist die grundsätzliche Fähigkeit, sich mit Liebe an die liebende Göttlichkeit zu wenden. Je öfter ein Mensch das tut, desto größer ist seine Wandlung und die der Menschen um ihn herum. Anders ausgedrückt geht es um die Konzentration auf Liebe und Hingabe, die lebhafte Vorstellung der Nähe des Meisters und das Gefühl der zärtlichen Liebe zum Höchsten. Er nimmt den ersten Platz ein und kommt vor allen anderen Gedanken und Angelegenheiten. Es müssen auch Entscheidungen getroffen werden, damit dieser Weg begehbar bleibt.
Wenn du kannst, bleib ständig mit Gott in Kontakt. Kehre konsequent immer wieder zu Ihm zurück, wenn du Ihn vergessen hast. Bemüh dich, deine Liebe zu Ihm auf lebendige Weise zu fühlen. Achte auf Seinen Rat. Bemüh dich, das Gute zu sehen, zu hören, Gutes zu sprechen und zu tun. Je häufiger du dich mit der Bitte um Liebe an Ihn

wendest und in der Liebe bleibst, umso öfter sind Hirn und Herz dem Himmel näher als der Erde.
Bete um Gnade, Freude, Liebe und Glück für andere. Mögen alle Wesen in allen Welten glücklich sein!

Meister der Meister!

Lehrer aller Lehrer,
Lehrer der Liebe.
Ihr alle seid Seine Liebe. Keiner, der sich mit der Bitte um Hilfe an Ihn wendet, wird mit leeren Händen weggeschickt. Die Liebe wartet darauf, euch zu beschenken.

Darf ich fragen, wie man sich an Dich wenden soll? Was bedeutet das konkret? Kannst Du mir sagen, wie es praktisch aussehen soll?

Ja. Stellt euch die Göttlichkeit in menschlicher Gestalt vor, in der, die euch am nächsten ist. Kommt Ihr nahe, umarmt Sie, kniet hin, nehmt Sie bei der Hand. Verweilt in der Nähe der verkörperten Form der Liebe.
Seid mit Ihr selbst gesegnet.

Eine umfassende Antwort!

Das Unfassbare kommt dann erst! Wenn ihr euch häufiger auf diese Weise der Liebe nähert, wird sich euer Leben total verändern. Der liebende Schöpfer wartet darauf, euch mit Seinem Segen zu beschenken.

Verzeih mir, Meister, erlaube mir zu bemerken, dass wir meistens – wie Statistik und Erfahrung bestätigen – nicht das erhalten, worum wir bitten.

Der Weg führt zur Liebe, nicht zur Fülle von Eindrücken, Annehmlichkeiten und Geld. Liebe ist besser als alle Eindrücke und äußeren Empfindungen.

Das stimmt. Ihre Süße kann mit nichts Irdischem verglichen werden.

Du weißt das bereits aus Erfahrung. Jetzt ist die Zeit auch für viele, viele andere reif.

Und darin liegt der Wert dieses Buches.

Wertvoll ist die Liebe, nicht der Wegweiser, die Quelle selbst, nicht ihr Produkt. Lernt, das Ewige vom Zeitlichen zu unterscheiden. Liebe ist ewig. Was sind bedruckte Blätter? Schaut hinter Worte, Papier und Tinte. Schaut auf die Göttlichkeit, denn Sie ist am wichtigsten für euch. Erhebt den Blick zur Liebe, von der ihr abstammt. Und tut das oft, sehr, sehr oft. Denkt an Gott und wendet euch an Ihn. Was ist sinnvoller – das Lesen über die Liebe oder die Liebe selbst? Trefft eure Wahl!

Baba, worüber möchtest Du am heutigen Nachmittag mit mir sprechen?

Über Eifersucht und Selbstsucht. Eifersucht vernichtet euch. Sie ist wie eine Krankheit, die euch innerlich verbrennt und aushöhlt. Sie zerstört alles, was gut ist. Hütet euch vor Eifersucht! Sollte sie auftreten, wendet euch schnell an den Vater mit der Bitte, ER möge diese unangenehme, belastende Bürde schleunigst von euch nehmen. Entzieht dem Objekt der Begierde eure Aufmerksamkeit. Kümmert euch nicht um Gedanken, die die Eifersucht schüren. Beschäftigt euch mit etwas Nützlichem. Eifersucht ist das ureigenste Kind des Egoismus und der Überheblichkeit. Der Vergleich mit allen, die mehr besitzen, weckt sie. Wenn ihr schon unbedingt vergleichen wollt, dann mit jenen, die weniger haben. Auf diese Weise gebt ihr der Dankbarkeit dafür eine Chance, dass ihr so viel habt und könnt. Das Gefühl der Dankbarkeit dem Leben gegenüber, dem Schicksal oder Gott ist sehr wertvoll. Es regt dazu an, mit jenen zu teilen und ihnen zu helfen, die nicht so glücklich sind wie ihr. Denkt an andere und achtet darauf, was sie brauchen. Erkundigt euch bei Mir, was ihr ihnen geben könnt. Das muss gar keine gro-

ße Sache sein. Eine winzige Geste, etwas Unterstützung, ein nettes Wort oder ein kleines Lächeln, - so etwas kann schon Wunder wirken. Vollbringt täglich solche kleinen Wunder. Damit macht ihr Mir eine große Freude.
Ein kleines Wunder - jeden Tag! Das wäre ein neues Gebot für euch oder besser gesagt Meine Bitte. Die Zeit der Gebote ist längst vorbei.

Ich verurteile niemanden

Du hast mir etwas ziemlich Widersprüchliches mitgeteilt!

Was denn, bitte?

Dass Du Bestechlichkeit nicht verurteilst.

Korruption ist ja nur eine von vielen Plagen, die die Menschheit quälen. Regierende sollten statt ihrer eigenen Probleme oder die ihrer Angehörigen und Bekannten stärker die allgemeinen Interessen im Auge behalten.
Die Liebe verdammt niemanden. Sie wartet ständig auf eine Möglichkeit, den Menschen zu dienen und ihnen etwas zu schenken. In deinem Fall ist es eine neue Chance, dein Verhalten zu verbessern. Wenn ihr alle Gelegenheiten, euch zu ändern, konsequent ablehnt, betretet ihr den steinigen Weg schwieriger Erfahrungen. Wir gehen auch diesen Weg gemeinsam. Er ist nicht schlecht, nur weit anstrengender.

Ich gebe zu, das hört sich gerade aus Deinem Mund immer noch ziemlich widersprüchlich an...

Jedem steht der Zugang zur Göttlichkeit offen, ungeachtet seiner Taten. Eine Gelegenheit zur Umkehr ist immer da, auch für die Brutalen, Grausamen und Übelwollenden unter euch. Jeder kann sich an Mich als letzte Instanz wen-

den, und er wird nicht abgewiesen. Bei dieser Gelegenheit hätte Ich einige Hinweise für alle Regierenden...

Ich will sie gerne aufschreiben.

Menschen in herausragender Stellung haben häufig Schwierigkeiten mit ihrem Ego. Merkt euch, Machtausübung sollte immer in Verbindung mit dem Dienst an euren Mitmenschen stehen. Gerade ihr Mächtigen müsst ein gutes Beispiel für Bescheidenheit und Selbstlosigkeit abgeben. Lasst euch vom Wohl des einzelnen und der Allgemeinheit leiten. Eine gesellschaftliche Position ist eine sehr gute Gelegenheit, sich für andere einzusetzen und ihnen auch auf dem geistigen Pfad weiterzuhelfen. Arbeitet zugunsten anderer, und euer Leben wird auf edle Pfade geführt. Die Liebe, der nichts verborgen bleibt, hilft euch weiter.

Baba, verzeih mir meinen Einwand, aber wie ich das Umfeld kenne...

Sag was du auf dem Herzen hast.

Viele Politiker und so genannte „öffentliche Personen" sind erstaunlich rücksichtslos, wenn es um ihre persönlichen Interessen geht. Das allgemeine Wohl ist ihnen nicht wichtig. Der eigene Vorteil und der ihrer Verwandten, Günstlinge und Befürworter steht für sie im Mittelpunkt. Da mir dieses Terrain nicht ganz unbekannt ist, weiß ich, dass dort viele Menschen tätig sind, die Übles im Sinn haben und miese Geschäfte planen. Sie denken nur darüber nach, wie sie möglichst viel raffen und ihrem Gegner Schaden zufügen können. Es zählt weder das Land noch sein Wohl, eigentlich zählt gar nichts.

Siehst du! Ich werde euch auch weiterhin bitten, zu Mir zu kommen, damit eine gütliche Lösung gefunden wird. Fehler, die passiert sind, können der Höheren Gerechtigkeit nicht entgehen. Korruption, Lüge und Betrug werden ans Licht kommen und die Auswirkungen dann sehr unangenehm sein. Schwierigkeiten sind also vermeidbar, wenn der Mensch den guten Weg wählt. Bewerte niemanden und denk über

niemanden schlecht. Du siehst nicht in das Herz des Menschen und weißt nicht, welche Erfahrungen er machen muss. Vielleicht führt sein Weg gerade über das Erleben der Auswirkungen seines Betrugs? Versuch, deinen Blick auf die materielle Welt etwas auszuweiten. Dann wirst du auch vieles besser verstehen. Bete für andere, damit sie Glück erfahren dürfen, das Resultat guter Taten. Mögen alle Wesen in allen Welten glücklich sein.

Kritisiere nicht die vermeintlich Mächtigen dieser Welt. Große Taten zeitigen auch große Fehler, für die man später zahlen muss. Weise niemanden ab. In allen Herzen wohnt die lebendige Göttlichkeit. Ihr seid Engel des Lichts. Nur primitive Gehirne verurteilen die Schauspieler für Untaten, die sie auf der Leinwand verübt haben.

Ich gebe jedem die Chance, sich zu bessern. Noch nie habe Ich jemanden abgewiesen. So ist Meine Natur. Euer Verhalten kann Mich nicht beeinflussen, denn Ich bin immer Ich selbst, die Liebe. Deshalb lasst ab vom „Bösen" und kommt zu Mir, egal, was ihr getan habt. Ich liebe euch sehr und werde euch immer eine Chance geben. Mein Standpunkt ist nicht etwa naiv, - mitnichten! Ich bin eben Liebe und bitte euch. Überdenkt das. Ich bestrafe nicht, Ich liebe. Die Auswirkungen, die ihr für eure Handlungen ertragen müsst, sind keine Strafe. Ihr habt diese Welt gewählt, dieses Abbild des Lebens. Es ist vom Egoismus geprägt und deshalb leidvoll. Ihr habt euch so entschieden, und Ich achte eure Wahl.

Aber seid gewiss, Liebe und Göttlichkeit sind weit jenseits dieser Welt der Wandlungen, die ihr wahrnehmt, jenseits, aber gleichzeitig auch hier und jetzt.

Heute im Traum versuchte ich, einen jungen Schauspieler zu überreden, sich an Dich zu wenden. Da er sehr materialistisch erzogen wurde, wollte er das nicht. Da kamst Du und hülltest ihn ein in Deine süße Liebe.

Ich bin in allen, auch in berühmten Persönlichkeiten.

Was sagst Du einem Menschen, der diesen Beruf ausübt?

Das Gleiche wie anderen auch. Lerne, die Göttlichkeit zu lieben. Wende dich in der Stille deines Herzens an Sie. Bitte um Hilfe bei deiner Arbeit mit Menschen oder wenn du mitten unter ihnen bist. Die Vorsehung hilft immer. Sie hält zu jeder Zeit etwas Gutes bereit und belohnt jeden Augenblick, den man bei Ihr verweilt, auf hundertfache Weise. Werdet zu Werkzeugen der Liebe und verströmt ihre Botschaft an alle, die sie brauchen.
Begrenzt eure Wünsche. Bremst eure Ambitionen. Sie haben eine destruktive Macht. Werdet glücklich! Verändert euer Leben, und Ihr werdet anderen viel mehr geben können. Diese Welt braucht göttliche Liebe.

Teurer Meister, ich habe eine Frage an Dich.

Bitte. Ich höre dir zu.

Personen, die mit vielen Menschen in Kontakt kommen, zum Beispiel Schauspieler, Politiker, Sportler und Fernsehmoderatoren, sind voller Sorge. Ich weiß nicht recht, wie ich mich ausdrücken soll, – gibt es eine Art „Energie der Masse?" Ich bin nicht besonders glücklich mit meiner Formulierung. Jedenfalls geht es darum, dass sie sich während ihres Auftritts oder unmittelbar danach wie ausgelaugt fühlen, als habe man ihnen die Energien entzogen. Sie sind gereizt, aufbrausend, als seien sie von niederen oder sogar negativen Kräften überschwemmt worden und hätten dafür das Wertvollste, das in ihnen war, gegeben.
Das ist ein sehr unangenehmer Zustand. Obwohl ich mich vielleicht täusche, scheint mir, dass dieses Phänomen die Ursache für psychische Unausgeglichenheit, Alkoholismus oder merkwürdiges Verhalten sein könnte.
Ich möchte Dich also fragen, was hier wirkt und was in einer solchen Situation zu tun ist.

Eine gute Frage. Höre Meine Antwort.
Die Ursachen des von dir beschriebenen Sachverhalts sind verschieden. Während der Veranstaltungen findet ein star-

ker Energieaustausch zwischen allen Teilnehmern statt. Energie strömt in beide Richtungen. Das ist ganz natürlich und kommt immer wieder vor. Du kannst es vergleichen mit dem Wasserspiegel in Gefäßen, die miteinander verbunden sind. Zuerst ist das eine voller, dann aber fließt Wasser über und die Spiegel gleichen sich aus.

Es gibt den Begriff der psychischen Verteidigung. Ich weiß, es existiert Literatur darüber, die ich aber noch nicht gelesen habe...

Nein, das ist keine gute Strategie. Wenn du dich auf Verteidigung konzentrierst, hast du es mit „Gegnern" zu tun und empfindest eine Bedrohung, gegen die du dich wehren möchtest. Denk nicht in diese Richtung. Du weißt, die liebende Göttlichkeit ist überall und immer bereit, euch zu beschützen.

Das Problem, wie viel eigene Energie ihr abgebt und wie viel ihr zurückbekommt, existiert gar nicht! Denkt an das Beispiel von den Gefäßen, die miteinander verbunden sind. Wichtig ist, um die sprudelnde Quelle frischer Energie zu wissen. Und hier hilft die Meditation! Sie gleicht Energien aus und fördert die Anpassung an höhere Ebenen. Anders ausgedrückt ermöglicht sie, dass ihr Kontakt mit der Liebe aufnehmen und euch auf Sie einstimmen könnt.

Meister, bitte erlaube mir, dass ich Dich hier unterbreche. Wie sollte diese Meditation aussehen? Müssen wir uns auf den Atem konzentrieren? Auf den Punkt zwischen den Augenbrauen? Oder auf die Herzgegend?

Nein, nichts dergleichen. Die Konzentration auf den Atem öffnet nicht für höhere Energien oder die Liebe zur Göttlichkeit. Aber genau darum geht es. Richtet eure Gedanken und Gefühle auf Gott, den ihr so sehr liebt. Stellt euch vor, ihr kommt zu Ihm und umarmt Ihn zärtlich. Das ist die beste Methode. Ihr könnt den Liebesaustausch zwischen euch und dem Schöpfer verstärken, indem ihr mit Liebe Mantren wiederholt und sie dem Höchsten zu Füßen legt.

Welche Mantren, Meister?

Darüber werden wir bei anderer Gelegenheit sprechen.
Noch etwas zum Programm: Bittet die höheren Mächte
um Hilfe bei der Zusammenstellung. Kurz vor dem Auf-
tritt sucht einen ruhigen Ort und wendet euch mit Liebe
an den Schöpfer. Er soll euch führen und alles, was sich
ereignet, auf Seine Weise geschehen lassen. Fühlt, dass
nur der Schöpfer im Saal ist, nur Gott, liebevoll und teuer.
Da haben sich keine Menschen versammelt, sondern nur
Einer,- der euch liebende Gott. Tut alles aus Liebe zu Ihm.
Niemand braucht zu wissen, was ihr denkt, aber die Wirkung ist sofort spürbar. Beginnt, und die Liebe wird euch
den Weg weisen. Bittet Sie um Inspiration.

Die Essenz der Götter

Willkommen, mein teurer Meister! Ich hätte heute wieder einige
Fragen an Dich. Du sagtest, dass die ersten Christen die Worte
„Jesus Christus, erbarme Dich meiner" ständig wiederholten. Und
während sie das taten, konzentrierten sie sich auf ihr Herz und erreichten dadurch tiefe Zustände der Einheit mit Gott. Ich habe viel
zu diesem Thema gelesen. Das so genannte Herzgebet wird heute
noch in der Ostkirche praktiziert. Sollten wir das auch?

Nein. Es hat zwar eine gewisse Wirkung, aber besser und
sicherer ist es, sich direkt an die Göttlichkeit zu wenden.
Ihr braucht keine religiösen Rituale und Regeln. Bittet
Gott um individuelle Führung und Schutz. Merkt euch,
Religionen und Gesetze sind nur anfangs hilfreich. Je weiter man auf dem Pfad voranschreitet, desto mehr können
sie zum Hindernis werden. Bittet die Göttlichkeit um
den richtigen Weg. Man kann heute bestimmte Praktiken
nicht einfach aus dem Zusammenhang reißen und den
Rest vernachlässigen. Begibt man sich auf den Weg der

Spiritualität, so verlässt man stufenweise jede Form von Religion und richtet seine Aufmerksamkeit auf die Göttlichkeit selbst.

Vor vielen Jahren hatte ich in der Jerusalemer Grabeskirche eine Vision von Jesus. Nie zuvor hatte ich ihn so gesehen. Er stand da in einem strahlend blauen, goldgeränderten Gewand, von der Kuppel herab fiel ein unirdisches Strahlenbündel auf ihn. Seine Augen waren halb geschlossen und sein Gesicht drückte unaussprechliches Glück, Abkehr von der Welt und göttliche Tiefe aus. Es war wunderbar. Einen Augenblick lang durfte ich an seinen Empfindungen teilhaben. Auf der anderen Seite standest Du in der Verkörperung von Sai Baba und schautest mir lächelnd zu.
Was hatte das zu bedeuten?

Göttlichkeit ist Glückseligkeit, Ekstase, Liebe, Hingabe. Jesus erschien in deiner Vision völlig eingetaucht in göttliches Bewusstsein. Er war erfüllt von nie verlöschender, unvergänglicher göttlicher Seligkeit.
Ich wollte, ihr hättet alle diese Vorstellung von Jesus, - weniger menschlich geprägt, sondern von Göttlichkeit durchdrungen.
Sri Sathya Sai Baba ist eine vollkommen bewusste Verkörperung der Göttlichkeit. Im Osten nennt man Ihn Avatar, „Herabkunft des Lichts". Ein Avatar braucht nicht nach innen zu gehen, weil Er selbst das Innerste und Liebevollste des Menschen verkörpert. Er ist der Schöpfer, der einen menschlichen Körper angenommen hat, Er ist pure Wonne innen und außen. Sri Sathya Sai Baba ist die lebendige Liebe. Die höchste Macht und süßeste Liebe des Schöpfers drücken sich durch diesen Körper aus.

Meister, wenn wir schon davon reden, möchte ich Dir eine dumme Frage stellen. Wir werden geboren...und Du? Woher kommst Du?

Du wirst die Antwort nicht verstehen.

Trotzdem, könntest Du...?

Ja. Ich war schon da, bevor dieses Weltall entstand. Ich existierte schon vor allen Welten - immer. Das Wort „immer" bezieht sich auf euer Verständnis von Zeit, in dem es ein „Vorher" und ein „Nachher" gibt. Die Schwierigkeit, Gott zu verstehen, hängt damit zusammen, dass ihr Zeit als Abfolge von Augenblicken definiert. Bei Mir gibt es keinen Augenblick. Es gibt nur immer und Liebe. Alles ist jetzt, die ganze Ewigkeit ist jetzt. Wenn ihr erwacht, erkennt ihr euch als Teil Meines immerwährenden Seins. Die Liebe, die Ich Bin und über die Ich spreche, ist höchstes Sein, ein grenzenloser Zustand außerhalb von Zeit und Raum.

Wenn du so über Mich denkst, irrst du nie. Ich bin die Zeit, das Wort, die Stille zwischen den Worten und auch alles jenseits der Stille. Ich Bin die Liebe. Konzentriere dich auf Sie und erlaube Ihr, dir jenseits dieser Welt das Vereintsein mit Ihr zu zeigen.

Die Gegenwart ist Ewigkeit und Göttlichkeit.

Meister, hast Du freien Zugang zur Vergangenheit und kannst Du auch jederzeit Einfluss auf die jetzigen Ereignisse nehmen?

Dies wäre gegen die allgemeinen Prinzipien, die den Ablauf der Dinge in der Welt und im Weltall regeln. Es gibt einen Plan, und der steht für euch mit der Zeit in Beziehung. Daran braucht sich im Moment nichts zu ändern, es sei denn, es wird notwendig.

Du lachst…

Ich liebe die Freude. Ich bin Freude.

Du kennst die Zukunft, nicht wahr? Ich will sie nicht wissen, aber sag mir – wie erschaffst Du sie?

Das ist ziemlich einfach. Die Ereignisse sind vergleichbar mit Spielsteinen. Ich werfe sie alle nach oben und wenn sie wieder herunterfallen, schaue Ich nach, wie sie liegen. Das ist das ganze Geheimnis.

Mein Ziel ist, dass ihr glücklich seid, aber glücklich mit der Göttlichkeit und der Liebe, nicht nur zufrieden, wenn die irdischen Angelegenheiten gut laufen.

Ich fühle deutlich, dass zwischen beiden heute besprochenen Themen, also zwischen der Religion und der humorvollen Beschreibung Deines Wesens eine große Kluft besteht. Das Gespräch über Religion ist energetisch sehr belastet. Das gibt es nicht, wenn Du über Dich sprichst, ganz im Gegenteil: dann ist die Atmosphäre richtig feurig aufgeladen, sie sprüht vor Energie und Freude. Man fühlt sich erhoben.

Sensibilität ist eine gute Richtschnur. Sie hat allerdings auch ihre Grenzen, weil ihr euch selbst nicht kennt. Aber sie hilft, die Unterschiede zwischen den menschlichen Schöpfungen und der Göttlichkeit zu erkennen. Religion ist ein Produkt menschlicher Gedanken, gespeist von der Energie menschlicher Gehirne. Dabei handelt es sich nicht um die Göttlichkeit, denn Sie steht außerhalb jeder Vorstellung. Göttlichkeit ist Liebe, Erhebung, einfach Ekstase, eine reine, ungeteilte Freude. Kommt hier und jetzt mit Mir in Berührung.

Viele Leute geraten in den Bannkreis einer Religion und sind dann nicht mehr in der Lage, ihn zu verlassen. So drehen sie sich viele Leben lang im Kreise. Gott ist anders als eure Gedanken und Vorstellungen. Glaubt den Religionen nicht, wenn sie ihre Wahrheiten als die einzigen und letzten verkünden. Es gibt verschiedene Religionen und unterschiedliche Wege. Ihr gemeinsames Ziel ist, den Menschen über Verstand und alle Dogmen hinaus zum unmittelbaren Kontakt mit Gott zu führen. Keine mentale Konzeption, also auch keine Religion, kann die Liebe erfassen. Liebe ist die Domäne des Herzens.

Ich möchte für einen Augenblick in die Vergangenheit zurückgehen, zu meinen geistigen Lehrern. Jetzt bist nur Du allein noch da.

Darüber freue ich mich sehr. Aber wie soll ich meine Vergangenheit betrachten?

Vergangenheit ist Licht. Menschen sind Engel des Lichts. Ereignisse sind Geschenke der göttlichen Gnade. So offenbart sich die liebende Göttlichkeit. Alles Gewesene führte dich zu Mir, führte jeden von euch zum Schöpfer und der Vereinigung mit Ihm. So sollt ihr die Vergangenheit sehen. Die Zukunft ist Licht. Alles führt euch zur Liebe des Schöpfers.
So erwartet die kommenden Ereignisse.
Vergangenheit und Zukunft sind Licht, nur Licht. Alles ist Licht!

Die Manifestation der Natur des Verstandes

Teurer Meister! Vor Jahren war ich interessiert am tibetischen Buddhismus. Zu dieser Zeit hatte ich einen Traum, in dem ich ein wirbelndes Mandala mit Gestalten von Yogis und Göttern sah. Im Hintergrund befand sich eine unendlich große helle Fläche. Ich vernahm die Worte: „So manifestiert sich das Wesen des Verstands". Was bedeutet dieser Traum?

Es geht darum, einige Aspekte des Verstands kennen zu lernen. Die geistigen Meister Tibets segnen diese Versuche. Ihre Liebe ist enorm groß. Sie befinden sich auf dieser und der anderen Seite des Lebens und arbeiten mit innerer Hingabe zum Wohl aller Wesen.

Meister, was ist das wahre Wesen des Verstandes?

Zünde in einem dunklen Zimmer eine Kerze an. Schau einige Sekunden in die Flamme und schließ dann die Augen. In dir entsteht ein Bild der Flamme, ein flüchtiger Eindruck. Die Welt, die sich euch präsentiert, ist in Wirk-

lichkeit so eine flüchtige Wahrnehmung des Bewusstseins. Sie gleicht einer nebulösen Substanz an einem windigen Tag und ist niemals in Ruhe.
Das ist eure Realität. Der Verstand weiß um das wirkliche Sein und hat ein tiefes Bedürfnis nach Liebe. Nebel, Wind, Kerze und ihr Bild im Bewusstsein sind Manifestationen der Liebe. Verstehst du?

Nein.

Mit der Erfahrung von Liebe wirst du verstehen lernen. Die Welt ist ein Schatten, nur Gott ist Licht.

Heute dämmerte mir, dass durch Dein Erscheinen ein ganz neues Zeitalter in der Geschichte dieses Planeten anbricht. Krishna, den vorherigen Avatar, kannten nur einige Ihm nahe stehende Schüler, aber Dich verehren Millionen Menschen. Vielleicht sollten wir eine neue Zeitrechnung einführen, eine neue Ära, die mit dem Tag Deines Geburtstages beginnt.

Das wichtigste Datum im menschlichen Leben ist der Tag, an dem das Licht der Liebe in seinem Herzen geboren wird. Meine irdische Verkörperung ist noch nicht die Botschaft. Ich verkünde die Liebe. Verehrt nicht Meinen Körper, das ist reine Zeitverschwendung. Wendet euch mit Liebe an die Göttlichkeit und verschmelzt mit Ihr. Darauf kommt es an.
Ich brauche keine Zeremonien und Feiertage. Mein Festtag bricht an, wenn ihr Gutes tut und euch liebevoll an Mich wendet. So bereitet ihr Mir Freude und ehrt das, was in euch das Wertvollste ist.

Ich möchte noch einmal kurz auf den Buddhismus zurückkommen. Ich hatte einmal als Jugendlicher während einer Meditation eine wunderbare Erfahrung von großer Liebe und Freude, ohne dass das persönliche „Ich" störte.
Und vor nicht allzu langer Zeit begegnete mir bei einem Retreat ein dänischer Lama des Karmapa-Zweiges.

Zu Beginn der Veranstaltung lief alles wunderbar, und ich konnte eine herzliche, heiße Energie spüren. Als dann aber die Lesung begann, zersprang der Zauber. Es hat an dieser Stelle keinen Sinn, über inhaltliche Fehler zu sprechen, die mir durchaus bewusst sind.

Im Anschluss fand eine Segnung mit Reliquien des Vierzehnten Karmapa, den ich sehr verehre, durch den Lama statt, an der auch ich teilnahm. Aber ich hatte ein äußerst unangenehmes Gefühl beim Berühren des Schreins.

Kannst Du dieses Ereignis kommentieren und mir auch erklären, wie es zu meinen Empfindungen kam?

> **Nein, das ist nicht nötig. Du hattest dieses Gefühl und damit beenden wir dieses Kapitel. Die von dir beschriebenen Phänomene beziehen sich auf die Vergangenheit, die jetzt abgeschlossen ist.**
>
> **Der von dir erwähnte Lama ist kein geeigneter Lehrer für dich. Liebe ist am wichtigsten. Richte dich nach Ihr, nicht nach der Welt oder irdischen Lehrern.**

Gestern habe ich Dich nach dem tibetanischen Buddhismus gefragt. Dort gibt es viele Mönche, die unwahrscheinliche Dinge tun können. Sie überwinden zum Beispiel große Entfernungen und befördern Dinge, ohne sie zu berühren. In der Nacht träumte ich, dass ich schwebe. Ich fühlte mich nicht besonders wohl dabei, es kam mir eher vor, als missbrauche ich eine Fähigkeit. Drei Kinder beobachteten mich und ich fragte sie seltsamerweise: „Wisst ihr, was das ist?" und dachte dabei an meinen Schwebezustand. Nach einer Weile antwortete eins der Kinder: „Torheit!" Das war eine gute Antwort und ich begriff.

> **Menschen besitzen verschiedene Fähigkeiten. Vor allem aber können sie sich mit Liebe der Göttlichkeit zuwenden. Andere Begabungen sind nicht so wertvoll und können sogar schaden. Ihr seid fasziniert von vermeintlichen Gipfelerlebnissen und eure Persönlichkeit ertrinkt im Stolz.**
>
> **Liebe allein ist die Essenz der Spiritualität, nicht irgendwelche absonderlichen Erscheinungen. Lernt zu differenzieren.**

Entscheidend ist die Macht, menschliche Herzen mit Liebe zu erobern. Nur so könnt ihr eure Realität verändern. Nur dann seid ihr fähig, Menschen zu verwandeln, sie von ihren inneren Fesseln und Leiden zu befreien und auf den Weg der Liebe zu führen. Verglichen mit dieser Qualität sind alle anderen Phänomene nur flüchtige Sensationen. Die Macht der Liebe arbeitet unsichtbar zum Wohl aller Wesen.

Ich bitte Dich, teurer Meister, bleib immer bei mir mit Deiner Liebe und füll Herz und Verstand.

Vom deinem Bemühen hängt viel ab, also arbeite an dir.

Mit - Gefühl

Meister, ich möchte mich bei Dir bedanken für die Liebe, die ich empfinde, wenn ich Musik höre. Es ist, als strömten durch sie Wellen der Liebe zu Dir und der gesamten Schöpfung.

Die Natur des Menschen ist Glück. Nicht die Art von Glück, die ihr empfindet, wenn die Dinge sich zum Guten wenden. Diesen Zustand nennt ihr Zufriedenheit. Ich aber spreche von einem Glück ohne Ursache, jenseits des persönlichen Ichs. Es ist überall, umfasst alles und jeden. Wenn ihr dieses Glück zurückweist und euch für Elend und Leid entscheidet, wendet ihr euch von Gott ab.

Verschiedene geistige Schulen lehren, es sei notwendig, das Leiden anderer Menschen mitzuempfinden. Einige behaupten sogar, diese Praxis sei der höchste Pfad, da er zu selbstlosen Handlungen motiviere.

Ja, es gibt solche Ansichten. Aber Liebe ist wichtiger als Mitleid! Zudem führt es, so wie ihr es versteht, zu einer Konzentration auf die Außenwelt anstatt nach innen und

bleibt oft im reinen Gefühlsbereich stecken. Deshalb bittet die Liebe um Inspiration, wie eine angemessene, selbstlose Hilfe auszusehen hat. Nur Liebe vermag die Welt zu verändern und wirkliche Unterstützung zu gewähren.

Das echte Mitgefühl entspringt der Liebe. Es hilft, die Ursachen von Leid zu erkennen und diese zu beseitigen. Um Mitgefühl zu entwickeln, solltet ihr euch mit Liebe an die Göttlichkeit wenden und Sie bitten, dass Sie euch helfe, Verständnis für andere zu entwickeln und auch die notwendigen Mittel bereitzustellen, die für die aktive Hilfe nötig sind. Denn das ist der eigentliche Sinn von Mitgefühl.

Helfen und arbeiten zum Wohl anderer ist eure Pflicht. Dazu braucht ihr viel, viel Verständnis, um keinen Schaden anzurichten und euch nicht tief in das Karma anderer Menschen zu verwickeln.

Das Mitleid, das Ich euch im Augenblick ans Herz lege, heißt zärtliches Horchen auf die süße Stimme der Liebe in eurem Herzen, die Wohnstatt der Göttlichkeit. Sie soll euer Führer im Leben werden.

Bedeutet das, es ist müßig, Mitleid zu empfinden, wenn den Nächsten ein Unglück trifft?

Mitleiden ist zu wenig. Wenn du kannst, solltest du helfen und nicht mitleiden. Spüre Gott und arbeite an der Welt. Bitte, dass Er die Ursachen des Leidens entferne! Bitte um Liebe für die Betroffenen und Suchenden. Bitte um Liebe und Licht für die, die in Finsternis dahinvegetieren. Richte deine Gefühle auf Gott und beschäftige dich nicht mit menschlichen Energien.

Die Ursachen menschlicher Leiden sind sehr verschieden. Manche Menschen sind krank, andere verlieren ihren Besitz, einige sind außerstande, ihr Leben so zu führen, wie sie es gerne möchten. Sie erleben Enttäuschungen aufgrund ihrer übertriebenen Wünsche, haben maßlose Ambitionen, huldigen einer falschen Glaubensrichtung und verschließen sich dem geistigen Licht. Es gibt auch Menschen, die leiden, weil es anderen besser geht. Du kannst ihnen helfen, indem

171

du die Göttlichkeit anflehst, sich der Probleme anzunehmen. Gott weist die Bitten der Menschen nicht ab. Sein Herz ist voller Mitgefühl. Manchmal erweicht nur Leiden ein hartes Herz. Es verbrennt viele negative Neigungen des Egos und dient der Befreiung und geistigen Reinigung. Quelle und tiefer Sinn leidvoller Erfahrungen ist Karma, die Folge von Handlungen in der Vergangenheit. Die Frucht des Leidens ist die Süße geistigen Verstehens und ein geöffnetes Herz für die zärtlich liebende Göttlichkeit.

Gedanken und Neigungen werden zu Handlungen mit Konsequenzen. Dieses Prinzip ist ein Ausdruck Göttlichen Mitgefühl für die Welt. Anderenfalls würdet ihr die Erde und euch selbst vernichten. Wendet euch im Herzen an die Göttlichkeit mit der Frage, was ihr in der gegenwärtigen Situation tun könnt. Ihr könnt immer für Freude und Glück aller Wesen beten. Leiden ist ein göttliches Geschenk an die Welt. Ihr hättet sonst keine Hemmungen - und keine Chancen, auf den richtigen Weg zurückzukehren.

Fühlt mit, fühlt mit der Göttlichkeit im Herzen, und Sie wird aus euch strahlen und alle schlechten Neigungen verbrennen. So kann viel negatives Karma der Menschen, mit denen ihr in Verbindung seid, aufgehoben werden.

Liebe und das Mitgefühl Gottes werden euch den Weg weisen.

Abtreibung

Entschuldige, Meister, ich möchte das Thema wechseln. Wie ist Deine Meinung zur Abtreibung?

Der Mensch hat das Leben nicht erschaffen, und er sollte es nicht auslöschen. Aber Ich kann verstehen, dass es Gründe gibt, die für diesen Eingriff sprechen; er ist dann moralisch vertretbar und unter Umständen das Beste für alle Beteiligten, wenn zum Beispiel gesundheitliche, psychische oder gesellschaftliche Zwangslagen bestehen, die eine Abtreibung rechtfertigen.

Wer sollte in solchen Situationen die letzte Entscheidung treffen?

Ich.

Du, Meister?

Ja, denn ihr habt keinen vollständigen Überblick. Eine Handlung, die Ich inspiriere, hat keine negativen Auswirkungen. Es gibt aber auch Umstände, in denen es für alle besser ist, dass das Kind zur Welt kommt, obwohl zunächst Wesentliches dagegen zu sprechen scheint. Ihr könnt den Gesamtzusammenhang nicht übersehen. Deshalb ist es angebracht, Meinem Wort zu vertrauen. Bittet um die Gnade, die Meinung der Höheren Macht, den Rat aus dem Herzen des liebenden Schöpfers vernehmen zu können, egal in welcher Angelegenheit. Das Prinzip kennt ihr jetzt. Wendet es in der Praxis an.

Und auf menschlicher Seite? Soll im konkreten Fall die Frau oder der Mann die endgültige Entscheidung treffen?

Die Frau, denn sie trägt die Hauptlast der späteren Kindererziehung und diese Umstände betreffen unmittelbar ihren Körper.
Der Mann müsste Ratgeber und Stütze sein neben weiteren Personen. Jeder aber sollte vor allem an Gottes Willen interessiert sein. Er ist am wichtigsten, vor eurer Meinung, die nur eure Erfahrung und Denkstruktur spiegelt. Haltet nicht fest an euren Interessen, sondern achtet auf die Stimme des Gewissens.
Was Ich gesagt habe, gilt ebenfalls für Euthanasie. Jeder Streit ist überflüssig, wenn ihr euch an die liebende Göttlichkeit wendet. Sie soll jeden Einzelfall in Ihrem Sinn entscheiden. Denkt daran: Leiden hat eine reinigende Wirkung! Wenn es nötig ist und in diesem Leben nicht

geschieht, wird es im nächsten wirksam. Begreift endlich: Ihr müsst die Ursachen leidvoller Erfahrungen beseitigen, um frei zu sein, und das schafft die Liebe. Einige werden mit dem geistigen Feuer gereinigt, andere brauchen die Erfahrung der Auswirkungen ihrer Handlungen. Und die heutigen Leiden sind eine Chance für unbeschreiblich große Freude in der Zukunft.

Meister, so, wie Du über diese Dinge sprichst, werde ich den Verdacht nicht los, dass Du sowieso alles bestimmst, den Augenblick der Geburt und den des Todes.

Ja, ihr seid so sehr mit der Welt verbunden, dass ihr euren Blick nicht auf das Wesentliche richten könnt. Das nämlich ist frei von Engstirnigkeit, egoistischen Bindungen, ist um das Gute bemüht und das ewige Wohl aller Wesen. Das Wesentliche ist die Liebe.
Hingabe an die Göttlichkeit hat gute und kluge Entscheidungen zur Folge. Seid ihr euch des Schöpfers bewusst, dann ist es doch nur natürlich, Ihm die Freiheit der Entscheidung über eure Lebensgestaltung zu überlassen. Ihr solltet euch dann fügen; das ist die beste aller Möglichkeiten.

Meister, erlaube mir eine Bemerkung. Aus Deinen Ausführungen ergibt sich, dass Du selbst Ursache menschlicher Leiden und Unglücke bist. Stimmt das? Einigen gibst Du Liebe und Freiheit, anderen Fesseln und Dunkelheit.

Hör aufmerksam zu, dann wirst du vieles verstehen. Ja, Ich bin der Autor dieses vorzüglichen Dramas voll unwahrscheinlicher Ereignisse, abrupter Wandlungen und einer Spannung, die sich stufenweise steigert. Sinn dieses Theaterstücks, in dem ihr das Vergnügen habt, aktiv mitzuwirken, ist der Ausdruck der Göttlichkeit, die Demonstration von Liebe unter den Bedingungen der irdischen Welt.

Niemand außer der Göttlichkeit führt Regie, erschafft oder spielt mit. Deine Frage ist problematisch, weil es keine von Gott getrennten Individuen gibt. Es existiert nur Einer! „Ihr" habt vergessen, dass ihr Schauspieler seid! Es kein anderes Leben, auch kein anderes Bewusstsein außer dem Einen und der ist Liebe, nur Liebe. Ihr erlebt die Welt im Außen voll unliebsamer Ereignisse und voll des so genannten Bösen. Das ist ein Teil des Drehbuchs. Die Realität ist etwas völlig anderes! Aber auch ihr könnt in eurem Rahmen sehr viel tun. Ihr könnt lieben und euch von der Liebe leiten lassen. Ihr habt enorme Möglichkeiten, die Welt so zu gestalten, dass sie für alle ein besserer Ort wird, für alle, nicht nur für eine Gruppe von Auserwählten.

Ich verstehe noch immer nicht, warum Du so etwas tust. Es könnte doch anders ablaufen...

Deine Frage enthält einen Teil meiner Antwort. Zunächst musst du erfahren, wer du selbst bist. Es gibt kein Leiden, es gibt nichts „Böses". Nur Liebe, Freude und Reinheit existieren in der Wirklichkeit.

In deiner „Welt" regieren bestimmte Gesetze. Du siehst nur die materielle Seite, du erlebst nur die Auswirkungen der Handlungen. Die früheren Ursachen, die heute Früchte bringen, kennst du nicht. Außerdem durchschaust du die wichtigen Gründe nicht, weshalb das Gesetz von Ursache und Wirkung so beschlossen wurde. Sein Ziel ist die Zusammenführung aller Prozesse und schließlich ihr Münden in der Liebe.

Taten voller Gier, Neid, Wut, Hass, Fanatismus und Grausamkeit bringen heute Früchte in Gestalt leidvoller Geschehnisse. So werden sie zu Asche verbrannt. Dieser Prozess dauert an, bis alles vollkommen gelöscht ist. Nur die süßen Früchte von Liebe, Reinheit, Freude und Licht überdauern.

Eine Alternative zu diesem irdischen Weg der Erfahrungen ist der Pfad der Liebe, auf dem der Schöpfer die meiste Arbeit leistet, die mit eurer Reinigung verbunden ist.

Zusätzlich mildert Seine Gnade die Wirkungen, die ihr zu erdulden hättet. Am Ende steht die Erkenntnis, dass die Welt Licht ist. Licht ist Liebe, der höchste Gott.

Ich erkenne und fühle die Flamme der Liebe in allem, was Du sagst, auch in extremen Erscheinungsformen wie religiösem Fanatismus oder Nationalismus.

Diese Phänomene haben ihren Ursprung in der Verbindung von göttlicher Liebe mit dem Egoismus. Wesen, die sich als Person identifizieren, kreieren begrenzte Weltbilder auf der Grundlage von „ich" und „mein". Dann wird „mein Glauben" der wichtigste, „mein Land" übertrifft alle anderen und „meine Wahrheit" entscheidet sogar über Leben und Wohl der Mitgeschöpfe.
Verzicht auf „ich" und „mein" macht euch frei, alles und alle zu lieben. Die Erde wird zum Altar und der Himmel zum Dach des Tempels, in dem ihr jeden Tag das Mysterium von Geburt, Leben und Tod zelebriert. Das Leben wird zum unaussprechlichen Geheimnis der Geheimnisse.

Meister, ich fürchte, Deine Worte werden auch in gedruckter Form nicht viel verändern…

Mein Teurer, überlass Mir die Verbesserung der anderen. Wenn sie nicht lesen wollen, was Ich hier sage, können sie sich jederzeit auch selbst an die Göttlichkeit wenden. Sie soll ihnen den Weg weisen. Ist es nicht so? Sie können auch ihren eigenen Weg suchen oder gar nichts tun und so leben wie immer. Gesetze sind Gesetze und in ihrem Rahmen findet alles seinen Platz, ungeachtet dessen, woran jemand glaubt. Darauf beruht die Vollkommenheit der Welt und des Alls.
Ihr sollt auch wissen, dass bloße Buchstabentreue den Geist zerstört. Der Geist aber ist wichtig, nicht Worte aus alten Büchern, die euch heilig sind. Worte sollen Liebe wecken und euch erheben. Leider werden sie nur intellektuell bearbeitet und somit ihres Lichtes beraubt.

Spiritualität wohnt im Herzen, der Verstand ist hier mehr Hindernis als Hilfe. Er kann keine Liebe produzieren, sondern ersinnt dauernd nur neue Theorien, die dann für die Ewigkeit Gültigkeit haben sollen. Eure Religion ist genau solch ein Konstrukt.

Was kann uns also von Leiden befreien?

Rechtes Handeln.

Ja, aber Du sprichst von Deinen Gesetzen, nicht von den menschlichen.

Ja, Meine Gesetze sind für jedes Individuum unterschiedlich, je nach Niveau, Konditionierung und Bedürfnis.

Wie soll man also erkennen, was richtig ist und was nicht?

Es ist gut, allgemeine Richtlinien zu kennen, aber entscheidend ist das Wort, das der Mensch in seinem Innern vernimmt. Wendet euch an die Göttlichkeit. Denkt und tut Gutes.

Aber die Mehrzahl der Menschen hat keinen Kontakt zu ihrer inneren Stimme!

Alle Menschen können Meine Stimme hören. Wenn ihr euch in der Stille und im Gebet an den Vater wendet, wird Er euch immer helfen. Entscheidend ist der Zustand von Verstand und Herz. Es lohnt sich, an ihm zu arbeiten. Auch wenn ihr nichts von dieser Stimme wisst, bittet um Hilfe. Die Liebe wird sie euch nicht versagen.
Lasst euch von der Stimme eures Gewissens leiten. Sie spricht Worte des Herzens. Ihr empfindet sie als ein Gefühl oder Gedanken aus einem noch unbekannten Bereich. Gewöhnlich habt ihr keinen Zugang zu ihr, weil euch niemand darüber belehrte oder ihr glaubt, selbst

Herr der Lage zu sein. Deshalb wartet die Liebe im Verborgenen und greift nur in kritischen Situationen ein.
Im Übrigen ist es nicht wichtig, frei von Leid zu sein, sondern es geht immer nur um Liebe. Wenn leidvolle Erfahrungen weniger werden, ist das ein Zeichen dafür, dass ihr auf dem Weg der Liebe seid, es ist ein Geschenk an liebende Menschen, die Ihr ergeben sind. Rechtes Handeln entspringt der Hingabe an Gott. Übergebt Ihm alle Angelegenheiten und bittet Ihn, sie auf Seine Weise zu erledigen. Verzichtet dabei auf eigene Vorstellungen und Wünsche. Das Wesen aller Veränderungen liegt im Bewusstsein. Seid bei Gott und lebt in Seiner Liebe. Dann werdet ihr verstehen, dass diese Welt ein Paradies ist. Hier wohnt Gott, nicht irgendwo in der Ferne. Hier und jetzt ist Sein Königreich. Ihr könnt das Leben mit Seinen Augen betrachten und werdet nur sehen, was Er ist: Liebe, Freude und Glück.
So genanntes Unglück ist eine Folge früherer Taten. Es trägt aber auch ein Element geistiger Belehrung in sich und damit die Hoffnung auf Besserung. Freut euch auch über leidvolle Erfahrungen, denn sie sind Zeichen göttlicher Weisheit, die ins menschliche Schicksal eingreift und es zum Besseren wendet. Diese Welt ist ein Paradies, ein wunderbarer Ort zum Leben, Lieben und Lachen bis zum letzten Atemzug. Ihr lebt in einer Welt der Liebe. Eines Tages könnt ihr diese Tatsache mit großer Klarheit sehen.

Ich danke Dir, Baba, für die fabelhaften Erklärungen.
Meister, worin besteht der Unterschied zwischen einer guten und einer schlechten Handlung? Welche befreit und welche ist destruktiv? Wir leben hier als Menschen, müssen viele Entscheidungen treffen und haben eigentlich selten eine echte Wahl.

Eure Absicht macht den Unterschied. Wenn ihr euren Verstand auf den Schöpfer und Seine Liebe ausrichtet, haben eure Handlungen keine negativen Auswirkungen. Der Schlüssel zu Glück und richtigem Verhalten auf dieser Welt liegt darin, dass ihr euch auf Liebe und Inspiration stützt, die von Gott kommt. Eine liebevolle Tat zeigt sich

in Güte, guten Absichten, herzlichen Worten und der Bereitschaft, anderen zu helfen. So bringt ihr zum Ausdruck, wer ihr in Wirklichkeit seid.

Handlungen voller Neid, Missgunst, Ehrgeiz, Schadenfreude, niedrigem Instinkt, Gier und Wut haben später negative Folgen, die ihr Schwierigkeiten und Unglück nennt. Aber all das Negative kann zur Liebe, zu Rechtschaffenheit, Güte, also letzten Endes zum Guten für euch führen.

Das scheint mir aber ziemlich selten vorzukommen.

Nein, du irrst dich. Liebe geht oft seltsame Wege. Wenn Menschen in Schwierigkeiten geraten, wird sehr viel negative Energie frei und dann verbrannt. Aber insgesamt steigert sich immer das Energieniveau und am Ende wird die Liebe siegen. Alles Weitere ist schon bekannt. IM GRUNDE IST ES SCHON SOWEIT! Niemand braucht zu warten. GOTT IST DA! Befreiung heißt, diese Tatsache klar zu sehen.

Meister, ich habe eine weitere Frage zum Thema Abtreibung. Du zeigtest mir vor einigen Tagen in einer spontanen Vision, dass Du einem Mann Leid schicktest, weil er seine Frau zu diesem Eingriff gezwungen hat. Bitte erklär mir diese Szene.

Wenn ein Mann aus purem Egoismus eine Abtreibung befürwortet, nur um seine eigenen Interessen durchzusetzen, wenn er also nicht um das Leben, die Gesundheit oder die Zukunft seiner Partnerin oder die des Ungeborenen besorgt ist, verletzt er das göttliche Gesetz. Dieser Mann hatte nur seine Bequemlichkeit im Auge, das Wohl des Kindes und dessen Mutter interessierten ihn nicht. Die daraus folgenden Auswirkungen werden ihm helfen, sein Verhalten zu korrigieren.

Meister, das kann aber ziemlich lange dauern. Menschen treffen während eines Lebens etliche falsche Entscheidungen.

Gerade deshalb ist geistiges Wissen so wichtig. Ausschlaggebend ist die Hinwendung zu Gott und zur Liebe, der Wunsch, Gott kennen zu lernen, Ihn zu erfahren und Ihm zu folgen. Das ist auch der Zweck dieses Buches. Denkt über den Inhalt nach und übertragt ihn ins Leben. Liebt die Göttlichkeit und vertraut Ihr. Dann werden alle Stolpersteine zu Meilensteinen eurer Entwicklung.

Meister, ich möchte nicht unhöflich sein, erlaube mir trotzdem, anzumerken, dass dieser Mann doch gar nicht genau wusste, was er eigentlich anrichtete.

Wenn ihm bewusst wäre, für was er verantwortlich ist und trotzdem so handelte, würde er die Folgen wesentlich härter zu spüren bekommen. Ein Mensch sollte nach innen hören und Gott im Herzen bitten, Seinen Willen kundzutun und ihm Kraft zu verleihen, dem nachzukommen.

Menschen sind unwissend, deshalb leiden sie.

Ja. Leiden lehrt, heilt und reinigt. Die Früchte dieser Erfahrung trägst du in dir als Weisheit, Charakter und Neigung. Deshalb ist das Wissen um die Existenz der liebenden Göttlichkeit und der von Ihr ins Leben gerufenen Gesetze ein Schlüssel zum guten Leben.

Müssen alle leiden, die anderen ihren Willen aufzwingen?

Wenn ihre Absichten egoistisch sind, ja.

Aber beispielsweise sind die meisten Priester zutiefst überzeugt, dass das totale Abtreibungsverbot etwas Gutes ist.

Es gibt viele Möglichkeiten, den göttlichen Willen in dieser und anderen Situationen zu erfahren. Ein falscher Glauben schützt nicht vor Leid, er verursacht es. Aus welcher Quelle schöpfen Priester ihre Inspiration? Ist es die Göttlichkeit?

Davon sind sie zutiefst überzeugt.

Du kennst die Realität nicht. Du weißt nicht, was wirklich ist. Glauben ist das eine, aber die Wahrheit etwas anderes. Wenn du die Richtigkeit dessen, was man dir zu glauben vorschreibt, nicht überprüfen kannst, gehst du ein großes Risiko ein. Deshalb bitte Ich euch eindringlich: Stellt Mich auf die Probe!

Wie können wir das?

Dazu habe Ich in den vorherigen Kapiteln viel gesagt. Schaut dort nach. Bittet im Innern um Beweise für Meine Existenz und dafür, dass ihr in Meiner Obhut seid. Bittet um Zeichen, die Meine Natur offenbaren. Sucht die Erfahrung Meiner Liebe, Zärtlichkeit, Nähe und Bescheidenheit. Die echte Wahrheit lässt sich prüfen. Man kann sich selbst von ihr überzeugen.
Aber Ich stelle eine Bedingung!

Ja? Welche, Meister?

Dass ihr lernt, Mich anzulächeln.
Ich mag es, wenn ihr lächelt. Ich liebe die Freude…
Ich bitte euch um ein kleines Lächeln. Es kann ein ganz kleines sein, ein Schmunzeln, wie ihr zu sagen pflegt. Damit werden wir beginnen. Fangen wir gleich an.
Lächele, lieber Leser, lächele Mich an. Ich strahle dich in diesem Augenblick an - mit Meinem ganzen Selbst.

Ich fühle, das Thema Abtreibung ist noch nicht abgeschlossen. Damit sind noch einige andere Probleme verbunden. Darf ich Dir weitere Fragen stellen?

Ja, Ich stimme zu. Ich bin immer zum Gespräch, zur Arbeit oder zum Gedankenaustausch bereit. Ich nehme Anteil an deinem und jedem anderen Leben. Also sag Mir ohne Umschweife, was dir auf dem Herzen liegt.

Meister, warum fühlt sich dieses Thema für mich so wesentlich an?

Du bist mit den Ansichten verschiedener Gruppen nicht einverstanden und darum bemüht, deine eigene Meinung durchzuboxen. Du quälst dich, weil du dich gegen die Freiheit des Einzelwesens auflehnst. Das ist nicht richtig. Widerstand führt zu nichts Gutem. Wende dich der Göttlichkeit und der Liebe zu und verbanne alles Weltliche aus deinem Kopf. Solche Dinge sind nur Zeitverschwendung. Nachsinnen über Recht und Unrecht führt nirgendwohin. Es ist nur Nahrung für Auflehnung und Unstimmigkeit mit sich selbst. Alles ist, wie es ist. Jede Handlung zeitigt entsprechende Konsequenzen. Es ist hundertfach besser, die Welt der Liebe und der Göttlichkeit zu überlassen, als sich auf irgendeine Seite zu schlagen. Die Göttlichkeit wird nicht erlauben, allzu weit vom vorgezeichneten Weg abzuschweifen. Sie weiß, was Sie tut. Kämpft gegen niemanden, kämpft überhaupt nicht. Lasst keine Unlustgefühle in euch aufkommen. Lasst euch nur von höchsten Werten leiten. Wenn ihr euch im Streit auf eine Seite schlagt, habt ihr Anteil am entsprechenden Karma. Dann geht ein Teil der Auswirkungen, die von den beteiligten Personen hervorgerufen wurden, auf euch über. Und das nützt weder euch noch ihnen. Konzentriert euch auf die Liebe und überlasst die Welt dem Schöpfer.

Spiel und Risiko

Meister, wie heißt der nächste polnische Präsident? Sag es mir, und ich werde eine große Summe darauf wetten und gewinnen.

Der jetzige wird wieder gewählt, aber wenn du zu hoch wettest, wirst du verlieren. Riskiere lieber nichts.

Ich dachte früher, Risiko gibt dem Leben mehr Würze.

Und was denkst du jetzt?

Mittlerweile ist es mir gleichgültig.
Was sagst Du zu Glücksspielen? Die haben mich immer sehr faszieniert!

Glücksspiele sind Betrug. Geld löst zwar manches Problem, aber es schafft viele andere. Ein großes Vermögen legt neue Ketten an.

Aber die Mehrzahl der Menschen findet es besser, Geld zur Verfügung zu haben, als arm zu sein.

Die Menschen kennen kein Maß, das ist das Problem. Wenn sie reich sind, wollen sie noch mehr. Es tauchen neue Wünsche auf. Aber der Weg zum Glück führt über die Begrenzung der Wünsche. Lernt, zufrieden zu sein mit dem, was ihr habt. Begrenzt eure eigenen Bedürfnisse und Sehnsüchte. Wenn ihr etwas besitzt, seid ihr sofort daran gebunden; das ist die zweite Schwierigkeit. Sobald ihr das Empfinden von Eigentum verspürt, seid ihr unwillig, mit anderen zu teilen. Die Liebe gibt, gibt und gibt. Alles auf dieser Welt fließt und verändert sich. Geld haben ist eine Gelegenheit, den Mitgeschöpfen Hilfe zu gewähren und Freude zu bereiten. Ich möchte euch die Freude am Geben und Teilen vermitteln. Geld ist ein Geschenk der Liebe zu Gott...
Lernt, es richtig einzusetzen.
Bittet Gott um Inspiration, für welchen Zweck euer Reichtum bestimmt ist. Denkt intensiver nach über die Bedürfnisse von anderen. Ihr seid alle eine Familie, ja, wir erschaffen das Eine!
Schenkt mit Liebe.
In Wirklichkeit gibt euch der Empfangende eine Möglichkeit, eure guten Eigenschaften zu zeigen. Das ist eine große Gnade. Gebt von Herzen. Wenn ihr jemandem etwas schenkt, stellt euch vor, ihr gebt es Gott selber. So ist es auch, wenn ihr auf der Straße einem Bettler etwas in den Hut werft oder mit Obdachlosen eine Schnitte Brot teilt.

Aber Du empfiehlst doch keine Askese, Meister – oder?

Ich empfehle Maß zu halten, die Wünsche zu begrenzen und das Leben auf Gott auszurichten. Hört auf mit dem verschwenderischen, unkontrollierten Verbrauch. Bei nüchterner Betrachtung werdet ihr feststellen, wie wenig ihr wirklich braucht. Ein Dach über dem Kopf, einfaches Essen, etwas gute Musik, den Rest könnt ihr getrost entbehren.

Ich liebe noch die Videokassetten von Dir und die Bhajans, die ich mir öfters anhöre.

Ja, um mehr lohnt es nicht zu kämpfen. Das ist völlig unnötig. Wenn du dich etwas anstrengen würdest, hättest du auch Geld für ein gutes Auto oder einen Urlaub in der Karibik.

Ich könnte das, aber die Schönheit der Landschaft bist Du…
Die Erde ist schön, und es gibt wunderbare Fleckchen. Die größte Freude aber bist Du, ist es, Dich anzuschauen, Dich im Herzen zu spüren. Wenn das fehlt, ist die schönste Aussicht leer und freudlos. Ich schaue auf die Schönheit des Flusses, das Glitzern der Sonne auf seinen Wellen, aber Du bist es, der diesem Anblick überirdischen Glanz verleiht! Mehr will ich nicht! Das Glück ist im Innern, nicht außen.

Sagen wir besser, das Glück liegt in Gott. Er ist innen und außen.

Geistige Entwicklung

Baba, ich möchte Dich fragen, worauf geistige Entwicklung beruht. Es gibt so viele Meinungen zu diesem Thema. Mich interessiert, was Du darüber denkst. Was macht sie aus und was ist ihre Basis? Welche Anstrengungen sollte ein Mensch auf sich nehmen, um diesen Prozess zu beschleunigen? Geht das überhaupt?

Mein praktischer Hinweis lautet: Beginne jetzt, fang sofort an. Wende dich Gott zu! Erinnere dich, dass in jedem Menschen der dich liebende Schöpfer verkörpert ist. Wenn du mit irgendjemandem zu tun hast, vergiss deine Meinungen und Voreingenommenheiten ihm gegenüber. Wenn du Menschen ansprichst, rede zu Gott. Sieh in den Menschen das höchste Gute in irdischer Verkleidung. Sei auch wohlwollend, sehr wohlwollend, den Tieren gegenüber. Lächele Gott an! Bemüh dich, herzliche Gefühle für Ihn zu hegen. Bemüh dich, Liebe zu entfalten. Bitte und bete täglich darum. Umarme Gott und sag Ihm, wie sehr du Ihn liebst.

Im tiefsten Sinn ist es eine große Wahrheit, eine sehr große. Fang gleich damit an.

Verbanne alle Negativität aus deinen Gedanken, Worten und Taten. Entledige dich aller Meinungen und Vorurteile gegenüber deinen Mitmenschen. Denk einfach überhaupt nicht an andere. Wenn dich Gedanken verfolgen, wiederhole: Loka Samasta Sukino Bhavantu - Mögen alle Wesen in allen Welten glücklich sein.

Wenn du möchtest, dass jemand den geistigen Weg verfolgt, übergib Mir sein Schicksal. Du kannst für ihn beten, diese Möglichkeit steht dir immer offen.

Bitte um Befreiung, Liebe, Freude und geistiges Glück für alle. Wende dich ab von dem, was schlecht ist in dir. Bitte die Liebe, dir zu zeigen, was Ihrer Meinung nach einer Transformation bedarf. Vermeide die Suche nach Fehlern bei anderen. Halt lieber Ausschau nach guten Eigenschaften und Fähigkeiten. Du brauchst nicht über die Probleme anderer nachzudenken. Lerne in täglicher Meditation, Gott zu lieben. Vermeide alles Bewerten. Ihr liebt es, andere herabzusetzen, damit ihr besser dasteht. Lasst diese Angewohnheit fallen. Lernt von Bhagavan, der ein Muster an Bescheidenheit ist. Übt euch jeden Tag darin. Seid bescheiden.

Bittet die liebende Göttlichkeit um Hilfe bei der Lösung eurer Probleme. Bittet Sie um einen nächsten Schritt in Ihre Richtung. Lasst euch von der Liebe umarmen! Und seid mit Ernst bei der Sache.

Ich habe mich so verhalten, wie Du mir geraten hast und bemühe mich schon morgens, über Deine Gegenwart zu meditieren und Dir zuzulächeln. Manchmal war alles einfach wunderbar, und ich konnte die Ströme Deiner Energie fühlen. Abends habe ich meistens noch gearbeitet. Außerdem fing ich an, über die Resultate meiner Meditation nachzudenken.

Da ich doch sehr intensive Erfahrungen machte, bat ich Dich um einen Kommentar im Traum. Aus irgendeinem Grund, vielleicht, weil es um ein sehr wichtiges Thema ging, brauchte ich Deine Zusicherung, dass ich mich richtig verhalte.

In der Nacht träumte ich Folgendes:

Ich stehe an einer Bushaltestelle in einem Städtchen tief im Urwald. Alle Bewohner dort brennen Schnaps, was mich nicht sonderlich verwunderte, denn ich kenne das aus meinem geliebten Heimatland Polen. Ich stehe also an der Haltestelle und lese ein Flugblatt, das irgendjemand dort angeklebt hat. Darauf steht, dass einige Menschen diesen Fusel in eigener Regie brennen, und das sei nicht in Ordnung. Ich denke mir, ja, es ist nicht richtig, da sie das staatliche Monopol der Alkoholproduktion verletzen.

Auf einmal erscheint der Gemeindevorsteher auf der Bildfläche und beginnt, mir zu erklären, dass es gar nicht um das Staatsmonopol gehe, sondern darum, dass sie es nur für sich selber täten und nicht zum Wohl aller. Im Traum klang alles ziemlich plausibel.

Nach einer Weile braust ein guter Freund auf dem Motorrad vorbei und bietet an, mich mitzunehmen. Ich willige gerne ein, setze mich aber ganz seltsam mit dem Gesicht nach rückwärts gewandt neben ihn, statt hinter ihn. Der Freund startet und rast davon. Ich bitte ihn, das Tempo zu drosseln, aber er legt sich in eine steile Kurve, fährt durch ein Tor, zieht das Tempo erneut an, nimmt wieder eine Kurve und passiert einen weiteren schmalen Durchgang. Ich zittere vor Angst, aber mein Freund schenkt mir keinerlei Beachtung. Er beherrscht die Maschine meisterhaft, trotz dieser rasanten Geschwindigkeit.

Baba, was bedeutet dieser Traum?

Der tief im Wald versteckte Ort, der schwer erreichbar und ebenso schwer wieder zu verlassen ist, symbolisiert die Welt. Alle Bewohner produzieren Alkohol und sind ständig betrunken. Es gibt einige „Abtrünnige", die dort

unbeliebt sind, Außenseiter mit neuen Ideen, geistig Fortgeschrittene. Aber auch sie brennen Fusel, ein unreines Getränk, das die Sinne vernebelt. Die Welt ist völlig berauscht und betört vom Egoismus.

Plötzlich erscheint ein Freund, und du setzt dich neben ihn. Er meistert die Fahrstrecke trotz schwieriger Bedingungen. Ihr rast durch unwegsames Gelände mit vielen Engpässen. Dein Freund ist der Meister, den du sehr liebst. Du bist immer noch voller Sorge und zweifelst, ob nicht doch etwas Böses geschieht. Aber hab Vertrauen. Er führt dich wie niemand sonst. Der Traum ist ein Kommentar zur Meditation, die du seit gestern praktizierst. Vertraue, meditiere, arbeite und liebe.

Möge sich die Liebe in jedem von euch manifestieren.

Meister, ich möchte das Thema wechseln und Dich fragen, was Du von Yoga und buddhistischen Praktiken hältst? Was bezwecken die Übungen und was kann man auf diesen Wegen erreichen?

Seit Tausenden von Jahren, seit Bestehen der menschlichen Zivilisation, gibt es auch verschiedene geistige Disziplinen, die den Zugang zur absoluten Wahrheit versprechen. Diese Wahrheit ist ewig, und immer schon lebten Menschen, die innerlich inspiriert waren und sie zu erreichen suchten.

Beachte aber, alle geistigen Pfade entstammen früheren Zeiten, Mentalitäten und Geisteszuständen. Ihnen heute zu folgen wäre ein Rückschritt. Den jetzigen Weg habe ich dir beschrieben. Nähere dich Gott jeden Tag und überlass dich und dein ganzes Leben Seiner Fürsorge und Liebe. Nähere dich mit Liebe der Allliebe. Zu diesem Zweck kannst du auch irgendeine Religion praktizieren, wenn du einige wesentliche Regeln einhältst.

Entwicklungsgeschichtlich gibt es verschiedene Traditionen, da sich die Göttlichkeit den jeweiligen menschlichen Umständen anpasste. Wenn man diesen alten Traditionen heute folgen möchte, ist ihre genaue Kenntnis unverzichtbar. Das Ziel der Menschen am Ende des Weges ist Vereinigung mit der Göttlichkeit. Davon sollte sich jeder leiten lassen bei der Wahl einer geeigneten Praxis. Die beste Lösung liegt aber auf der Hand.

Ja, Meister?

Es ist die persönliche Hinwendung voller Liebe und Vertrauen an den Höchsten mit der Bitte, Wege und Schicksal zu gestalten, wie Er es für richtig hält. Auch möge Gott geeignete spirituelle Übungen vorschlagen.
Der Lebensweg mancher Menschen ist karmisch mit Yoga, anderer mit dem Buddhismus und wieder anderer mit dem Islam verbunden. Seid euch aber bewusst, dass das Schicksal nicht nur vom Karma bestimmt wird. Wenn ihr positive Werte anstrebt, könnt ihr frei, - Ich wiederhole, frei aus den Angeboten anderer Kulturen schöpfen. Alles, was euch inspiriert und der Liebe näher bringt, ist wertvoll. Alles ist gut. Liebe die Göttlichkeit über alles, dann regelt sich das Weitere von selbst.
Und lächelt Mich an. Ich mag das sehr, sehr! Ich liebe euch über alles.

Baba, ich habe darüber nachgedacht, ob die Möglichkeit besteht, Deine Existenz zu beweisen. Es geht darum, Glauben durch Wissen zu ersetzen, dass nämlich die göttliche Essenz der Urheber allen Lebens ist.

Das ist unnötig. Wem möchtest du etwas beweisen? Willst du Mich in ein Reagenzglas einsperren und der Willkür menschlicher Gehirne ausliefern? Und das Ergebnis steht von vornherein fest. Ernst zu nehmende Wissenschaftler würden nach jahrelangen Untersuchungen feststellen: An der Sache mit Gott ist doch etwas dran, aber wir brauchen weitere Fakten. Die Sache verliefe also im Sande. Wie sollte es auch anders sein? Kann man das Unfassbare und Numinose in ein System pressen?
Nein, eine Überzeugung auf dem Weg wissenschaftlicher Nachweise ist abwegig. Was habe Ich davon, wenn jemand mit einem Universitätsabschluss Meine Existenz anerkennt?

Jede wahre Wandlung geschieht im Innern, und sie wird von der Liebe vollbracht. Nur Sie, keine Million Beweise oder bedruckte Seiten können sie verursachen. Mir ist es möglich, im Leben ganz gewöhnlicher Menschen zu erscheinen. Ihnen kann Ich deutliche Zeichen Meiner Existenz vermitteln und zeigen, wer Ich bin. Und wahrhaftig, das tue Ich auch.

Was du um dich herum wahrnimmst, ist ein unvermeidlicher, aber vergänglicher Zustand der Menschheit, die unablässig aufwärts strebt und zu Gott unterwegs ist.

Dabei gibt es Sackgassen, die zu Stillstand und Stagnation führen. Aber schließlich löst sich jeder Knoten, und das Leben strömt weiter und weiter. Der liebende Schöpfer schüttelt sein riesiges, buntes Kaleidoskop der Schöpfung und erschafft immer neue wunderbare Muster.

Wenn wir von einem Ziel des Lebens sprechen, dann ist es sicher dieses: Erkennt, durchschaut Sein Spiel und habt teil an Seiner Lebensfreude und Schönheit. Liebt, teilt, seid froh und glücklich! Deshalb gibt es die Welt und das All. Nicht wahr, das ist doch sehr einfach, oder?

Heute ruft das Höchste Sein all jene, die Es hören wollen. Öffnet eure Ohren für das, was Seine Liebe sagen möchte. Unter anderem spricht Sie sicher über die göttliche Essenz, die in allen Menschen wohnt und über den kürzesten Weg zur Vereinigung mit Ihr: Die Liebe zum Schöpfer.

Was können wir für unseren Planeten tun?

Meister, unser Planet ist verwahrlost.

Ja.

Was können wir für ihn tun? Können wir überhaupt etwas tun?

Natürlich könnt ihr viele Dinge verbessern. Aber konzentriere dich vorläufig auf das, was gut für dich und für Mich ist. Erst wenn du durch den Kontakt mit Mir klar siehst, kannst du richtig agieren. Im Moment ist jedes Handeln übermäßig von eurer Persönlichkeit abhängig.

Ein Mensch, der sich Gott annähert, lernt, Seinen Willen zu erfüllen. Er liebt Gott und hat deshalb großen Einfluss auf die Geschehnisse. Selbst wenn du schweigend meditierst, bist du imstande, deinen Mitmenschen zu helfen. Denk aber nicht an andere und misch dich nicht in ihre Probleme ein. Verbinde dich mit Gott und Seiner Liebe. Das wird euch allen am meisten helfen.

Viele Menschen wissen nichts von Dir. Sie haben keine Ahnung, wie sie sich an Dich wenden könnten!

Glaubst du, das ist Mir entgangen? Ich kenne das Problem zur Genüge, aber in der heutigen Zeit brauchen wir keine neuen Missionare. Die Welt und jeder einzelne von euch sehnt sich nach Spiritualität und Liebe. Es ist besser, wenn ihr euch auf den eigenen Weg zu Gott und Seiner Liebe macht, statt andere zu belehren. Der Rest erledigt sich von selbst oder Ich werde Mich darum kümmern.

Vernachlässigt nicht das wirklich Wichtige unter dem Vorwand, die Welt verbessern zu müssen. Der Schöpfer ist tausendfach bedeutsamer als die Schöpfung. Ihr werdet glücklich, weil ihr euch Ihm zuwendet. Die Welt und ihr alle braucht Liebe. Sie wird euch in Gott liebende, hingebungsvolle Menschen verwandeln. Sucht nach wahren Werten! Hört auf, andere zu belehren, bevor ihr sie selbst verwirklicht habt und mit ihnen eins seid.

Ihr verharrt in euren inneren Gefängnissen und wollt den Mangel an Liebe ausgleichen, indem ihr die eigene Dunkelheit und euren Zweifel an andere weiterreicht. Das ist nicht erstrebenswert. Zuerst solltet ihr Gott finden und in Seinem Licht leben. Dann erst könnt ihr euer Wissen und die Liebe mit anderen teilen, erst wenn ihr Sie gefunden habt und überzeugt seid, dass Sie von Mir kommt.

Nicht eher?

Nein, dann lauft ihr Gefahr, dass euch euer eigener geistiger Fortschritt abhanden kommt, und das hilft weder anderen, noch euch selbst.
Wenn du nicht entflammt bist, wie willst du andere ent-
zünden? Wenn keine Liebe da ist, was willst du teilen? Es
gibt genügend Lehrmeinungen auf dieser Welt, aber nicht
die Theorie, - die Praxis zählt. Nicht irgendwelches Wissen, sondern die Liebe. Es zählt die Liebe, nur Sie. Ihr verehrt heute die falschen Götter. Ändert euch. Stellt Liebe
an die erste Stelle, und sofort wird euer Leben erfüllter
und glücklicher sein.
Ich möchte, dass ihr lernt, euch in jeder Situation mit Liebe an Mich zu wenden. Hört auf das, was Ich zu sagen
habe und übermittele. Das ist hundertmal besser als die
Konstruktion eigener Theorien.
Und noch eins: Sprecht weniger, viel weniger. Liebe und
Allmacht offenbaren Sich in der Stille. Wendet eure Köpfe
und Herzen der Liebe zu, ständig, immer. Andere zu bekehren ist nicht so wichtig.

Es gibt aber Lehrer, die behaupten, auch der Vermittler profitiere
beim Unterrichten...

Ja, wenn er selbst das anwendet, was er an andere weiter-
gibt. Worte, die aus der Liebe im Innern stammen, helfen,
die Realität mit neuen Augen zu sehen.

Was sollte ein Lehrer tun, wenn ihm jemand eine Frage stellt?

An Mich denken und sein Herz öffnen. Alles andere ist
Meine Sache. Ein geistiger Führer ist durchlässig für Mei-
ne Botschaften; seine eigene Persönlichkeit spielt keine
Rolle. Menschen anzuleiten, bringt viele Gefahren. Wenn
ihr Menschen ansprecht, stellt euch vor, ihr redet mit Mir.
Ist es nicht auch in Wahrheit so?

Aber seid gewiss: Ich brauche weder eure Worte, noch eure Belehrungen. Wem wollt ihr etwas vermitteln? Mir? Ich kann jedem das, was Ich will, zehnmal wirksamer beibringen als ihr. Ich kann ihn praktische Erfahrungen machen lassen, um ihn zur Wahrheit zu führen. Ihr verfügt nur über Worte, und auf die kann Ich verzichten. Meine Handlungen greifen hundertmal tiefer als all eure Möglichkeiten.

Warum wollt ihr euch als Lehrer fühlen? Ihr baut nur Mauern zwischen euch und Mir und verlasst die Liebe. Ihr stellt euch selbst an den Platz, der nur dem liebenden Schöpfer gebührt. Es gibt nur einen Lehrer! Merkt euch das für immer. Wendet euch an die Liebe statt damit zu liebäugeln, andere belehren zu wollen.

Freiheit ist Sklaverei

Ihr seid Kinder eines Zeitalters fortwährender Aktivität. Wenn sich das Leben „verlangsamt" und beginnt, ruhiger, geistiger zu verlaufen, werdet ihr fast krank, denn ihr könnt ohne Reize nicht existieren, seid geradezu von ihnen abhängig.. Trotzdem fühlt ihr euch wie freie Menschen.

Freiheit bedeutet für euch, tun und lassen zu können, worauf ihr gerade Lust habt. Nur selten interessiert euch diesbezüglich eine andere Meinung oder die höhere Vernunft. So wollt ihr Freiheit definieren. Aber diese Art Freiheit belastet wie schwere Ketten, und eure Gedanken kreisen immer um die gleichen Wünsche: Faszinierende Erfahrungen machen, neue Menschen kennen lernen, fremde Gegenden erforschen, neue Filme anschauen... Nur so nehmt ihr euch wahr, fühlt euch lebendig und seid stolz auf eure Unabhängigkeit.

In Wirklichkeit seid ihr Opfer einer Illusion. Anstatt euch der Freiheit des Geistes, klarer Gedanken und eines guten Charakters zu erfreuen, also Kennzeichen wahrer Freiheit, lebt ihr in tiefer Gefangenschaft. Die eigenen Ketten bezeichnet ihr zu allem Überfluss noch als Errungenschaften von Zivilisation und Kultur. Eure Welt steht gewissermaßen auf dem Kopf.

Glaubt nicht, dass Ich euch Vorwürfe machen will. Das liegt Mir fern. Ich stelle nur Tatsachen fest und will den Begriffen die richtige Bedeutung zurückgeben. Wenn ihr keine innere Disziplin bewahren könnt, wenn ihr wisst, dass bestimmte Aktivitäten nichts Gutes bringen und ihr sie trotzdem beibehaltet, wenn ihr die notwendige Meditation ausfallen lasst, weil ein interessanter Film im Fernsehen läuft, solltet ihr euch nicht als freie Menschen bezeichnen. Ein wesentlicher Faktor der Freiheit ist Freiheit von der Welt und ihrem Einfluss. Diese Freiheit ist eine Vorstufe für Spiritualität, ein Tor zur Liebe.

Du rufst also zu Veränderungen auf?

Ja und nein. Wenn du weiter so leben möchtest, ist es deine Entscheidung. Sei dir nur dessen bewusst. Das ist alles. Die Entscheidung triffst du. Das, was du wählst, wirst du bekommen. Einen Großteil deines Lebens formst du selbst. Diese Möglichkeit ist dir nur selten klar. Du folgst der Stimme der „Vernunft", der Bequemlichkeit oder deiner Erziehung. Du behauptest, du habest keine Wahl, keinen Einfluss auf dein eigenes Leben?

Ich aber sage dir, es ist genau umgekehrt: Dir stehen Millionen von Sekunden zur Verfügung, die du einfach vertrödelst. Du könntest dich an Mich wenden, dich mit einem nützlichen Buch beschäftigen, eine Fremdsprache erlernen, etwas Nützliches für andere oder auch für dich erledigen. Aber meistens bist du untätig und schlägst die Zeit tot.

Ja, Meister. Du hast Recht und sagst die Wahrheit.

Meine Worte gelten euch allen. Ihr seid Abhängige. Ihr lebt in Sklaverei und nennt das Freiheit. Ihr wisst überhaupt nicht, was Freiheit ist. Wahre Freiheit bedeutet frei sein vom Ego.

Ich gestehe, Du schenkst mir eine völlig neue Sichtweise. Wir leben tatsächlich in der Welt von George Orwell.

Das ist die Wahrheit. Wenn ihr sie klar erkennt, könnt ihr sinnvoll handeln und Transformation herbeiführen. Lernt die Wahrheit über euch. Sie wird euch befreien. Ich helfe auch ein wenig. Aber ihr solltet endlich anfangen, etwas zu tun, etwas zu verändern, nicht bloß davon lesen oder hören, obwohl diese Zeit auch nicht verloren ist. Widmet der Liebe ein paar Stunden, nehmt Kontakt auf mit Ihr, hegt gute Gefühle und Gedanken für Sie. Das wird euer ganzes Leben und das eurer Nachbarn positiv beeinflussen und über Jahre Zinsen tragen.

Ja, ja, ich gebe es zu, unsere Gewohnheiten beeinflussen unser Leben. Eigentlich hängt eine Veränderung nur von uns ab. Wir müssen nicht schwach bleiben. Wir können stark sein und den Wandel herbeiführen.

Ja, wenn das Gegenwärtige euch nicht entspricht, könnt ihr euch umfassend verändern und eurem Leben eine neue Form geben. Ihr habt die Wahl.

Kannst Du uns dabei helfen?

Übertreiben wir nicht mit dieser Hilfe. Im Allgemeinen habt ihr genug Kraft, euer Umfeld in Ordnung zu bringen. Ihr seid bloß zu faul und wollt es nicht. Ihr benötigt Meine Hilfe nicht. Es genügt, dass ihr die Realität bewusst wahrnehmt. Dann könnt ihr alles allein bewerkstelligen. Sogar problemlos. Jedes Hindernis auf dem Weg ist für den Entschlossenen keine Schwierigkeit. Das größte Problem ist euer Unwille. Was ihr für wertvoll haltet, verlegt ihr auf später. Und „später" fehlen euch die Kräfte, mangelt es an Zeit, die Umstände sind schwierig - euch fallen tausend neue Ausreden ein.

Was rätst Du uns also?

Willst du etwas tun, fang sofort damit an. Gib nicht auf, bis du ein zufrieden stellendes Ergebnis hast.

Du sprichst von Meditation?

Nein, Ich spreche von allem, was euer Leben ausmacht. Du hast die Möglichkeit, Gott von Angesicht zu Angesicht zu sehen. Du kannst Ihm immer näher kommen und dich mit Ihm vereinigen. Er kann für euch zu einem nie versiegenden Strom von Freude, Glück und Hilfe werden, zu einem treuen Freund in jedem Augenblick dieses und auch des nächsten Lebens.
Die Erde ist ein Ort der Freude und des Glücks, ein Planet voller Liebe, die nur darauf wartet, Ihre Macht zu offenbaren. Ich bin das Glück und die Freude. Meine Liebe zeigt euch den Weg, jetzt schon, - aber auch, wenn ihr euch mit einem Wunsch an Mich wendet. Merkt euch, Ich bin ständig mit euch und bereit, euch den nächsten Schritt zu zeigen. Ich liebe euch.

Göttliche Energien – menschliche Energien

Meister, zuerst möchte ich mich für Deine Anwesenheit bedanken. Deine zärtliche Liebe verfolgt mich beinahe überallhin und Ihre Süße übersteigt alles, was die Welt zu bieten hat. Es genügt, wenn ich Weltliches in den Hintergrund treten lasse und mich Dir zuwende.
Heute wartete ich in der Bank in einer Schlange. Deine Liebe durchströmte mich vom Kopf bis in die Fußspitzen. Ich war glücklich. Du standest neben mir, ich fühlte die wunderbare Wärme Deiner Anwesenheit. Ich danke Dir, Baba, für diese überirdischen Augenblicke. Man kann körperlich mitten in der Welt sein, mit Herz und Verstand aber weit weg von hier, ganz nah bei Dir, geliebter Meister. Mir ist auch aufgefallen, dass ich meine Aufmerksamkeit von den Menschen abziehen kann. Sogar beim Spazierengehen bemühe ich mich, sie nicht zu registrieren. Die Leute sind problembeladen, junge wie alte. Um ihre Körper vibrieren riesige Energiemassen. Wenn

ich sie empfinde, begebe ich mich gleich zu Dir in Deine wunderbare paradiesische Schwingung.
Ich weiß jetzt schon, dass sich Dein Königreich hier auf Erden befindet. Das himmlische Königreich ist schon da, hier, jetzt und eigentlich schon immer - und wird immer da sein, nur die Menschen können es nicht wahrnehmen.

Sie haben diese Fähigkeit vor langer Zeit verloren. Was ihr manchmal als unterschiedlich dichte Energiefelder um den Körper empfinden könnt, sind emotionale und mentale Energien, meist grau und dunkel, die die Person umgeben und ihre Gehirne nähren.
Menschen leugnen die Existenz Gottes, weil sie nicht imstande sind, Ihn zu sehen. Aber der reine, ungetrübte Verstand kennt die Wahrheit! Es ist ganz natürlich, dass er auch den Glanz sieht, den die Göttlichkeit ausstrahlt.

Meister, sag mir bitte, wie Du uns wahrnimmst. Was siehst Du, wenn Du uns anschaust?

Ich sehe den Atman, Brahman, der du in Wirklichkeit bist, obwohl du es selbst nicht deutlich erkennst. Ich sehe deine Persönlichkeit mit all ihren Eigenschaften, den offensichtlichen und den verdeckten, spüre die göttliche Freude, die unter der Oberfläche sprudelt. Ich weiß um die Vergangenheit und um das, was kommen wird.
Ich erkenne überall das unablässig strahlende Licht der Liebe, das die Welten durchdringt mit einem einzigen Ziel: Glück, Güte und Freude zu verbreiten.
Ich beobachte auch die Reaktionen der Leser dieser Meiner Worte. Einige studieren sie mit Verwunderung, andere mit Eifer, wieder andere hoffen, dass auch sie das Beschriebene mit Hilfe eines einfachen Lebens erreichen können. Ich versichere euch, Ich bin immer da, mit jedem, zu allen Zeiten.
Einst wird der Tag kommen, an dem Ich offenbare, Wer Ich Bin.

Ich sehe, wie sich viele Gehirne und Herzen aufgrund der Lektüre unmittelbar an Mich wenden, damit Ich sie beschütze, lehre und auf ihrem Schicksalsweg durch die Welten begleite. All das steht in Meinem Jetzt vor Mir.

Baba, bitte entschuldige meinen Themenwechsel. Vielleicht ist es ungehörig, dass ich so sprunghaft bin, aber dieser Gedanke tauchte plötzlich in meinem Verstand auf.
Ist Dein „Jetzt" anders geartet als unseres?

Ja, in der Tat. Ich werde es dir erklären. Deine Empfindungen sind an den Körper und seine Funktionen gebunden, also Hören, Sehen, Berühren sind Augenblicke auf der Uhr. Das ist dein „Jetzt".
Manchmal hebt sich jedoch der Vorhang, und dann siehst du Licht, das alles durchdringt. Die Sinneseindrücke verstummen, der Gedankenstrom versiegt. Für einen Moment verschmilzt du mit Meinem „Jetzt". Doch du stehst nur im Vorzimmer Meiner Wirklichkeit. Mehr würdest du nicht aushalten. Die Zeit ist noch nicht reif.

Ja, wenn mich Deine wunderbare, unbeschreibliche Liebe emporhebt, lasse ich diese Welt hinter mir. Deine Liebe berührt mich und ich betrete einen Raum der Ewigkeit, jenseits weltlicher Zeiten und Räume.

Und so ist ein Bruchteil der Form Meines „Jetzt". Ich existiere außerhalb der Zeit. Ich habe es schon öfter erwähnt.

Aber irgendwann wirst Du mich ganz zu Dir einlassen, nicht wahr?

Ja, Ich bereite Dich die ganze Zeit darauf vor. Im Moment würdest du noch sterben, weil dein Gehirn, deine Psyche und dein Körper nicht durchlässig genug sind für den Strom Meiner Liebe. Ein zu starker Strom verbrennt einen zu dünnen Leiter.
Um auf unser Gespräch bezüglich der menschlichen Energien zurückzukommen: Ich reinige die Aura bis in die tiefsten Ebenen, bis sie sehr dünnflüssig wird und lebendig

auf Meine Liebe reagiert. Du bezeichnest den Zustand als „Erhobensein". Es wird dir von Tag zu Tag heißer werden, weil Ich nicht aufhöre, dich zu reinigen. Wir haben es zunehmend gemütlicher, du wirst es genießen. Mir geht es immer gut.

Meister, betrifft das auch andere Menschen, zum Beispiel die Leser?

Ja, wenn sie schon dafür vorbereitet sind.

Auf welche Weise kann man das überprüfen?

Man braucht nichts zu prüfen. Lerne in der Liebe zu leben. Bitte Gott darum und bemühe dich um eine Annäherung an Ihn. Das, wonach du fragst, ist das Geheimnis eines jeden Menschen. Gestatte Mir daher, Mich in Schweigen zu hüllen. Das Prinzip ist wichtig. Gottes Fürsorge und Liebe ist für jeden zu jeder Zeit erreichbar, wann immer er danach fragt. Liebe, Freude, Glück und Güte sind Wesensmerkmale göttlichen Seins. Sie strahlen aus dem göttlichen Herzen. Niemand, der sich an den Schöpfer wendet, bleibt derselbe.

Ich träumte, dass ich in einem dunklen Labyrinth unter Wasser tauche. Du erklärtest mir, ich solle neutral bleiben, was ich erreiche, indem ich mich erde. Was bedeutet das? Ich weiß, dieser Traum betrifft meine Aufenthalte unter Menschen, also die Situation, die ich beschrieben habe.

Sicher, es gibt zwei Zustände: „Erdung" und „Geladensein". Wenn etwas geerdet ist, staut es sich nicht, sondern kann frei abfließen, also neutral bleiben. Es geht um den Verstand. Für ihn heißt „Geerdetsein" in ständiger Verbindung mit der Quelle des Lebens und der Liebe zu stehen. Wenn der Verstand geladen ist, also seine Erdung verloren hat, ist er intensiv mit weltlichen oder ganz persönlichen Themen wie Arbeit, Frauen oder der eigenen Bedeutsamkeit beschäftigt. Die Ladung kann aus Zukunftsplänen,

ehrgeizigen Zielen, Gier, Wünschen, Angst und ähnlichen Emotionen bestehen.

„Erdung" meint die ständige Verbindung mit der lebendigen, beinahe greifbaren Liebe zum Göttlichen. Je intensiver die Aufmerksamkeit auf irgendjemanden oder irgendetwas gerichtet wird, desto stärker ist die Verbindung. Man sollte nicht erlauben, dass der Körper über den Verstand regiert. Wenn ihr von unerwünschten Gefühlen überschwemmt werdet, erinnert euch sogleich an das Wichtigste! Richtet Gedanken und Herz auf den liebenden Gott.

Du wirst zu dem, mit welchem du Umgang pflegst. Seid also immer bei Mir.

Ich erinnere mich, was Krishnamurti sagte. Er fragte sich, ob der Anblick einer schönen Frau zwangsläufig Begierde erwecken müsse.

Natürlich nicht, wenn ihr innerlich rein seid. Es wird schwieriger, wenn ihr niedere Energien mit euch herumschleppt. Sind eure Reaktionen auf Besitz und Begierde sehr stark, ist es nicht leicht, sie zu beherrschen.

Sollte man in solchen Fällen die Willenskraft einschalten oder nicht?

Ja, auf jeden Fall, ja! Entzieht dem Verstand und dem entsprechenden Reiz eure Aufmerksamkeit und richtet sie auf Gott. Meditiert in jeder Situation, meditiert ständig. Konzentriert euch auf die Liebe. Ihr könnt Mantren wiederholen, Bhajans summen. Das wird den Verstand beschäftigen und ihn über weltliche Energien erheben. Übt immerzu, Resultate werden sich schnell einstellen.

Meister, ich möchte eine neue Frage stellen. Gegenwärtig verbinde ich mich noch mit den Energien dieser Welt und empfinde auch überall deren niedrige, dunkle Schwingungen. Sind sie ebenfalls Teil der Wirklichkeit?

Überall ist nur Licht, Liebe und Göttlichkeit, die sich in dieser Welt offenbart als Freude am Dasein, als Schöpfung,

Reifung und Niedergang von Formen, die nur Raum für Neues schaffen.

Aber noch immer stehst du mit einem Bein in dieser, mit dem anderen in jener Wirklichkeit, und dein Gesamtzustand ist das Resultat vieler Faktoren. Wenn der menschliche Verstand reiner und für göttliche Schwingungen empfindsamer wird, kann er sie öfter wahrnehmen. Er ist gleichzeitig immer seltener an die materielle Welt gebunden, auch nicht an jene, die ihr die Welt der Energien nennt und über die ihr sehr wenig wisst.

Es gibt nur Güte, Liebe und Glücklichsein. Das ist das Fundament allen Seins. Jede andere Sichtweise - und das betrifft auch alle energetischen Phänomene - befindet sich noch im Bereich der Materie und ist deshalb unvollkommen und bruchstückhaft.

Die ganze Welt ist ausschließlich von Geist durchwirkt. Fehler existieren nur scheinbar, in Wahrheit gibt es nur Liebe. Nähert euch immer weiter der Göttlichkeit. Lasst euch nirgendwo aufhalten, bis das Ziel erreicht ist.

Selbstmord

Meister, manche Menschen könnten Deine Beschreibungen der Herrlichkeiten jenseitiger Welten als Ansporn betrachten, dieser Erde den Rücken zu kehren, möglicherweise auch mit Hilfe von Selbstmordversuchen. Viele leiden an ihrem schweren Schicksal und haben einfach genug davon. Könntest Du Dich dazu äußern?

Der Mensch hat sein Leben nicht erschaffen, und er sollte über dessen Ende nicht allein entscheiden. Mit dem Tod des Körpers ist das Dasein nicht ausgelöscht. Das Ende der Existenz in den materiellen Welten ist nur ein Tor zur nächsten Etappe, eine Befreiung. Aber diese Befreiung findet nicht statt, wenn man Selbstmord begeht.

Wenn jemand viel Schweres durchmachen muss, kann ihm helfen, sich bewusst zu machen, dass alles auf dieser Welt unbeständig und vergänglich ist. Das, was heute furchtbar und tragisch erscheint, lässt sich morgen oder übermorgen durchaus ertragen, ja stellt sich in einigen Fällen sogar als gut und erlösend heraus.

Vergesst also nicht, den Zeitfaktor in Erwägung zu ziehen. Bleibt gelassen! Auch wenn sich alle Nachbarn, Freunde und Bekannten abwenden. Gott bleibt da als letzte Instanz, als einer, der liebt und gut ist, zwar unsichtbar, aber immer anwesend.

Ihn kann und soll man um Hilfe bitten, um Unterstützung in schwierigen Augenblicken, damit die Dinge sich in rechter Weise fügen. Wenn es aus irgendwelchen Gründen unmöglich ist, dass die Situation sich ändert, bittet um eine neue Einstellung. Es gibt keine einzige völlig hoffnungslose Situation, keine ohne Ausweg. Wendet euch an Gott und Seine Liebe, dann wird alles gleich viel leichter zu ertragen sein.

Neben dem Faktor Zeit ist das Gesetz von Ursache und Wirkung ein zweiter Gesichtspunkt. Die gegenwärtige Situation ist das Ergebnis vergangener Taten. Die Vernunft gebietet also, alles bis zum Ende durchzustehen und abzuschließen. Das ist sinnvoller, als die Schwierigkeiten erneut erleben zu müssen inklusive der Auswirkungen eines unüberlegten Selbstmords. Ob jetzt oder später, …das karmische Gesetz kann in keinem Fall umgangen werden. Dennoch, was der Mensch auch tut, Gott steht immer auf seiner Seite. Schwere Augenblicke gehen vorüber, und die Sonne wird wieder scheinen. Liebe und Freude kommen zurück. Bei Gott werdet ihr sie jeder Zeit finden. Lächelt Ihn an! Sagt Ihm, dass ihr Ihn liebt. Wahrlich, dann wird alles sofort leichter.

Meister, kann ein Mensch die Leiden anderer auf sich nehmen?

Es gibt Menschen, die diesen Weg wählen. Ihre Entscheidung resultiert aus ihrer Liebe zur Göttlichkeit.

Dritter Teil: Umkehr zur Liebe

Meditation und Liebe

Wir beginnen einen neuen Abschnitt des Buches! Freust du dich?

Oh ja, sehr. Du wirst mich wieder mit Deiner heißen und süßen Liebesenergie beschenken. Ich liebe Dich, teurer Meister.

Und Ich liebe dich auch.
Unser erstes Thema handelt von Liebe und Meditation.
Meditation ist die Grundlage für Spiritualität. In der heutigen Zeit ist menschliche Weiterentwicklung ohne sie unmöglich, das heißt, ohne Inspirationen, Einsichten und Erfahrungen aus der Tiefe. Meditation dient nicht nur der Ruhigstellung des Verstandes, sondern ist dynamischer Kontakt mit dem eigenen Inneren, mit dem dort wohnenden Gott der Liebe. Meditation ist ein Prozess, der der inneren Liebe das Wort erteilt.

Das sind wirklich schöne Aussagen! Damit der Leser aber nicht auf den Gedanken kommt, sie seien realitätsfremd, möchte ich gleich folgende Frage stellen: Haben Deine Worte einen konkreten Bezug zum Alltag?

Selbstverständlich! Sie sind sehr, sehr konkret und greifbar. Ich spreche nicht über Dinge, die für euch unerreichbar sind, sondern über solche, die ihr ganz praktisch anwenden könnt, um daraus einen Nutzen zu ziehen...

Also...

Ich möchte euch eine neue Technik vermitteln, die als Brücke zu Freude und göttlicher Liebe dienen wird. Wollt ihr sie kennen lernen?

Ich denke, dass ich sowohl in meinem als auch im Namen der Leser bejahen darf.

Die Meditation, die Ich gleich erkläre, soll euch für die Verbindung mit der Liebe, für die Annäherung an Sie sensibilisieren. So kann in der Folge eine geistige Reinigung stattfinden. Je mehr sich Freude und Liebe aufgrund der Übungen in euch ausbreiten, desto näher werdet ihr dem Schöpfer sein. Merkt euch, Er ist die Liebe und Freude selbst, also lächelt Ihn öfter an. Ich versichere euch: Er ist es wert!

Ich liebe Dich für Deine Liebe-vollen Worte. Mir wird wärmer ums Herz. Ich liebe Dich.

Wunderbare Worte der Liebe öffnen so viel in euch. Ich mag es, wenn ihr euch auf diese Weise an Mich wendet. Ich mag es sehr.
Und nun zur Meditation. Sie ist sehr einfach und kann von Gläubigen aller Bekenntnisse ohne Probleme praktiziert werden. Ruft euch eine Gestalt vor Augen, die eurer Meinung nach die Verkörperung der liebenden Göttlichkeit ist, eine reine und getreue Repräsentation des Höchsten Gottes. Stellt euch vor, dass Sie lebendig vor euch steht und alle göttlichen Eigenschaften in Sich vereinigt, also alles Gute, Liebe, Weisheit, Glück und Freude. Seht das sehr plastisch und wirklichkeitsnah vor eurem inneren Auge.
Es ist äußerst wichtig, dass ihr euch die Göttlichkeit nicht als drohendes und machtvolles Wesen vorstellt, sondern als Liebe, als ganz persönliche Freundin oder engsten Freund. Glaubt zutiefst, dass die Gestalt eine lebendige Verkörperung der Güte, Liebe und Weisheit ist und keine anderen Merkmale aufweist.
Menschen haben ihren Kopf voll mit tief eingravierten Fehlinformationen was Gott betrifft. Deshalb möchte Ich euch von Anfang an auf die richtige Vorgehensweise aufmerksam machen. Merkt euch, nur Liebe, nur Freude, nur Glück, ekstatisches Glück - das ist der Schöpfer! Nicht etwa Furcht, Drohgebärden oder herablassende Be-

handlung, sondern nur Liebe, Sanftmut, Zartheit, Wahrheit, die Schönheit selbst sind Seine Attribute. Erinnert euch oft an diese Worte und verinnerlicht sie zutiefst. Alle anderen Vorstellungen lasst einfach beiseite.

Wenn wir dann wissen, mit wem wir uns verbinden, nähern wir uns und schmiegen uns an Sie oder an Ihn. Schmiegt euch mit eurem ganzen Wesen an die liebende Mutter, umarmt den liebenden Vater, die vertraute Freundin. Und bleibt in dieser Haltung.

Das Wesen der Meditation besteht darin, die Nähe der liebenden Göttlichkeit zu suchen und darin zu schwelgen, die Liebe zum Schöpfer, zur Liebe selbst einzuüben.

Möge die Liebe bei diesen segensreichen Bemühungen euer Führer sein.

Ich danke Dir, Meister, für diese wunderbare Meditation. Sie fühlt sich an wie eine Begegnung mit jemandem, den wir lange nicht gesehen haben und nach dem wir uns in der Tiefe unseres Herzens sehnen, eine Begegnung mit einem, der uns liebt, von dem wir kommen und zu dem wir einst zurückkehren.

Genau so ist es! Von Gott kommt ihr, und zu Gott kehrt ihr zurück. Mit Hilfe der beschriebenen Meditation können die geliebten Kinder nach Hause unter die Fittiche der Eltern, ihrer geliebten Freunde, zurückkehren.

Ich möchte noch nach der Form des geliebten Schöpfers fragen, Meister.

Wählt die, die euch am nächsten steht, eine, die ihr lieben könnt und die keine Angst in euch auslöst. Der Schöpfer ist das am innigsten liebende und liebenswerteste Wesen im All.

Können als liebende Göttlichkeit die Gestalten von Jesus, Rama, Krishna, Shiva, Buddha, die Mutter Gottes oder Sai Baba angenommen werden?

Ja, ja, ja. Alle stammen aus der Quelle der Liebe.

Wie lange sollte die Meditation dauern?

> Übt anfangs ungefähr zehn Minuten. Wenn ihr gut darin verwurzelt seid, könnt ihr versuchen, ständig bei Gott zu bleiben und Ihn um Liebe, Inspiration und Hilfe zu bitten, … immer, … zu jeder Zeit.
> Sofort nach dem Aufwachen setzt euch für ein paar Minuten zur Meditation und wendet euch an die Liebe. Lernt, Gott den ganzen Tag voller Liebe anzulächeln. Obwohl man Ihn nicht sehen kann, ist Er doch ständig anwesend. Wenn ihr es vergesst, macht euch keine Sorgen. Richtet euch mit Freude an die Liebe, mit einem Lächeln, in Glück und Leid, in Gesundheit, aber auch in Trauer und Krankheit. Sprecht mit Gott in schwierigen und extremen Situationen, wenn alles bestens ist oder alles zerfällt. Egal, ob ihr lauft oder mit dem Auto fahrt, beim Schaufensterbummel, bei der Arbeit oder vor dem Fernseher, beim Frühstücken oder Telefonieren, immer könnt ihr tief durchatmen und für einen Augenblick in die Arme des liebenden Freundes zurückkehren. Merkt euch, immer, zu jeder Zeit ist Einer da, der euch mit Liebe erwartet und an den ihr euch halten könnt. Er ist immer bereit, Er wartet immer, immer, denn Er ist ein wahrer Freund.

Danke Dir, teurer Baba, für diese wahrhaft wunderbare Meditation. Du zeigst Dich in ihr so nah und liebevoll.

> So solltet ihr über Mich denken, als Liebe.

Bei dieser Meditation werden wunderbare Gefühle wach.

> Das geschieht, weil ihr euch Mir nähert. Kommt heran, umarmt Mich und bleibt bei Mir. Man kann nicht einfacher meditieren. Liebt und meditiert, meditiert und liebt. Diese Gewohnheit wird euch zu einer Quelle ganz wunderbarer Ereignisse und Erlebnisse. Euer Leben verändert

sich, dass ihr es nicht wieder erkennt. Ich liebe euch. Ich bin ständig mit euch, in euch und um euch.
Liebe ist alles, was existiert. Liebe ist Gott. Bleibt in der süßen Liebesumarmung.

Heute Morgen setzte ich mich zur Meditation. Kaum bat ich den Meister um Nähe und Führung, da erschien folgendes Bild:
Ich befinde mich im Waggon einer Bergbahn, die zum Gipfel unterwegs ist. Durch das Fenster schaue ich auf wundervolle, schneebedeckte Bergspitzen, eine atemberaubende Landschaft. Ringsum spüre ich die Ruhe eines sonnigen Wintertages und in mir ist große, tiefe Freude. Immer wenn ich in den Bergen sein kann, freue ich mich wie ein Kind. Ich schaue auf den Boden. Dort stehen etliche Schuhe, in denen man in den Bergen gut laufen kann, alle neu und von ausgezeichneter Qualität. Da stehen Schuhe für Männer und Frauen, aber auch ganz kleine. Ich ahne wohl, was diese Bilder bedeuten, möchte mir aber die wunderbare Möglichkeit nicht versagen, Dir, lieber Meister und Freund, eine Frage zu stellen. Bitte erkläre mir, falls Du es möchtest, was diese Bilder bedeuten.

Meditation führt auf den Gipfel, jenseits dieser Welt, wohin nur wenige gelangen. Sie hilft leicht hinweg über Schwierigkeiten und Unwegsamkeiten, die Bergexpeditionen begleiten. So schwebt ihr ohne die leiseste Anstrengung über edle, aber steile Bergpfade.
Die vielen Schuhe in allen Größen weisen darauf hin, dass Meditation in jedem Alter möglich ist. Qualität und die Tatsache, dass sie für Bergwanderungen geeignet sind, zeigen die gute Vorbereitung für einen Streckenabschnitt, der zu Fuß bewältigt werden muss. Dafür hat jemand Sorge getragen, Er kümmert Sich um alles, was unterwegs benötigt wird. So handeln Freunde.

Ich danke Dir, Meister, für die herrliche Deutung.

Du brauchst Mir nicht zu danken. Schreib nur alles auf, damit jene Meine Worte erreichen, die Ich liebe - zum Beispiel Dich, der du diese Zeilen gerade liest.

Erste praktische Anwendungen der inneren Hinwendung zur Göttlichkeit

Werdet euch bewusst, dass Gott in eurem Herzen wohnt. Er war immer dort und ist Liebe. Die Liebe ist der höchste Gott. Er ruft euch zur Vereinigung mit Ihm in Liebe und Hingabe. Dieses Wissen ist in der ersten Phase völlig ausreichend. In einem weiteren Schritt wendet euch an euer eigenes Herz, um Hinweise, Inspirationen und Hilfe beim Lösen der vielen quälenden Probleme zu erhalten. Gott ist in eurem Herzen. Er hört alles, nur schweigt Er seit einiger Zeit.

Aber der Tag wird kommen, an dem Er Sich zu erkennen gibt. Fragt euer Herz, was zu tun oder zu sagen ist und lernt, auch danach zu handeln. Schiebt eigene Ideen beiseite. In Meditation und Gebet bittet im Herzen und wartet geduldig auf eine Antwort.

Sie kann sich in verschiedene Formen kleiden: Als Vision, Traumbild, subtile Wahrnehmung, Intuition oder eine stille, nur im Herzen hörbare Stimme der Liebe. Öffnet euch für die Göttlichkeit. Sie soll entscheiden, in welcher Form und wann die Antwort auftaucht. Seid geduldig! Gelingt es nicht beim ersten, zweiten oder zehnten Mal – beim zwanzigsten Versuch erfolgt eine Antwort.

Das Lernen wird euer ganzes Leben und darüber hinaus andauern. Ihr könnt jederzeit damit beginnen, niemand muss davon erfahren.

Fragt Mich in euren Herzen um Rat, besonders dann, wenn Ihr schwerwiegende Lebensentscheidungen zu treffen habt. Setzt euch hin zur Meditation. Beruhigt den Verstand und bemüht euch um liebevolle Hinwendung zu Gott. Seid bereit, jede sich einstellende Antwort zu akzeptieren. Wenn ihr mit Offenheit fragt, ohne emotionellen Druck in eine bestimmte Richtung auszuüben, bekommt ihr sicher einen Hinweis. Folgt ihm. Fragt die Höchste Liebe und dann – handelt mit Liebe.

Wollt ihr mit jemandem über die in der Meditation empfangene Information sprechen, vermeidet zu sagen, ihr hättet sie von Mir gehört. Sprecht von Intuition und eigenen inneren Empfindungen. Euer Ego könnte Mich auf diese raffinierte Weise für seine Ziele ausnützen wollen. Beruft euch auch nicht auf Meine Stimme in eurem Herzen, um dann anderen zu sagen, was sie tun sollen.

Meine Antworten sind nur für euch bestimmt! Auch wenn ihr etwas über andere erfahrt, verbiete Ich euch, Meine Worte auszunützen.

Was Ich sage, klingt hart und definiert ganz klare Regeln. Zweifelt trotzdem nicht daran, dass es Worte der Liebe sind. Tagtäglich täuschen viele Menschen andere und sich selbst mit der Behauptung, sie seien Meine Botschafter. Um wahrhaftig Mein Bote zu werden, muss man sehr, sehr viel durchmachen. Konzentriert euch auf die Liebe zu Gott, euren eigenen Weg zu Ihm und auf gute Werke. Alles andere ist zu gefährlich für euch.

Baba, kann ich etwas fragen?

Keine Angst, frage.

Aus dem, was du sagst, ziehe ich den Schluss, dass viele Leser schon bereit sind, Deine Anwesenheit in ihren Herzen zu entdecken und die Lehre, wie man Deine Eingebungen nutzen soll, verstehen können.

Ja, eine Menge werden im Augenblick, in dem Ich das Buch in ihre Hände lege, schon bereit sein. Sie werden Mich in ihren Herzen finden und beginnen zu lernen, wie man leben soll und wie man mit dem sie liebenden Schöpfer gemeinsam spielen kann. Viele werden gänzlich mit Mir verschmelzen.

Das sind wunderbare Worte. Ich danke Dir, dass ich sie aufschreiben darf.

Die Liebe sucht sich in dieser Welt allein Wege, um das Bewusstsein der Menschen anzusprechen. Sie will sie zur Quelle, die im Innern ist, geleiten. Dort befinden sich alle Ant-

worten und alle Liebe. Die Welt ist das Problem und Gott ist die Lösung. Wenn ihr diese Tatsache klar erkennt, schreitet ihr weiter bis zur Einheit mit dem Schöpfer in Liebe.
Liebe, Liebe, Liebe! Mögen Liebe und Güte den Sieg davontragen.

Baba, darf ich an dieser Stelle die Meditation beschreiben, die Du mir gezeigt hast?

Ja, tu das.

Ich weiß nicht, warum sie mir gerade in den Sinn kommt.

Es ist einfach der richtige Augenblick.

Vor einiger Zeit, während ich meditierte, erschien in meiner Herzgegend eine Lichtkugel. In ihrem Innern sah ich Dein Gesicht. Vom Herzen ausgehend strahlte das Licht auf alles ringsum. Es strömte weit hinaus zu bekannten und unbekannten Menschen. Ist diese Meditation allgemein empfehlenswert?

Ja! Die Liebe lebt als Licht in euren Herzen. Die Zeit ist reif, Sie dort zu finden und sich von Ihrer Stimme leiten zu lassen. Liebe, Licht und Göttlichkeit – all diese Worte weisen auf die eine Realität hin. Wendet euch an Sie, findet Sie.

Wie könnte eine Vorbereitung zu dieser Meditation aussehen? Wie lange soll sie dauern?

**Anfangs genügen zehn bis zwanzig Minuten vollkommen. Später kann man sie auf alle Beschäftigungen im Laufe des Tages ausdehnen bis zum völligen Bewusstwerden des Lichtes im Herzen. Sie ist die Quelle aller Inspirationen und Veränderungen in eurem Leben.
Was die Vorbereitung betrifft: Sitzt gerade und atmet gleichmäßig. Das ist alles. Schaut im Licht auf die Gestalt, in welcher Ihr die Göttlichkeit verehrt.**

Für mich bist Du das als Sri Sathya Sai Baba.

Es kann so bleiben. Für andere mag die erwählte Gestalt Maria, die Mutter Gottes, Jesus, Rama oder Buddha sein. Lasst euch von der Liebe führen. Füllt alles, was ihr tut, mit Liebesenergie. Arbeitet für andere, arbeitet für die Göttlichkeit - das befreit und erhebt.

Dürfen wir Dir während der Meditation Fragen stellen?

Selbstverständlich! Aber Fragen und Antworten sind nicht das Wichtigste. Viel wesentlicher ist die Liebe, die ihr durch die Meditation lernen könnt. Antworten kommen und gehen, nur die Liebe ist von bleibendem Wert. Die Liebe, die ihr in den Herzen findet, ist Gott. Er ist das Licht, das das All belebt. Es ist der Schöpfer in der Form, die Er angenommen hat, um sich der Welt der Erscheinungen kundzutun, ein reiner Geist der Liebe.

Liebe fließt aus Deinen Worten. Ich fühle sie sehr deutlich als starken Strom, der geradewegs ins Herz trifft, manchmal sogar schmerzhaft.

Das ist ein gutes Zeichen. In der Meditation können viele Phänomene auftreten. Man soll sie aber nicht beachten. Die Liebe hat immer die Übersicht, und alles ist in Ihrer Obhut. Wenn irgendetwas nicht so ist, wie es sein sollte, wendet euch um Hilfe an Sie. Das ist der beste Rat für Meditierende.

Baba, möchtest Du der Beschreibung noch etwas hinzufügen?

Ja, einen zweiten Teil. Wenn sich das Licht durch euch ringsum ausgebreitet hat, stellt euch vor, wie es von allen Seiten zurückfließt und als kleine Kugel in die Herzgegend einströmt.

Gibt es Mantren, die diese Meditation begleiten könnten?

Ja! Unterstützend wirken „Om Namah Shivaya" - „Ich verneige mich vor Dir, Shiva" oder „Loka Samasta sukino Bhavantu" - Mögen alle Wesen in allen Welten glücklich sein.

Ich danke Dir, Baba, für die schönen Worte. Ist das alles, was die Meditation des Lichtes im Herzen betrifft?

Vorläufig genügt das. Später kommen wir auf dieses Thema zurück. Im Moment braucht ihr nicht mehr zu erfahren. Der Schlüssel zur Liebe ist Praxis, nicht Anhäufung von Wissen.

Einsamkeit

Wenn du ganz allein bist und niemanden hast, mit dem du reden kannst, aber eigene Probleme besprechen möchtest, oder wenn Zweifel dich befallen, denk daran, das Ich immer direkt neben dir bin. Sprich mit Mir, lass Mich teilhaben an deiner Unsicherheit und dem Anliegen, das dir auf der Seele brennt. Ich höre dir geduldig zu und helfe dir auch, wenn du Mich darum bittest. Behandle Mich wie einen engen, vertrauenswürdigen Freund. Unterhalte dich mit Mir wie mit einem absolut zuverlässigen und treuen Vertrauten. Rede, öffne dich, auch wenn du Meine Antworten noch nicht hören kannst, Ich bin da, Ich achte auf dich und liebe dich. Ich liebe dich, höre dir zu und handele. Ich liebe und handele.
Lerne, Mir deine Probleme anzuvertrauen. Gewöhne dir an, sie mit Mir zu besprechen und um Meine Unterstützung zu bitten. Merk dir: Die Welt ist das Problem, Gott ist die Lösung.
Ich weiß, dass du Mein Angebot hundertmal vergisst. Das macht nichts. Hauptsache, Ich bin aufmerksam. Meine Hilfe ist konkret und messbar, obwohl du sie nicht immer als solche siehst und Mir zuschreibst.

Aber auch darauf kommt es nicht an! Du brauchst nicht viel über Mich zu wissen, um von Mir geliebt und gesegnet zu sein. Ich muss Mich umgekehrt auch nicht zur Schau stellen und den ersten Platz einnehmen, wie es die meisten Menschen gern tun. Ich bin total zufrieden mit dem letzten Rang. Wenn jemand anders sich mit Meinen Federn schmückt, umso besser. Ich liebe dich ohne einen Schatten von Eigennutz oder dem Wunsch, etwas zurückzubekommen. Ich bin dein Freund, der einzige, den du in dieser und in der anderen Welt hast. Komm zu Mir! Lass uns reden.

Meister, als ich Deine Worte niederschrieb, kam mir der Gedanke, dass Du nicht alle Wünsche erfüllst...

Ein liebender Vater, der dich wirklich gern hat, gut versteht und außerdem über eine größere Lebenserfahrung verfügt, wird nicht alle deine Wünsche erfüllen, weil er weiß, dass die Mehrzahl eher schädlich für dich ist.
Er wird dir nur geben, was dir Gutes einbringt und deine Entwicklung begünstigt. Dein Vater möchte Liebe und Glück für dich, also unvergängliche Werte, die hell im Herzen brennen und in dieser und der anderen Welt deinen Weg auf ewig beleuchten. Schon die bloße Hinwendung zur Göttlichkeit gibt euch sehr viel. Sie verhindert, dass ihr all eure Probleme und deren Begleiterscheinungen zu intensiv erlebt.

Vision von Gott
Wie möchte Gott gesehen werden?

Göttlichkeit, das ist süßeste Liebe und Güte.
Göttlichkeit ist Glück und Freude, höchster Wert, die Hingabe an die größte Liebe. Göttlichkeit durchdringt das All wie ein unsichtbarer Strom und beschenkt es mit Sein und Glück.

Göttlichkeit ist wie ein mächtiger Fluss, aus dem alle Wesen in jedem Augenblick schöpfen können, wenn sie danach verlangen.

Göttlichkeit ist immer nahe, näher, als jede Vorstellung vermitteln kann.

Göttlichkeit ist beschirmende Liebe, die Formen erschafft und sie erhält, bis sie die ihnen zugeteilten Aufgaben erfüllt haben und man sich von ihnen trennen kann.

Beide Welten, die ihr noch als voneinander getrennt empfindet, sind in Wirklichkeit eine, nur eine einzige Welt. Euer Denken ist an körperliche Wahrnehmungen gebunden und spaltet das Unteilbare in der Meinung, es sei ein vom „Ich" Verschiedenes, ein Sein getrennt vom Ganzen. Aber gerade die Wahrnehmung dieser Trennung ist unwahr. Da existiert keine Vielfalt und keine Spur von Abgesondertsein. Die Vielen sind bloße Schatten auf einer Leinwand, die von den Flammen der Liebe erfasst ist.

In Wirklichkeit gibt es weder Schatten noch Leinwand; es gibt keine Vielfalt, kein Getrenntsein. Es existiert kein Abstand oder irgendeine Spaltung. Es gibt nichts, woran der Verstand anhaften könnte. Da sind keine verschiedenen Seinsformen und Erscheinungen, nur der eine, einzige Seinszustand: die höchste Liebe. Ein wahrer, einziger Mensch, eine Seinsform, nämlich Göttlichkeit, so, wie Sie ist: Licht.

Göttlichkeit ist die reine, ursprüngliche Quelle des Ichs, der Höchste Gott, das Original. Er ist das Urwort, das am Anfang war und noch immer klingt. Es erschafft das All und gibt ihm den Sinn, der Gipfel der Gipfel, das Tal der Täler und alles, was dazwischen und drüber hinaus existiert.

Du bist Das.

Du bist die Erde, die Sonne, der entfernteste Stern.

Du bist die unvorstellbar große Weite des Kosmos, angefüllt mit süßem Liebesnektar und Hingabe.

Du bist das Eine, Du warst schon am Anfang.

Du dauerst jetzt an und wirst am Ende sein.

Du bist die Ewigkeit, das Licht und die Weisheit.

Du bist die Stille der Äonen, der Blick ohne irdische Augen. Du bist die Macht, die staunend immer neue Wesen erschafft und neue Universen ins Dasein ruft.

Hunderte, Tausende von Weltenräumen existieren im ewigen Jetzt, außerhalb von Zeit und Raum. Ihre Schönheit ist unvorstellbar, und all das bist Du, eine Reise von der Liebe zur Liebe.

Wandle dich, um das Unveränderliche erkennen zu können. Du, Mensch, bist das alles. Du gleichst nicht nur der höchsten Göttlichkeit, du und Ich sind Eins. Das ist die Wahrheit, aus der alle anderen hervorgehen, die Mutter aller Wahrheiten, geehrt von Weisen aller Zeiten.

Krankheit – Problem oder Segen?

Eure Zivilisation betrachtet Unwohlsein und Krankheiten als einen Fluch des Himmels. Jährlich fließen Milliarden in Gesundheitsfürsorge und die Versorgung mit Medikamenten. Das Geld ist in vielen Fällen vollkommen unnötig investiert. Dieses Thema könnte in einem anderen Buch gesondert behandelt werden.

Unter spirituell orientierten Menschen haben Krankheiten eine gänzlich andere Bedeutung. Ich werde hier karmische Zusammenhänge unberücksichtigt lassen, also Krankheiten, durch die ihr aufgrund früherer Taten hindurchgehen müsst. Körperliche Krankheiten unterstützen oft die innere Transformation, indem sie bewirken, die Welt, sich selbst und Gott auf neue Weise wahrzunehmen. Und hier meine Ich nicht nur lebensbedrohliche Situationen, die natürlicherweise Gedanken über die letzten Dinge provozieren. Auch eine gewöhnliche Grippe kann für euch zum Segen werden und helfen, die Ketten der Vergangenheit abzustreifen. Während eines Fiebers werden einige psychische und mentale Funktionen stillgelegt, und das eröffnet Möglichkeiten zu Veränderungen. Wenn ihr euch also für einen Weg zu Mir entscheidet, solltet ihr euch damit abfinden, dass ihr euch ab und zu scheinbar grundlos nicht ganz wohl fühlt. Versteht es als Meine Gnade. Die meisten Unpässlichkeiten verdienen gar keine Aufmerksamkeit. Sie kommen und gehen, lassen euch aber gereinigt zurück.

Ist es nicht etwas heikel, unter diesem Aspekt den Arzt in Anspruch zu nehmen?

Nein, das ist überhaupt kein Problem. Lasst den Arzt kommen, wenn ihr das Bedürfnis habt. Eure Medizin ist zwar nicht allzu weit entwickelt, aber in vielen Fällen reicht sie völlig aus.

Kannst Du bitte dieses Thema näher erörtern?

Ja, gerne. Es geht Mir nicht um angesammelte Informationen, sondern auch um die Fähigkeiten der Person, die sie anwendet. Ihr sollt einfach wissen, dass es nützlich ist, einen guten Arzt zu finden, der über den Tellerrand seines Fachgebiets hinausschauen kann. Wenn er nicht helfen kann, erinnert euch, dass noch eine andere höhere Instanz existiert, an die ihr euch immer um Beistand wenden könnt. Sei es, dass es darum geht, einen guten Spezialisten zu finden oder dass Ich Mich um die Sache auf Meine Weise kümmere.

Viele finden es zu riskant, sich vollkommen Dir zu überlassen.

Das ist wahr. Sie fürchten um sich selbst. Aber so etwas verlange Ich gar nicht von euch. Handelt, wie ihr es für richtig haltet. Natürlich könnt ihr Mich manchmal nach Meiner Einschätzung fragen.
Ihr habt viele falsche Götter. Einer von ihnen ist euer Körper, sein Zustand und seine Gesundheit. Auf diesem Altar opfert ihr jeden Tag hunderttausend Tiere. Dafür werdet

ihr irgendwann auch bezahlen müssen, und die Folgen
werden gar nicht angenehm sein.

Wie geht man also am besten mit dem eigenen Körper und dessen
Gesundheitszustand um?

> Zuerst herunter vom Altar mit eurer Körperlichkeit! So-
> fort wird euer Leben viel leichter. Ihr seid nicht der Kör-
> per! Hört auf, andere Wesen im Namen eures falsch ver-
> standenen Wohls zu vernichten. Wendet euch an den lie-
> benden Schöpfer. Er soll euer Leben in Ordnung bringen
> und euch auch in Zukunft lenken. Er möge euch in Seine
> liebende Obhut nehmen und euch das geben, was Er für
> nötig und gut hält, nicht das, was ihr, die Gesellschaft oder
> die Welt für nützlich erachtet.

Nur noch eine Frage!

> Bitte. Ich höre.

Ich möchte das Thema „vegetarisch leben" anschneiden.

> Wir haben darüber im ersten Teil genug gesagt, und Ich
> sehe keinen Grund, es wieder aufzugreifen. Einst werden
> ausschließlich Menschen diesen Planeten bewohnen, die
> kein Tierfleisch essen und auch in keiner Weise das Leiden
> und den Tod anderer Wesen ausnutzen. Das Leben und al-
> les, was euch begegnet, ist ein göttliches Geschenk! Lächelt!

Erste Begegnungen mit der Liebe

Ich erinnere mich, als mein Lehrer mir zum ersten Mal zeigte, wie
ich ruhig werden und ein Gespräch mit dem inneren Meister führen
könnte. Damals ahnte ich nicht, dass diese Übungen mein Leben
völlig verändern würden. Dann dauerte es noch etwa zehn Jahre, bis

ich herausfand, mit wem ich mich da unterhalte. Aber greifen wir den Ereignissen nicht vor.

Wir begannen damals mit einer tiefen Muskelentspannung und einigen energetischen Übungen. Sie sollten helfen, den Verstand zu beruhigen und den Gedankenprozess zu stoppen. Nach einer Weile tauchte ich in eine tiefe Stille. Das Gehirn stellte seine Aktivität ein. Es ruhte ohne die Spur eines winzigen Gedankens.

„Stell dir vor, du bist auf einer Wiese, irgendwo weit weg in einem Wald... Du siehst Gräser, Pflanzen, Blumen. Schau dich um, vielleicht ist jemand bei dir?" –

Der Lehrer sprach mit einer sanften leisen Stimme. Ich sah eine Wiese und darauf eine Art runde Scheibe, angestrahlt von einem Licht. In der Mitte der Scheibe stand ein Mann mittleren Alters mit kurz geschorenen Haaren und einer weißen Jacke. Er lächelte. Das milde Licht aus der Höhe warf einen Glanz auf sein Haupt.

Ich fühlte, dass dieser Mensch einmal wichtig für mich gewesen war. Dennoch hatte ich den Eindruck, ihn zum ersten Mal zu sehen. Aber mein Herz kannte die Antwort, ohne dass ich mir überhaupt einer Frage bewusst war.

Mein Lehrer sprach ruhig weiter.

„Wenn jemand da ist, stell ihm die Frage: **Wer bist du?**"

Ich brauchte keine Frage zu formulieren, so schnell kam die Antwort. Ohne jeden Zweifel lautete sie: **„Ich bin der Meister"**.

Es verwunderte mich nicht, vielmehr war ich voller Freude. Der Lehrer sprach weiter:

„Frag ihn: **Wobei kannst Du mir helfen?**"

„Bei allem."

Wieder kam die Antwort, bevor ich die Frage zu Ende gestellt hatte, so, als kenne Er bereits ihren Inhalt. Dieses Phänomen wiederholte sich dauernd. Dann fühlte ich zum ersten Mal die Liebe der Gestalten, die aus dem Reich des Geistes kommen. Die Meister – ich hatte die Empfindung, es seien sehr viele – waren niemals nervös, nie böse, immer voller Ruhe und innerer Freude.

Nach dieser ersten Begegnung sprach ich Hunderte, vielleicht Tausende von Malen mit ihnen. Über alles konnte ich mit ihnen reden. Mich interessierte, wie das Weltall konstruiert ist, aber ich brauchte auch Hilfe beim Suppekochen. Das mag komisch klingen, aber für einen Mann sind solche Dinge manchmal problematisch. Oft waren die Informationen wirklich erstaunlich.

Im Laufe der Zeit lernte ich die Welt der Meister etwas besser kennen. Ich erinnere mich, wie ich mir einmal lange den Kopf zerbrach um zu verstehen, auf welche Weise die Meister der Menschheit helfen.

Am häufigsten empfing ich Antworten in Form von Gedanken, die jenseits meines Verstandes auftauchten. Mir wurde ein flüchtiger Einblick in die Lösung gewährt, ein plötzliches Vorgefühl, das Sicherheit vermittelte, wie ich weiter verfahren solle, ein Schimmer von Intuition.

Meistens ist uns nicht bewusst, dass der geniale Gedanke, den wir uns zuschreiben, eigentlich von jemandem stammt, der uns behütet und viel Liebe für uns empfindet. Manchmal trat auch nach meiner Frage Schweigen ein, aber gleich am nächsten Tag fiel mir dann ein Buch in die Hände, in dem ich „zufällig" irgendeine Stelle las, die genau zu meiner offenen Frage passte. Bücher fungieren oft als Helfer, manchmal auch Filme, und ab und zu bekam ich auch durch ein Gespräch mit irgendjemandem die Antwort, die ich suchte.

Für mich sind es alles Beweise, dass die Meister auf uns aufpassen, keine noch so kleine Frage offen lassen und jederzeit zur Hilfe bereit sind. Es kam auch vor, dass sie in Träumen erschienen.

Wenn man versuchen möchte, diese Lehrer in unserem kulturellen Kontext zu beschreiben, könnte man sie sich am ehesten als Engel oder körperlose Wesen vorstellen, als Menschen, die schon vor langer Zeit in den geistigen Bereich hinüber gewechselt sind, oder möglicherweise niemals auf der Erde gelebt haben.

Alles, was sie taten, war voller Liebe, obwohl ich das erst nach Jahren verstand Langsam bahnte sich die Liebe einen Weg in mein Leben, und Ihre Pfade waren mehr als rätselhaft.

Rätselhafte Wege der Liebe, sagst du. Sie mögen für euch unverständlich sein, sind aber voller Logik. Um diese zu durchschauen, müsstet ihr Einblick in längst vergangene Ereignisse nehmen, - einige liegen Tausende von Jahren zurück. Das, was wie Zufall aussieht, ist in Wirklichkeit die Folge eines vollkommenen Plans, dessen Wurzel in eurem Karma und Dharma liegt.

Karma ist das Ergebnis von Ursachen, die sich in dieser oder jener Form als Folgen in eurem Leben zeigen müssen. Karma ist aber nicht stärker als Gnade. Es ist sogar so, dass es von ihr in enormem Ausmaß begrenzt wird.

Dharma ist die Aufgabe, zu der ihr berufen seid. Im weiteren Sinn ist Dharma die Rückkehr zur Göttlichkeit und die Fähigkeit, sich in diesem Leben, im nächsten und auch im Zwischenbereich von ihren Eingebungen leiten zu lassen.

Teurer Meister! Welche Überschrift soll dieses Kapitel bekommen?

Erste Begegnungen mit der Liebe.

Ich werde sie gleich einfügen.

Meditation als Weg in die Freiheit

Vor Jahren geleitete mein Lehrer mich zum ersten Mal in einen Zustand tiefer Trance, und ich erinnere mich an den bewussten Kontakt mit Dir... Er forderte mich während der ersten Sitzung oder unmittelbar danach auf, Dir irgendeine Frage zu stellen und um eine Antwort in Gestalt eines Bildes zu bitten. Nach Beendigung der Meditation wurde alles detailliert besprochen, aber dieser Teil fand keine Berücksichtigung.

Frage und Antwort waren sofort klar für dich.

Ja.

Ich hatte also keinen Grund, diesen Punkt eigens zu erläutern.

Du hast damals mit mir gesprochen? Dieser Mensch hatte tiefe Einblicke in mein Leben und meine geistigen Bedürfnisse. Sogar Ereignisse, von denen Er auf natürliche Weise keine Kenntnis haben konnte und die mit mir in Zusammenhang standen, waren Ihm vertraut..

Ich war es, der durch Ihn sprach. Erzähle, was du gefragt hast, denn Ich habe einen Grund, dich heute daran zu erinnern.

Ja, ich danke Dir. Ich weiß nicht, warum mich dieses Bild schon seit gestern verfolgt. Nun beginne ich zu verstehen.
In jener Meditation fragte ich nach der Bedeutung der Übungen, die ich gerade kennen gelernt hatte. Als Antwort erschien das Gemälde von Eugene Delacroix: „Die Freiheit, die das Volk auf die Barrikaden führt", und ich verstand den Hinweis auch sofort: diese Übungen sind ein Weg in die Freiheit.

Freiheit wovon?

Vom eigenen Selbst und der Welt.

Ja, Freiheit hin zur Liebe.

Einige Jahre später erinnerte ich mich, dass ich Dich einmal während der Meditation fragte, welchen Wert und welche Bedeutung Meditation und Verbeugung vor Dir eigentlich hätten; ob sie geeignete Mittel seien, die Vereinigung mit der Liebe herbeizuführen. Ich hatte meine Frage noch nicht ganz beendet, da sah ich innerlich die New Yorker Freiheitsstatue. Erst nach einer Weile verstand ich Deine Antwort. Seit dieser Zeit praktiziere ich diese Übung häufig.

Und mit gutem Erfolg!

Vier große Geheimnisse

Stell dir vor, du bemerktest eines Tages, dass du in einen muffigen, warmen Keller eingeschlossen bist. Durch ein kleines Fenster mit einer schmutzigen Scheibe fällt

manchmal etwas Licht. Ab und zu hört man irgendwelche Stimmen und die Schritte draußen vorbeigehender Leute. Du weißt nicht, wie du hierher gelangtest, wer du bist, oder woher du kommst. Deine ganze Vergangenheit ist vergessen. Du kannst dich an nichts erinnern.

Manchmal besucht dich jemand von außerhalb, aber weil du an die Finsternis gewöhnt bist, die nur selten in ein Halbdunkel übergeht, verstehst du nicht, was er über die jenseits deines Verließes liegende Welt erzählt, über das Licht, das dort leuchtet.

Erhebe deinen Blick! Ich weiß, wie schwer es fällt, dir eine andere Welt vorzustellen, wie schwer es ist, den eigenen Weg zu finden.

Deshalb möchte Ich dir einige Geheimnisse verraten, deren Botschaft du zu gegebener Zeit gebrauchen kannst.

Das erste betrifft deine geistige Entwicklung. Sei von heute an gewiss: Wenn du Mich darum bittest, übernehme Ich die volle Kontrolle über deine weiteren Fortschritte. Ich werde die Dinge so fügen, dass du auf diesem Weg in rasantem Tempo vorwärts kommst. Es genügt, wenn du das magische Wort aussprichst: „Ich bitte Dich, Meister". In diesem Moment leite Ich entsprechende Maßnahmen ein. Das ist unser erstes Geheimnis.

Das zweite betrifft deine geistige Arbeit. Beginne mit einer der Meditationen, die in diesem Buch beschrieben sind. Bitte deinen Göttlichen Freund um einen Hinweis, welche für dich am geeignetsten ist. Wende dich an die allgegenwärtige Göttlichkeit. Manchmal wirst du fühlen, wie Ihre Antwort aus deinem eigenen Herzen kommt. Dort ist der Ort, an dem Ich die Menschen anspreche. Ihr seid alle in Mir, seid alle Mein Selbst, auch die Pflanzen, Tiere, der gesamte Kosmos voller Liebe und Güte.

Sprich zu Mir mit Worten der Liebe wie zu einem Freund, zu einem, den du sehr liebst. Bitte, dass Ich deine Angelegenheiten auf Meine Weise füge, dass Ich sie mit dir zusammen erledige und manchmal sogar statt deiner. Denn so etwas kann Ich auch bewerkstelligen. Ich tue es auch. Das ist unser drittes Geheimnis.

Erinnere dich: Dein tiefstes und liebevollstes Selbst, das immer mit der Göttlichkeit vereint ist, erschien in deinem Leben. Es übernimmt einen Teil deiner Pflichten, Belastungen und Mühseligkeiten. Wenn du dich mehr und mehr auf Mich konzentrierst und dich mit Liebe an Mich wendest, ermöglichst du Meine Zusammenarbeit mit dir, Mein Wirken in dir und durch dich. Das ist das dritte Geheimnis.

Das vierte ist die Krönung aller vorangegangenen. In Sammlung und Gebet wende dich dem Geliebten Göttlichen zu und bitte, mit Seiner Macht ausgestattet zu werden, der Macht der Liebe, des Glücks, der Freude und Güte. Sie wird alle Verunreinigung, - das Bild der Kellerwände, - auflösen und deren Stelle einnehmen. Mit der Zeit kannst du allmählich den anfangs noch schwachen Glanz der Sonne sehen. Dann wirst du verstehen, wovon die Leute sprachen, die dich einst im Keller besuchten.

Du und der liebende Schöpfer sind eine ungeteilte Einheit in Liebe, Glück, tiefer Hingabe und höchster Liebe.

Sai Babas Aura

Der riesige Airbus drehte noch eine Runde über dem Flughafen von Bangalore. Dann donnerten seine Räder auf den Asphalt der Landebahn, als habe er die Absicht, ihn in Stücke zu brechen. Auf der Gangway schlug mir die heiße Luft der indischen Nacht entgegen. Mein erster Gedanke war: „Zurück nach Hause! Das ist kein Ort für mich!" Das Thermometer in der Halle zeigte einunddreißig Grad Celsius und ein Blick auf die Uhr sagte mir: Zwei Uhr nachts! O Gott, wie heiß mochte es hier am Tag werden? „Ich will zurück!" dachte ich nur.

Einige Stunden später erreichte ich mit meinem Taxi den Ashram von Sathya Sai Baba in Whitefield. Das Nachmittagsprogramm hatte gerade begonnen, und ich fand einen Platz in den hinteren Reihen.

Ich erinnere mich, dass ich einige Minuten nach dem Eintreffen von Sai Baba einen starken Energiestrom spürte. Sofort fühlte ich mich besser, und meine Müdigkeit war wie weggeblasen. Seit dem Aufbruch von zu Hause waren achtundvierzig Stunden vergangen. Ich hatte aufgrund der Zeitumstellung eine schlaflose Nacht hinter mir, die Temperatur betrug vierzig Grad, dazu die Taxifahrt auf indischen Straßen - all diese Strapazen waren binnen kurzer Zeit vergessen. Dafür war ich voll überquellender Freude und Glück, etwas ganz Liebes, Erhebendes teilte sich mir mit. Niemals zuvor habe ich mich Gott so nahe gefühlt, und ich ergab mich völlig diesem Gefühl. Erst als ich bemerkte, dass die umsitzenden Inder mich aufmerksam anstarrten, trocknete ich den Tränenstrom und rang um Fassung. Vom ersten Tag an hatte ich das sichere Empfinden, endlich zu Hause, beim liebenden Vater daheim zu sein.

Während meines zweimonatigen Aufenthalts konnte ich vieles beobachten, wovon ich nun berichten möchte.

Der morgendliche Darshan, also das Erscheinen des Meisters, begann in Whitefield so gegen acht Uhr. Ich setzte mich unter das grüne Dach und fing an zu meditieren. Trotz der unerträglichen Augusthitze konnte ich die ungewöhnlich starke Energie spüren, die von der Anwesenheit Sathya Sai Babas ausging. Sie ließ mich alle physischen Unbequemlichkeiten vergessen. An diesem Morgen bemerkte ich wieder, dass ich die menschliche Aura sehen kann. Ähnliche Phänomene sind mir schon länger bekannt, und auch das war mir schon einige Male passiert. Ich stamme aus einer medialen Familie, in der übersinnliche Ereignisse nichts Ungewöhnliches sind. Ruhig schaute ich mich um. Die energetischen Felder der Menschen in meiner Umgebung waren sich ziemlich ähnlich. Deutlich konnte ich dunkle Energieschichten wahrnehmen, sechzig bis einhundertfünfzig Zentimeter dick, die die Körper umgaben. Farben waren nicht zu erkennen, eher dunkle Wolken konzentrierter Energien. Dann schoss mir ein glücklicher Gedanke durch den Kopf: Wenn ich in der Lage war, die Energiefelder der umsitzenden Menschen zu sehen, konnte ich vielleicht auch das von Sai Baba wahrnehmen? Gedacht, getan! Ich fokussierte meinen Blick auf den Meister, der vielleicht fünfzig Meter von mir entfernt auf einer Bühne saß. Welch ein ergreifender Anblick! Das war keine menschliche Aura! Sri Sathya Sai Baba bewegte sich im Zentrum einer riesig großen, leuchtenden Lichtkugel, einem Vulkan, der glühende Energien in Form von golden funkelnden blitzenden Strahlen ausstieß. Die Lichtkugel hatte einen Durchmesser von etwa fünfzig bis sechzig Metern, war aber nicht klar begrenzt, sondern erstreckte sich weit über das Dach des Ashrams. Goldene Funken erreichten die Menschen, die vor mir saßen und verteilten sich mit unwahrscheinlicher Geschwindigkeit im Raum. Ich war voller Staunen.

Rein äußerlich war Sai Baba ein menschliches Wesen; Seine energetische Erscheinung dagegen ähnelte in keiner Weise irgendjemandem, dem ich persönlich oder in der Literatur je begegnet bin. Die Verwunderung nahm mir die Sprache, ich erinnere mich nur, dass ich nach einer Weile der Beobachtung dieser Erscheinung den Meister fragte:

„Schaue ich Gott?"

Als Antwort ertönte ein herzliches Lachen.

Ja.

Träume

Heute Nacht träumte ich, dass dieses Buch in die japanische Sprache übersetzt wird. Ich war dermaßen beeindruckt, dass ich gleich vor Freude aufwachte.

Höre Ich hier irgendwelche Fragen?

O ja, Baba, Du bist so süß. Ich danke Dir dafür, dass Du da bist und liebst. Am meisten danke ich Dir für Deine Liebe.

Ich nehme den Dank an. Oft habe Ich den Wunsch, euch mit Mir zu beschenken, aber ihr erlaubt es Mir nicht. Schreib nun ein paar Sätze zum Thema, auf welche Weise die Menschen sich an Mich wenden können. Es wird ihnen helfen, den nächsten Schritt in Meine Richtung zu tun.

Ja, das werde ich mit Freuden tun. Geliebter Meister, was möchtest Du mitteilen?

Immer häufiger lässt du Deine Worte an Mich direkt aus dem Herzen fließen. Das bewerte Ich sehr hoch… Empfange Meinen Segen und die Versicherung, dass Ich all dein Handeln mit Meiner Anwesenheit begleite. Möge Liebe dein Führer und Ratgeber sein! Möge Sie in deinem Leben siegreich triumphieren! Möge Sie dein Leben erfüllen. Das ist Mein Wille. Sei gesegnet!

Baba, ich danke Dir für Deine Worte. Sie bedeuten mir sehr viel. Ich habe keine Ahnung, womit ich sie verdient haben könnte, wahrscheinlich gar nicht. Alles ist allein Dein Segen!

Ja! Meinen Segen kann man nicht verdienen, das wäre ein Geschäft, aber Liebe fließt frei. Liebe gibt! Ihr müsst nur annehmen können. Mögen euch Freude und Glück zuteil werden.

Ich denke über Deine Worte nach. Du weißt, wie es in mir aussieht. Wenn Du mir nichts eingibst, kann ich allein aus mir selbst nichts vollbringen. Könntest Du uns sagen, was es bedeutet, uns an Dich zu wenden? Auf welche Weise sollen wir es tun?

Gut! Hört zu! Ich bin immer ganz nahe. Es trennt uns gar nichts. Zwischen uns gibt es keine Entfernung, weder physisch noch auf andere Art. Ich bin euer Lebensatem. Ich bin der Teil in euch, der den Weg zu eurem Innern findet und zwar augenblicklich, wenn ihr euch auf Gott und Seine Liebe konzentriert. Eine Umkehr zu Gott kann viele Formen annehmen. Sie beinhaltet, sich selbst und alle Fähigkeiten Gott zu überlassen und Ihm jede vollbrachte Arbeit darzureichen. Meditiert mit dem Bestreben, Gott zu lieben und Ihm näher zu kommen. Stellt euch die göttliche Gegenwart vor und schmiegt euch liebevoll an Ihn. Seid wie Verliebte, die einander Liebe und Güte erweisen. Stellt jegliches Tun, jede noch so kleine Angelegenheit dem liebenden Gott zur

Verfügung. Überantwortet Mir eure Lasten, euren Kummer und alle Sorgen. Für Mich stellen sie keine Belastung dar. Ich trage alle Mühe, alle Liebe, die das Weltall in Wahrheit ist, auf Meinen Schultern.

Eigentlich wollte ich gar keinen Traum schildern, sondern über etwas ganz anderes berichten. Da ich aber nicht weiß, wo ich ihn einfügen könnte, passt er vielleicht auch in diesen Zusammenhang. Neulich blätterte ich aus beruflichen Gründen in einer Fachzeitschrift für Führungskräfte. Auf einer der letzten Seiten fand ich einen Artikel über ein neues Auto, das ausschließlich virtuell entwickelt worden war, und es gefiel mir. Der Preis war zwischen fünfzehn- und zwanzigtausend Euro angesetzt, und in Gedanken fragte ich mich, ob er für ein Auto gerechtfertigt sei. Da hörte ich im Herzen folgende Botschaft:
Dieses Geld solltest du lieber den Armen spenden, das wäre eine geeignetere Anlage für deine Finanzen als ein Autokauf. Menschen leiden und brauchen Hilfe. Warum denkt ihr nur an euch selbst? Ihr seid alle Eins.
Werbung will uns nur in die Falle unserer Wünsche locken. Nach langjähriger Arbeit gelang es den Marketingspezialisten endlich uns einzureden, dass unser Selbstwertgefühl direkt von unserem Besitz abhängt. Mit dieser Strategie verdienen sie eine Unmenge, denn der Mensch reagiert sehr stark, wenn er in diesen Bereichen angesprochen wird. Viele Leute sind heutzutage der Meinung, ihr Kontostand, Auto, Haus und Konsum spiegelten ihren Wert. Dieses falsche Denken hat zwangsläufig Enttäuschung und Leid zur Folge.

„Wünsche, begehre, besitze", so schreit es euch aus jeder Werbung entgegen, und ihr fallt darauf herein. Der liebende Schöpfer möchte etwas anderes!

Wir werden tagtäglich mit tausend Werbesprüchen bombardiert, aus dem Radio, Fernsehen, den Zeitschriften, auf den Straßen.

Aber wer zwingt euch, ihnen Aufmerksamkeit zu schenken? Es genügt, die Augen abzuwenden, den Blick nach innen zu richten und sich mit der Göttlichkeit zu verbinden. Tauscht eure Wünsche gegen Liebe ein. Ihr müsst nicht so oft fern-

sehen, niemand zwingt euch, das Radio einzuschalten. Diese Medien wecken eure niedrigsten Instinkte. Wertvolle und geistig aufbauende Programme haben Seltenheitswert. Aber auch ihretwegen sollte man dem Dämon der Medien nicht verfallen. Wendet euch lieber an die Göttlichkeit, an Ihre Liebe und betet inbrünstig um eine innere Vision statt fernzusehen. Das wird euch tausendmal reicher machen.

Wir haben also die Wahl, einem Menschen ein Auto zu geben oder der Liebe hunderttausend Möglichkeiten. Viele Menschen könnten lange Zeit für das Geld satt werden. So wäre es gut angelegt.

Was immer du auch verschenkst - gib es mit Liebe, ohne etwas zurückzuverlangen. Ihr seid eine Familie, sogar noch mehr als das. Alles was du spendest, schenke Gott. Stell dir vor, du reichst es Ihm. Tatsächlich kommt ja alles aus Seinen Händen und ist Sein Geschenk. Was kannst du Ihm also wirklich geben? Das Wertvollste ist Liebe, die aus dem menschlichen Herzen zu Gott fließt. Liebt die Göttlichkeit! Denkt an Sie, egal, in welchem körperlichen oder geistigen Zustand ihr seid.
Liebt, liebt, liebt! Das ist das wunderbarste Geschenk, das ihr Gott und der Welt machen könnt.

Während meiner Morgenmeditation bemühe ich mich ohne Unterlass, mein ganzes Sein der Liebe und Gott zuzuwenden. Meistens erweckt diese Übung wunderbare Gefühle, so auch an diesem Morgen. Auf einmal erschien eine Vision, die mein Interesse weckte. Jemand begann, etwas aus meinem Körper und Gehirn zu entfernen. Interessiert schaute ich, was es denn sei und zu meinem Erstaunen sah ich zuerst eine Wurst, dann viele Würste zu einem Bündel zusammengebunden: Bockwürste, Frankfurter, Wiener Würstchen, kleine und größere Exemplare, zum Schluss war da ein ganz schöner Haufen zusammengekommen. Ich begann mich ganz blöd zu fühlen und vergaß diesmal sogar, dem Meister für Seine Liebe und Gnade zu danken. Deshalb bedanke ich mich an dieser Stelle, Meister.

Ihr werdet zu dem, was ihr verzehrt.

In der heutigen Nacht träumte ich, dass ich Telugu, eine indische Sprache, lerne. Beim Lesen tauchten aus dem Buch zwei Jungen vor mir auf. Der eine war Krishna, der andere sein Bruder. Beide hörten ihrem Lehrer zu. Plötzlich war ich völlig in Liebe eingehüllt. Sie strömte zu mir, ich ertrinke in Ihr und löse mich völlig darin auf. Ein wunderbarer Traum. Ich danke Dir für diesen Traum und seine Deutung.

Dein Telugustudium symbolisiert das Erlernen der Sprache des gegenwärtigen Avatars. Du lernst zu lieben! Diese Lektionen verhelfen dir zu der Fähigkeit, lebendige Liebe zur Göttlichkeit zu empfinden, Krishna ist im Traum das Symbol dafür. Einst warst du Sein eifriger Anhänger. Heute zeigte Ich dir eine Spur, die zurück in die Vergangenheit führt, in eine gute Vergangenheit.

Jetzt probiere ich eine neue Form der Meditation. Ich fokussiere meine Aufmerksamkeit auf ein Photo des Avatars. Diese Übung ruft ziemlich ungewöhnliche Gefühlszustände hervor. Aus Deinem Bild strömen wunderbare Schwingungen von Liebe, Ruhe, Glück…

Ja, ja.

Wenn ich die Meditation eine halbe Stunde nach dem Erwachen praktiziere, bin ich wunderbar auf den neuen Tag eingestimmt. Einige Nächte später hatte ich folgenden Traum: Ich befinde mich in einer Realschule und rutsche so auf den Korridoren herum. Es macht mir große Freude. Obwohl es früh am Morgen ist, stehe ich plötzlich vor dem Direktor. Ich schaue ihn lächelnd an und sage: „Ach, wie gut ist es, den Schultag mit dem Direktor zu beginnen." Gleich danach möchte ich mir die Zunge abbeißen, denn ich habe plötzlich Angst, dass meine Worte als Einschmeicheln gewertet werden könnten.
Danach wachte ich auf und musste lange über mich und den Traum lachen. Ich danke Dir dafür.

Ja, ja.

Teurer Baba, kann ich heute auch noch mit einer weniger einsilbigen Antwort rechnen?

Ja, ja.

Ich danke Dir für Deine Liebe. Du hast wirklich einen wunderbaren Sinn für Humor. Es liegt mir nur an Dir und Deiner Meinung.

Ja. Sei nicht so ernst! Lächele! Du ziehst doch am Ende die wichtigsten Schlüsse. Das ist Grund zur Freude.

Alles andere zählt nicht mehr.
Wenn man die Welt links liegen lässt, erscheint die Liebe.
Ich schreibe das Buch nur für Dich. Ich kann fühlen, dass ich Liebestasten berühre, wie sich das süße Gefühl auf den Text überträgt und dann zu Dir zurückströmt, geliebter Meister.

Liebe ist das Licht des Lebens. Lebe in der Liebe! Beginne den Tag mit Liebe, füll den Tag mit Liebe, beende den Tag mit Liebe. Das ist der einfachste Weg zu Gott. Es gibt im Leben nichts Wichtigeres als die Liebe zum Schöpfer.

Ich liebe Dich. Du bist so seltsam und wunderbar. Es kommt mir noch ein Traum in den Sinn. Möchtest Du, dass ich ihn beschreibe?

Nein, er ist ein Geheimnis zwischen uns beiden, und das soll vorerst so bleiben, ein besonderes Geschenk der Liebe.

Ganz früh heute Morgen sah ich, wie die Sonne sich im Fluss spiegelte und breite Streifen auf die Pfeiler der Bahnbrücke malte, ein lichter Morgen in einem Industrieviertel. Die Luft war frisch und schon ziemlich kalt für die Jahreszeit. Über dem glitzernden Wasser schwirrten Vögel. Die Sonne schicke ihre Strahlen durch kleine Wolken, die sie blau, orange und grün färbte. Dieser Glanz im Wasser und auf den Mauern berührte mein Herz.
Nun konnte ich verstehen, dass die Menschen das Geheimnis der Sonne nicht begreifen können, obwohl sie sie jeden Tag sehen.
Die Sonne hat mich schon immer fasziniert. Als Physiker kenne ich selbstverständlich die thermonuklearen Prinzipien und weiß auch ungefähr, welche Mechanismen hinter den physikalischen Prozes-

sen stecken, aber all diese Erklärungsversuche erscheinen mir unbedeutend im Angesicht des Geheimnisses, das mich heute berührte. Ich radelte am Flussufer entlang und mit einem Mal traf mich die Erkenntnis, dass Liebe von überall herströmt. Dieses Leuchten ist reine Liebe, reine Freude. Die Liebe kam von allen Seiten und flutete direkt in mein Herz. Sie war grenzenlos.
Die Gayatri ist ein Mantra zu Ehren des Sonnengottes, der auch Liebe ist.

Om Bhur Bhuvah Svaha	-	Oh Du, der Du die drei Welten durchdringst, die Erde, den Himmel und die feinstofflichen Ebenen
Tat Savitur Varenyam	-	Wir verehren Dich in der Gestalt der Sonne
Bhargo Devasya Dhimahi	-	Wir meditieren über Dein Göttliches Leuchten
Dhijo yo Nah Prachodayat	-	Und bitten Dich inständig: Lass Dein Licht unseren Geist erhellen

Die Sonne ist Liebe. Die Sonne bin Ich. Wenn ihr nach oben schaut, denkt an Mich. Erinnert euch ständig an Mich. Pflegt Liebe, Hingabe und eifriges Dienen. Das ist der Weg zur Vereinigung mit Gott.

Erfolge und Niederlagen

Meister, Du bist alles und überall.

Ja.

Alles, was ich bin und was ich tue, bist Du.

Ja.

Warum gelingen mir einige Dinge und andere nicht, wenn doch alles Dein Werk ist?

Ein „Erfolg" in Meiner Welt muss nicht unbedingt ein positives Ergebnis in deiner sein. Deine Pläne enden oft mit einem Misserfolg, Meine dagegen niemals. Noch immer verstehst du weder Meine Pläne noch Meine Wege. Deshalb empfindest du Manches als Niederlage.

Wenn ich mich bemühe, mein Vorhaben nicht mit Gewalt durchzusetzen, sondern mir ruhig anhöre, was Du dazu zu sagen hast, fühle ich sofort eine Art süßes Hochgefühl, das von ruhigen Gedanken begleitet wird.

Du bist auf dem richtigen Weg. Dieser Zustand macht aufnahmebereit für Hinweise, welche Richtung du im entsprechenden Augenblick einschlagen sollst. Übe, Meine Absichten herauszufinden, und du wirst immer mehr mit Mir verschmelzen.

Du sagst, wir sind in jedem Fall eins. Wenn ich mich an Dich wende und Deiner subtilen Führung überlasse, fühle ich mich in noch größerer Harmonie mit Dir und Deiner Liebe.

Deine Empfindungen zeigen dir den besten Weg. Du ziehst aus deinen Erfahrungen die richtigen Schlüsse und überträgst deine Erkenntnisse ins Alltagsleben. So ein Verhalten bewirkt größere Harmonie im Außen und bringt Ruhe. Alles, was du angehst, lässt sich so auf gute und erfolgreiche Weise erledigen.
In der inneren Welt ist immer Harmonie! Sie kann niemals einmal größer und ein andermal geringer sein.

Sollte ich also ganz konkret ständig auf Dich konzentriert bleiben, um bei allem Deine Entscheidungen vernehmen zu können?

Ja, vom praktischen Gesichtspunkt aus ist Liebe und Hingabe der einzige Weg zu Mir. Hingabe an den Höchsten und ein Dienst von süßem Erhobensein durchdrungen ist ein Zustand, der durchaus zu erreichen ist.

Früher hätte ich angemerkt, es sei ja etwas unhöflich, dass Du Dich selbst als den Höchsten bezeichnest...

Und was sagst du jetzt?

Ich weiß jetzt, dass Du mit Deinen Aussagen und Handlungen nur Liebe und Güte verbreitest. Deshalb ich akzeptiere jedes Wort, mit dem Du Dich bezeichnest.

Das ist eine richtige Auffassung.

Seit einiger Zeit verfolgt mich der Gedanke, ich solle lernen, Dir zu dienen. Ähnliche Impulse und Empfindungen kommen immer wieder, und wenn ich ihnen dann nachgebe, fühlt es sich an, als drehe sich die Welt schneller. Ich bin sehr motiviert zu arbeiten und auf eine subtile Weise erhoben.
Bitte sag mir, was da vor sich geht.

Du hast gute Impulse und folgst ihnen. Was Mich betrifft: Ich opfere Meine ganze Zeit dem Dienst an euch. Deshalb wird jeder, der Mir nahe kommt, im Laufe der Zeit zum Vorbild, wie man höheren Werten dienen soll.

Jetzt bin ich etwas verwirrt. Wem sollen wir nun dienen, Gott oder den Menschen?

**An erster, zweiter und dritter Stelle Gott.
Wenn du während deiner Arbeit den Verstand auf Gott konzentriert hältst und völlig in Ihn versunken bist, Ihn auch um Führung bittest und um Annahme der Früchte deiner Tätigkeit, wird jede Arbeit zum Dienst an Gott.**

Ein Devotee fragt: „Herr, ich möchte mich mit Dir vereinigen. Was muss ich tun? Ich bin bereit."

Sri Sathya Sai Baba: „Das geschieht nur durch Liebe. Liebe ist alles. Liebe ist Gott. Lebe die Liebe. Beginn den Tag

mit Liebe, füll ihn mit Liebe, beende ihn mit Liebe. Das ist der Weg zu Gott".

Devotee: „Swami, wie können wir diese uneigennützige Liebe entwickeln?"

Sri Sathya Sai Baba: „Das kann nur durch die Gnade Gottes geschehen.
Prema, die selbstlose, göttliche Liebe ist ein Geschenk der Gnade Gottes. Ohne Gnade kannst du nichts vollbringen. Erfülle all deine Pflicht von früh bis spät und denk den ganzen Tag über an Gott. Sieh überall nur Göttlichkeit und sei glücklich. Denke: „Herr, Du bist alles für mich. Du bist mein Ziel. Du bist mein Atem." Unterscheide nicht in „mein" und „dein", sondern denke: „Alles bist Du, Herr, alles ist Dein". Empfinde dich nicht als Körperlichkeit. Dein Verstand ist bloß ein verrückter Affe. Du bist das Selbst. Denke: „Ich und Gott, wir sind eins. Bevor dieser Körper entstand, war Ich schon. Wenn er vergeht, werde Ich immer noch sein. Ich bin überall. Ich bin alles". Um diese Wahrheit zu erreichen, wirst du einige geistige Praxis brauchen.

Sri Sathya Sai Baba, Kodaikanal

Was bedeutet Befreiung?

Willkommen, Baba! Heute möchte ich Dich fragen, was Du unter der Befreiung vom Einfluss der Persönlichkeit verstehst. Dieses Thema lässt mir schon einige Zeit keine Ruhe.

Der Mensch erlangt Freiheit von sich selbst, wenn seine Göttliche Natur sich ungehindert durch Seele, Verstand und Körper ausdrücken kann.
Werfen wir einen Blick auf euren täglichen Gedankenablauf. Entscheidungen spiegeln meistens dich selbst und deinen Blickwinkel auf das, was zu entscheiden ist. Wenn

wir über Befreiung sprechen, dann stelle Ich dir die Frage: Warum versuchst du nicht, Mir die Entscheidung oder Mitentscheidung darüber zu überlassen?
Wenn der Mensch imstande ist, Meine Hinweise anzunehmen, kann er sich vom Gewöhnlichen lösen und sich ganz auf die Liebe verlassen.

Das ist genial ausgedrückt. Vor einiger Zeit habe ich genau diese Vorschläge radikal im Alltag umgesetzt und war erstaunt über die positiven Resultate. Es geschahen damals viele ungewöhnliche Dinge.

Siehst du! Deshalb versuche Ich es immer wieder aufs Neue, auch wenn du deine Vorsätze ab und zu vergisst. Aber verzichte auf den Ausdruck „radikal" und sprich lieber von „konsequent". Es gibt keinen Grund, sich selbst oder den eigenen Eigenschaften gegenüber rücksichtslos zu sein. Merk dir, am wichtigsten ist...

Die Liebe, also Du.

**So ist es.
Du kannst zwar in Kontakt mit der Liebe sein, aber weiterhin „auf deine Weise" leben. Das hindert dich jedoch am Weiterkommen auf dem geistigen Pfad zu Gott und der Liebe. Deshalb übe, dich mit Liebe und der Bitte um Führung an Mich zu wenden, während des Tagesgeschehens, während aller Begegnungen, Gespräche, Einkäufe und Ausflüge. Bitte Mich, Ich möge alles das sein, nicht du.**

Ich danke Dir für Deine wertvollen Hinweise, lieber Baba. Ich werde sofort damit beginnen, sie zu praktizieren. Ich notiere sie im Kalender und hänge mir überall Zettel auf, um keinen zu vergessen.

Das ist eine gute Idee! Geh jeden Tag einige Schritte weiter auf Gott und die Liebe zu.

Ich habe diesbezüglich eine Frage. Können die Menschen mit einer gut entwickelten Intuition aus dieser Quelle schöpfen?

Jeder Leser dieses Buches versteht unter Intuition etwas anderes. Wenn ihr in Meiner Liebe lebt und bescheiden genug seid, wird eure Intuition ein guter Kanal für meine Hinweise sein, das versichere Ich euch. Ist das Ego aber noch groß, kann es sehr leicht passieren, dass ihr eure eigenen Empfindungen und persönlichen Neigungen irrtümlich für Meine Stimme haltet.

Diese Unterscheidung ist eine Gratwanderung. Deshalb empfehle ich euch, Vorsicht walten zu lassen, falls ihr wirklich zu Mir kommen wollt und Mich und Meine Liebe mehr als eure eigenen Ideen schätzt.

Bitten und Gebet um Führung bringen euch immer auf dem guten Weg voran. Betet in der Stille des Herzens, betet mit Liebe. Der Freund, der jedes Wort vernimmt, wird sicher etwas für euch tun. Ich höre alles und beantworte alle Gebete. Was ihr auch unternehmt, kleine oder große Projekte, Ich bin immer mit euch. Erlaubt Mir, an euren Vorhaben mitzuwirken. Öffnet euch für Mich.

Gestattet Mir, euch zu durchdringen und die Arbeit gemeinsam zu erledigen. Bittet vor jeder Handlung um Meine Anwesenheit und Hilfe. Ruft nach Mir mit offenem Herzen und wachem Verstand. Erlaubt, dass ich euch unbemerkt leite und arbeite, wie es Mir gefällt. Bleibt offen für Meine Energie. Hört, was Ich euch eingebe. Richtet Verstand und Herz auf die Liebe. Schon nach kurzer Zeit könnt ihr feststellen, wie sich eure Arbeit und schließlich euer ganzes Leben verändert.

Gott lieben, Ihn ständig nach Seinem Willen fragen, nicht uns selbst, unsere Familie oder sonst jemanden glücklich machen, sondern nur den liebenden Gott?

Ja, ja, ja. Das ist der Weg zur Befreiung vom Einfluss der Welt. Das eigene Leben ist dann in Liebe getaucht und verschmilzt mit Ihr. Nähert euch Mir und bleibt in Meiner Liebe. Anfangs empfindet ihr vielleicht nicht viel, aber mit der Zeit nehme Ich immer mehr Raum ein. Ich liebe euch. Ich bin Liebe. Kommt!

Liebe ist wichtiger als Schuldgefühle

Gerade kommt mir eine ganz andere Frage in den Sinn. Wenn wir uns Deinem Wort oder Hinweis widersetzen, fühlen wir uns schuldig.

Ja, das stimmt. Dieses Thema ist sehr umfangreich. Ich werde Folgendes dazu sagen:
Erstens: Eine ganze Industrie lebt von diesem Schuldgefühl, das man euch eingeredet hat. Es wird euch seit Jahrhunderten eingeimpft und warmgehalten. Die Religion schöpft ihre Macht aus Sünde und Schuldgefühl. Aber Gott ist ein Gott der Liebe und der Vergebung.
Zweitens: Schuldgefühle tragen wesentlich weniger zu eurer Weiterentwicklung bei als Liebe und Hinwendung zum liebenden Höchsten. Ich möchte, dass ihr eure Vergangenheit und eure Taten hinter euch lasst und stattdessen immer näher und näher zu Gott und Seiner Liebe kommt. Ärgert euch über nichts und belastet euch auch mit nichts. Gott ist ein verzeihender Gott, ein Gott der Liebe. Denkt ständig daran!
Ich bin immer bereit, euch anzunehmen, was ihr auch in der Vergangenheit getan habt. Wenn es etwas Unrechtes gewesen sein sollte, könnt ihr sicher sein, den Folgen zu begegnen, aber sogar diese werden dank eurer Umkehr zur Liebe viel, viel milder ausfallen.
Mehr als all eure Taten und eure vergangene Geschichte zählen die Liebe und Gott, der Sie ist. Vergesst das nie! Konzentriert euch nicht so häufig auf eure eigene Person und deren Fehler. Sie sind bedeutungslos im Vergleich zur Liebe. Nur die Liebe zählt. Alles andere wird von heute an mit dem Mantel des Schweigens und des Vergessens zugedeckt. Werdet glücklich!

Baba, mich beschäftigen wieder einige Fragen. Ich habe den Eindruck, obwohl ich nicht unhöflich sein möchte, dass Du vieles von dem, was Du jetzt sagst, schon im ersten Teil des Buches mitgeteilt hast.

Nein, dein Eindruck täuscht. Es geht nicht ausschließlich um Inhalte, sondern auch um eine viel tiefere Ebene der Übermittlung. Die Sätze klingen ähnlich, aber jedes Mal könnt ihr den Inhalt auf andere Weise empfangen und darin etwas Neues finden. Dieser Text lebt! Er berührt die wichtigsten Dinge, nämlich die Beziehung zwischen Menschen und Gott, weil er von Mir selbst kommt, - sozusagen aus erster Hand.

Deshalb ist dein Eindruck rein oberflächlich. Ihr müsst viel wissen, um lieben zu lernen. Ein Schritt in die richtige Richtung ist mehr wert als Hunderte, ja Tausende von Büchern, die nur dem Zeitvertreib dienen und euch noch tiefer in die Dunkelheit stoßen. Diese Meine Worte sind von Bedeutung, denn sie sind Träger Meiner Energie, die fähig ist, einen Prozess zu günstigen Veränderungen in euch einzuleiten. Du wirst die Reaktionen auf die Veröffentlichung dieses Buches erfahren. Also mach dir keine Sorgen über seinen Gehalt. Darum kümmere Ich Mich, und Ich weiß sehr gut, was dort hineingehört. Hör du zu und schreib.

Jeden Tag begegnet ihr denselben Menschen, übt dieselben Tätigkeiten aus, esst die gleichen Gerichte. Seid ihr nicht gelangweilt? Weil Übung bekanntlich den Meister macht, seid ihr an Gleichförmigkeit einigermaßen gewöhnt, auch was den Inhalt betrifft. Wenn ihr den Text bloß lest, bedeutet das, dass Meine Zeit, die die Übermittlung in Anspruch nahm, vergeudet ist. Nicht Theorien zählen, sondern allein die Praxis. Ein Gramm Praxis ist wertvoller als eine Tonne Theorie. Das Buch ist ein Wegweiser für alle, die mit Mir arbeiten und sich Mir nähern wollen. Es ist kein Kompendium interessanter Neuigkeiten wie das Gros eurer Literatur. Und genau darin liegt eben sein Wert. Wenn ihr die hier beschriebenen Übungen praktiziert, könnt ihr direkte Ergebnisse erzielen. Und darum geht es. Bei allem anderen ist es schade um die Zeit, schade um die Zeit.

Selbstliebe

Nun beginnen wir mit einem neuen Thema, das von den Leuten oft sehr falsch verstanden wird. Weil es wichtig ist, möchte Ich einige Worte dazu sagen.

Es geht um Eigenliebe. Viele Schulen behaupten, man könne andere nicht lieben, wenn man sich selbst nicht liebt. Einige meinen, sie sei sogar eine Voraussetzung für Liebe überhaupt. Diese These stimmt, aber nur zu einem kleinen Teil. Woher sollt ihr die Liebe zu euch selbst nehmen, wenn ihr zur Liebe gar keinen Zugang habt? Wie sollt ihr Liebe zu anderen empfinden, wenn ihr sie selbst nicht zur Verfügung habt? Es scheint wirklich ein Teufelskreis zu sein. Ihr versucht, ihn zu durchbrechen, indem ihr die verschiedensten Techniken anwendet. Sie bringen zwar eine gewisse Einsicht ins eigene Innere, allerdings nur in sehr begrenztem Ausmaß. Euer Wissen über die Motive menschlichen Verhaltens ist sehr beschränkt und eure Sicht bezieht sich nur auf das eine Leben im Körper.

Nur wenige Menschen wissen, was Liebe ist und noch wenigere werden Sie überhaupt erfahren. Deshalb sind menschliche Lehren nicht realitätsbezogen, sondern stützen sich auf nebulöse Vorstellungen, die zusätzlich sehr von Wünschen und Egoismus deformiert sind.

Viele von euch leiden, da sie selbst keinen Rat wissen. Generell ist es sehr gut, dass ihr Hilfe sucht. Es ist aber auch wahr, dass ihr keine echte Hilfe findet, bevor ihr euch nicht an den Schöpfer in euren Herzen wendet. Bis dahin wird alles, was ihr in dieser Richtung unternehmt, notwendigerweise bruchstückhaft und ohne durchschlagende Wirkung bleiben.

Niemand kennt euch so wie Ich, niemand liebt euch so wie Ich. Was auch immer ihr in eurem Leben getan habt, Meine Liebe bleibt die gleiche. Ihr seid meine geliebten Wesen. Ich rief euch ins Leben und beschenkte eure Herzen mit einem Teil Meiner Selbst, einen Teil Meines eigenen Selbst. Aus diesem Grund ist ein jeder von euch im Innern Güte, Wahrheit und Liebe. Niemals habe Ich jemanden abgelehnt, und das werde Ich auch nie tun, weder jetzt noch in der Zukunft. Ich bin nicht euer Richter. Ich Bin Liebe. Jeder von euch kann sich in jedem Augenblick an Mich wenden. Den Weg kennt ihr, für euch stehen die Türen immer offen. Eure Sorgen, was die Vergangenheit betrifft und die Sorgen über eure Fehler sind völlig überflüssig, Ihr habt oft nur die eine Möglichkeit, euch an Göttlichkeit und Liebe zu wenden. Aber versunken in Kreuz und Leid schiebt ihr die Kontaktaufnahme mit Mir auf die lange Bank.

So schließt ihr die Türen zur einzigen Macht, die bereit ist, Erleichterung und jede mögliche Hilfe zu gewähren. Meine Türen sind immer offen. Denkt daran! Ihr könnt jeder Zeit eintreten und in Meinen Armen Ruhe finden. Kommt zu Mir und Meiner Liebe. Bleibt in Meiner Reichweite, nah bei Mir. Das ist der beste Weg, um Veränderungen im Innern und auch im Umfeld erreichen zu können.

Seid zärtlich zu Mir und zu euren Mitgeschöpfen. Gebt Mir den Auftrag, euch in die Liebe zu allem und jedem einzuführen, angefangen mit Mir. Erlaubt Mir, euch über all das zu erheben, was euch bedrückt und beunruhigt. Lasst Mich Sorge tragen, Veränderungen auf Meine Weise zu erwirken. Ich weiß nur zu gut, an was es euch in allen Bereichen fehlt. Ich werde Mich um euch kümmern, wie Ich Mich in der Vergangenheit schon um Tausende von Menschen gekümmert habe, was das Materielle betrifft, oder die höchsten Gipfel des Geistigen. Meine Liebe sorgt für alles.

Sobald ihr Mir erlaubt, an eurem Leben teilzunehmen, werde Ich euch zu Mir erheben, euch reinigen und die Wandlung in Gang setzen. Von euch brauche Ich lediglich zweierlei:

Betet zu Mir, so oft es geht, aus tiefstem Herzen, auch mit der Bitte um positive Veränderungen.

Bittet Mich außerdem, dass ihr mit Mir und Meiner Liebe verbunden bleibt. Ihr könntet dazu die schon beschriebenen Meditationen verwenden, die euch dem Schöpfer nahe bringen. Liebe zu Mir wird in euch viel Neues initiieren. Ihr werdet nicht nur ein positiveres Verhältnis zu euch selbst bekommen, ihr werdet in bessere Menschen umgewandelt, die lieben, Mitgefühl zeigen und andere verstehen.

In einer Notlage wird euch sofort bewusst, dass ihr Mich in euren Herzen beherbergt. Es genügt, sich nur kurz an Mich zu erinnern, und schon bin Ich da, euch beizustehen und euch mit einem guten Wort zu trösten. Bittet einfach im Gebet, Ich möge Mich um die entsprechende Angelegenheit kümmern. Die Liebe zu Mir ist die einzige Kraft, die eine andauernde Transformation in euch bewirken kann. Sie inspiriert ständig zum Guten und führt euch inmitten aller Turbulenzen des Lebens weiter und weiter zu einer größeren Gottesliebe. Das kann kein Mensch für euch tun, auch kein Guru und noch viel weniger ein Therapeut, obwohl auch die in geringem Maße helfen können. Wenn ihr aber der Meinung seid, ihr braucht menschliche Helfer, wendet euch an Mich, damit Ich diese Situation so gestalte, dass eure Leiden gelindert werden können. Ihr könnt Mich auch bitten, dass ihr von jedem Kontakt mit spirituellen Menschen und Führern den größtmöglichen Nutzen davontragt, wie etwa Arbeitseifer, die Fähigkeit, sich an die Liebe zu wenden, geistige Kraft, Dienst am Nächsten, Inbrunst in der Meditation.

Ich segne eure Bemühungen! Am Ende wird das Gute siegen. Es gibt keine andere Möglichkeit, obwohl ihr heute vielleicht noch zweifelt. Die Liebe ist das Licht des Lebens. Verlasst euch auf Mich und seid wie Kinder, die sich im Haus des liebenden Vaters, das voller Schönheit und Wunder ist, am Leben erfreuen. Möge die Liebe euer Führer sein! Möge Sie euch zeigen, was es bedeutet, die Welt mit Ihren Augen zu sehen.

Soll Sie euch lehren, die Welt mit dem Herzen zu sehen und die Liebe auf alles auszudehnen, auf die ganze Welt und ihren Schöpfer.

Dann müsst ihr euch selbst nicht mehr lieben, denn es gibt euch nicht mehr! Nur das Gute und die Liebe überdauern. Werdet glücklich, sehr glücklich auf Meine Weise. Ich bin das Glück und die Liebe.

Dann ist die letzte Barriere auf dem Weg geistiger Entwicklung nur noch unsere eigene Überzeugung?

Eure eigene Überzeugung, die sich aus Glauben, Erfahrung, Bücherwissen oder eigenen Gedanken zusammensetzt, - mit anderen Worten die Festung des Egos, das euch diktieren will, was gut und was schlecht ist und das einen übermächtigen Einfluss auf euer Erleben der Welt ausüben möchte Dabei ist doch jeder Augenblick einzigartig und grundverschieden vom vorangegangenen. In jeder Sekunde entsteht ein neues Weltall! Es gibt nichts Beständiges, obwohl manche Werte Bestand haben. Was ihr um euch herum wahrnehmt, ist ewiger Wandel, Beschaffenheiten, die von einem Zustand in den anderen fließen, sich verändernde Landschaften, Ereignisse und Menschen.

Eure Erinnerung gleicht begrenzten, vergilbten Fotographien, die mit der Wirklichkeit nichts zu tun haben. Das Leben drängt ständig weiter und bringt immer neue Herausforderungen.

Es ist höchste Zeit, die eigene Wahrnehmung auf einfaches Beobachten zu reduzieren. Hört auf, an vergangenen Erinnerungen und Sinneseindrücken festzuhalten. Nur selten findet sich in eurer Erinnerung oder im angesammelten Wissen eine gute Lösung. Noch seltener können eure Autoritätspersonen weiterhelfen. Was ist also zu tun? Wendet euch an die Göttlichkeit, die jeder von euch IST und die jeder im Herzen beherbergt. Bittet, Sie möge inmitten der Weltereignisse den richtigen Weg zeigen. Das ist Mein Hinweis für alle, die ein Interesse daran haben, ihr Leben möglichst schnell zum Guten zu verändern. Seid also wachsam, beobachtet und hört auf Meine Stimme in euren Herzen. Dann braucht ihr ihr nur noch zu folgen.

Viele von euch haben nicht genug Vertrauen, um sich gleich zu Anfang an Mich zu wenden und Meiner Stimme folgend vorwärts zu schreiten. Diesen Menschen schlage Ich Folgendes vor: Schaut euch die anfallenden Probleme an und fragt euch, ob ihr für sie eine Lösung parat habt. Wenn ja, seid ihr auch sicher, dass eure Idee genau die gewünschte Wirkung hat?

Falls ihr das Ergebnis nicht mit Sicherheit voraussagen könnt - und dies ist in fünfundneunzig Prozent der Fälle so - dann bitte Ich euch, einen Augenblick innezuhalten, um Raum für andere Lösungsmöglichkeiten als die von euch erdachten zu schaffen.

Legt das Problem einfach für eine gewisse Zeit beiseite. Entweder ihr erhaltet einen Hinweis von Mir oder Ich werde mich selbst darum kümmern, werde die Situation in eine bestimmte Richtung beeinflussen. Testet Mich! Habt ihr keine Lust, euch selbst zu überzeugen, ob es so ist, wie Ich sage? Lockt dieses Abenteuer nicht? Habt ihr keine Lust, die mächtigste, schöpferischste und liebevollste Kraft im Weltall zu entdecken, die euch und euren Nächsten Gutes bringt? Ich stehe die ganze Zeit zur Verfügung. Und was ist mit euch? Wendet euch mit Liebe an die Liebe. Sie wird euch verwandeln.

Ich möchte nun erfahren, mit welchen Empfindungen und Gedanken sich die eigene Überzeugung, die eigene Autorität zu erkennen gibt. Auch würde ich gern wissen, was wir in einer Konfliktsituation tun können, um wieder zur Wirklichkeit zurückzukehren.

Das Ego mit seinem Autoritätsanspruch manifestiert sich durch das sichere Gefühl, im Besitz jenes Wissens und jener Begabung zu sein, die es erlaubt, andere zu dominieren oder entscheidenden Einfluss auf den Werdegang der Ereignisse zu nehmen. Wenn sich der Mensch solchen Empfindungen überlässt, ergibt er sich diesem Ego, das sich „aufbläst" wie ein Ballon und die Sicht auf neue, kreative Lösungen verstellt. Auch der Zugang zur inneren Liebe ist verschüttet. Die Liebe braucht keine Autorität. Sie ist die Antwort auf alles. Sie muss Sich nicht künstlich aufwerten. Liebe bevorzugt die Rolle des Dieners. Gott zieht es vor, bescheiden zu sein, ohne irgendeinen Autoritätsanspruch. Nehmt euch ein Beispiel an Ihm. Er verzichtet auf weltlichen Ruhm. Und doch ist die Liebe, die Er ist, die mächtigste Macht im Weltall. Gott ist Bescheidenheit. Du fragst, wie man den eigenen Autoritätsanspruch loswerden kann. Meine Antwort hat mehrere Aspekte. Auf einiges könnt ihr selbst achten. Ganz allgemein gesagt ist eure Gesellschaft und Kultur von Autorität vergiftet. Ihr investiert sehr viel Kraft und Zeit darauf, euch Auto-

242

ritäten zu schaffen und sie zu bewahren. So vergeudet ihr unnötig viel kostbare eigene Lebenszeit.

Autorität und Stellung sind in den Augen der Göttlichkeit bedeutungslos. Nur Liebe, Dienst, Aufopferung, Hingabe – das sind Werte, auf die Sie Ihre Aufmerksamkeit richtet. Angeberei und Gekünsteltes finden bei Gott keine Beachtung! Reine Gedanken und gute Werke sind das, was zählt. Ihr wollt besser sein als die anderen und mehr wissen, aber versteht nicht, dass Gelehrsamkeit und jede Art von Fertigkeit nur Grundlagen für den Dienst am Menschen und der Gesellschaft sind. Es sind Werkzeuge, um die Mission erfüllen zu können, für die ihr auf die Erde gekommen seid. Auf keinen Fall sollen Talente die Grundlagen eures Selbstwertgefühls sein und ein Gefühl eigener Überlegenheit nähren. Ihr seht und versteht nicht, dass ihr mit euren Gaben weder die Allerbesten noch die Einzigen seid. Vor euch und nach euch gab und gibt es noch begabtere, arbeitsamere und genialere Menschen, echte Meister ihres Faches.

Der Wunsch, wichtig und bedeutsam zu sein, trennt euch von der Liebe. Ihr begreift nicht, dass alles, was ihr als Eigenes betrachtet, nicht euch, sondern Mir gehört, auch dann, wenn ihr sehr viel Arbeit investiert habt. Denn es ist Mein Geschenk, das ihr in bestimmter Absicht erhalten habt.

„Eure" Zeit und das Bemühen, das ihr in eure Ausbildung investiert habt, ist ebenfalls Mein Geschenk, wofür ihr dankbar sein solltet, denn nicht alle leben unter guten Bedingungen und haben die Möglichkeiten, die euch zugefallen sind. Die Mehrzahl der Menschen hungert und lebt in ärmlichen, sehr begrenzten Verhältnissen.

Denkt einmal darüber nach.

Auf dieser Welt gibt es keinerlei Sicherheit und das, was ihr heute für euren Besitz haltet - und dazu gehören auch Gesundheit, Begabungen und Fertigkeiten - könnt ihr schon morgen aufgrund einer Schicksalswende verlieren. Wenn ihr glaubt, das sei unmöglich, schaut euch einfach menschliche Lebensläufe in eurer Umgebung an. Ihr denkt, solche Ereignisse beträfen immer nur „die anderen", aber ihr kennt euer eigenes Karma nicht. Das nächste Mal könnte es gerade euch treffen. Vergangenheit und Zukunft liegen im Dunkel. Ihr wisst nicht, was kommen wird.

Was wird in zweihundert Jahren noch von euch übrig sein? Wird es überhaupt noch jemanden geben, der sich an euch erinnert, an all eure Fertigkeiten, Errungenschaften und Erfolge? Was bleibt Wertvolles und Dauerhaftes von euch? Ihr könnt viel Liebe und Güte hinterlassen. Nur sie zählen, nur sie geben eurem Leben einen Sinn. Alles Übrige sind Kulissen, Regieanweisungen und Makulatur.

Denkt einmal intensiv über Meine Worte nach! Sie sollen euren Glauben an die eigene Macht und ihre Möglichkeiten etwas ins Wanken bringen. Alles ist Mein und gehört ausschließlich Mir, dem Schöpfer. Ihr seid aus der Liebe hervorgegangen, gehört Ihr und kehrt zu Ihr zurück.

Ein weiterer Aspekt der versprochenen Antwort: Merkt euch, Ich Bin da, und wenn ihr euch mit einer Bitte an Mich wendet, werde Ich euch Meine Hilfe nicht versagen. Ich schicke dann Ereignisse, schenke euch Gedanken, vielleicht auch intuitive Einsichten, um zu veranlassen, dass ihr euch selbst in einem anderen Licht sehen könnt. Seid gewiss, Ich liebe euch in jedem Fall und zwar genauso, wie ihr eben seid. Dass Ich euch bei Veränderungen helfe, ist kein Ausdruck mangelnder Akzeptanz. Ich liebe euch und nehme euch an. Die Umgestaltungen sind nötig, um euch glücklicher und hingebungsvoller zu machen, euch die höheren Werte nahe zu bringen und um euch den Weg zu Gott zu erleichtern.

Das nächste Thema, dem Ich etwas Aufmerksamkeit widmen möchte, ist euer Verhältnis zu Sterben und Tod, etwas, das als ziemlich beunruhigend in eurer Kultur gilt, obwohl gerade in diesem Bereich viel Schönheit und Erhabenheit erlebt werden kann.

Tod und Sterben

Tod! Schon beim bloßen Erwähnen des Wortes beschleicht euch ein ungutes Gefühl, und ihr bekommt eine Gänsehaut. Da ihr so sehr aufs Leben, auf Freunde, Verwandte, Besitz und Ereignisse fixiert seid, verspürt ihr große Angst vor dem Augenblick, in dem ihr euch von all dem für immer trennen müsst.

So wirken selbst geschaffene und jahrelang kultivierte Anhänglichkeiten.

Ihr habt keine Vorstellung, was von wirklich dauerndem Wert ist. Stattdessen macht ihr euch gerade von den Dingen und Situationen abhängig, die am wenigsten Bestand haben. Auf der Suche nach Glück vermutet ihr seine Quelle irgendwo weit, weit weg, außerhalb von euch selbst, beispielsweise in Besitztümern oder der Nähe anderer Menschen, also weltlichen Dingen und Beziehungen. Dabei ist die Quelle wahren Glücks nicht im Außen, sondern in eurem Herzen, dort, wo die Göttlichkeit wohnt.

Diese Wahrheit wird gleich offenbar, wenn ihr den Körper abstreift. Sofort kommt ein großer Frieden über euch und das Gefühl, endlich nach Hause zurückgekehrt zu sein. Irdisches wird völlig unwichtig und ist weit entfernt. Es kommt Liebe, Liebe, Liebe, unfassbare, unbeschreibliche Liebe. Und wieder erkennt ihr die Göttlichkeit, wie Sie wirklich ist. Ihr begreift, dass ihr ein Teil von Ihr seid und dass es immer so war. Der Tod des Körpers ist unabwendbar, aber ihr selbst sterbt niemals. Ihr zieht nur eure alten Kleider aus und streift andere über. Auf der Erde kommt ihr öfter wieder in die gleichen Familien. Eure Kinder und Enkel werden zu euren Eltern und Großeltern. Ihr lernt zu lieben, zu fühlen, Hingabe für andere zu praktizieren und den eigenen Egoismus zu überwinden.

Irgendwann wendet ihr euch an die Göttlichkeit und beginnt, für Sie, in Ihr und mit Ihr zu leben. Später ist es soweit, dass ihr die Beziehungen auflöst, die euch mit Menschen und irdischen Angelegenheiten verbunden haben und taucht für immer in die Liebe ein. Ihr entfernt euch körperlich, aber euer Geist verweilt, um weiterzuarbeiten und den anderen zu helfen, ihren Weg zu Gott zu finden. Kein Meister, der auf Erden lebte, ist gegangen. Alle sind immer erreichbar, sogar besser als zu Lebzeiten. Nach ihrem Tod stehen ihnen wirkungsvollere Möglichkeiten zur Verfügung, um auf dieser Seite zu helfen. Sie sind da, sie arbeiten und dienen. Ständig gewähren sie den Menschen Unterstützung.

Der Tod ist nicht das Ende, im Gegenteil. Er ist der Beginn des Lebens! Jemand hat einmal gesagt: „Alle sind tot, außer denen, die nicht mehr leben", und in diesem witzigen Spruch steckt viel Wahrheit. Ein anderer treffsicherer Gedanke meint: „Das Leben ist ein Traum, der Tod das Erwachen".

Sterben und seine Begleitumstände sind sehr wichtige Ereignisse. Es ist daher ratsam, das Bewusstsein auf Gott zu richten, wenn ihr diesen Weg geht. Dann bleibt ihr eingehüllt in Seine Liebe und Sein Glück, und der Prozess nimmt einen milden, liebevollen Verlauf.

Wenn ihr um einen sanften, ruhigen Abschied für eure Nächsten betet, bittet auch, der Allerhöchste möge sie mit Seiner Liebe und Güte umgeben und direkt zu Sich leiten. Bittet, dass sie ohne Hindernisse zur Liebe kommen dürfen. Bittet um Liebe für Menschen, die sich auf der anderen Seite verirrt haben. Ihr könnt viel für sie tun. Wendet euch um Führung an die Göttlichkeit, damit Sie euch eingibt, was auf welche Weise getan werden soll. Sie wird euch bestimmt nicht abweisen.

Haltet die Scheidenden nicht auf der Erde fest. Lasst sie zurückkehren zur Göttlichkeit, zum Licht. Bittet Gott, Er möge sie zu Sich führen. Sterbegebete und Bitten für das Wohlergehen der Gegangenen, dass sie die Liebe finden mögen, sind sehr mächtig. Menschen mit reinem Herzen wissen das! Deshalb beten sie öfter. Die Liebe beantwortet ihre Herzensgebete und geleitet ihre Lieben zu den höheren Seinsebenen.

Bittet auch um Liebe für die körperlosen Wesen mit einem dämonischen Charakter. Fleht für ihre Befreiung von großen Leiden und die Vernichtung ihres negativen Karmas. Bittet um Mein Eingreifen, damit Ich ihnen eine Umkehr ermögliche, die Umkehr zum Licht. Manchmal genügt ein gütiger Gedanke, um viel negatives Karma zu zerstören. Ob während des Lebens oder nach dem Tod, - richtet euch immer an die Liebe.

Baba, ich möchte Dich noch einiges fragen.

Ich bin immer bereit, weil Ich dich lehrte, Meine Stimme zu hören. Kann Ich Mich dir also entziehen?

Ich weiß nicht, was ich sagen soll. Vielleicht formuliere ich am besten eine Frage.
Was geschieht mit dem Menschen nach dem Tod? Kann er Dich sofort sehen? Gibt es hier irgendwelche Einschränkungen? Könntest Du uns einige Hinweise geben, wie man sich gleich danach verhalten sollte?

Gut! Heute ist zwar kein besonders geeigneter Tag, um darüber zu sprechen, aber wenn du dein Herz für Meine Antwort öffnest, verstehst du mehr, als tatsächlich aus den Worten fließt. Worte an sich sind nur als Überbringer der Botschaft von Bedeutung, denn die Herzen, die sich mit der Liebe verbinden, brauchen weder Worte noch Gedanken.
Die Liebe kennt den Weg. Öffne also dein Herz und hör zu! Wir setzen voraus, dass es um Liebe geht. Ihr seid Ihre Verkörperungen, und Göttlichkeit ist euer natürlicher Zustand. Göttlichkeit, die sich kundtut als Liebe, Empfindsamkeit, Mitgefühl, Hingabe und all das, was gut in euch ist. Nach dem Tod trennen sich die höheren Körper samt der Seele vom physischen Leib. Die Reise durch den Tunnel ins Unbekannte beginnt.
Das „Unbekannte" wird bald zum „Bekannten", denn ihr erinnert euch einfach, wie viele Male ihr schon auf Erden gewesen seid. Während des Lebens im Körper hattet ihr das vergessen, denn ihr brauchtet diese Information nicht. Jetzt aber kehrt alle Erinnerung zurück, und der tiefe Sinn

eurer irdischen Erfahrungen wird sogleich klar. Ihr genießt die Anwesenheit der alles durchdringenden Liebe und seid entzückt, in Ihrem Glanz baden zu dürfen.

Das ist ein wundervolles und die tiefsten Tiefen des menschlichen Wesens durchdringendes Gefühl. Ihr wollt nicht zurückkehren. Ihr wollt euch für immer an der Gesellschaft der Liebe erfreuen, die zum Greifen nahe ist.

Und das Gleiche lehre Ich euch in diesem Buch! Kommt, umarmt Mich und bleibt für immer! Man muss nicht sterben, um den Geschmack der Glückseligkeit, der Göttlichkeit kennen zu lernen. Man muss nicht auf den Tod warten, um sich mit der Göttlichkeit in Liebe zu vereinen! Beginnt schon heute…Gleich jetzt. Ich warte! Und…um Gottes Willen… lächelt doch!

Die Bezähmung des Egos

Alles, worüber wir bis zu diesem Zeitpunkt gesprochen haben und was wir noch berichten werden, soll euch die beständige Hinwendung zur Liebe lehren. Eine der Barrieren auf diesem Weg ist euer Ego, das persönliche Ich, entwickelt als eigenständiges Bewusstsein, das sich mit dem Körper identifiziert. Es gibt viele verschiedene Theorien, die versuchen, seinen Einfluss zu erklären. Sie liefern auch Methoden, mit deren Hilfe seine Bedeutung verringert werden soll. Ich werde euch an dieser Stelle auch eine äußerst wirksame aufzeigen. Während der Lektüre dieses Buches habt ihr euch sicher schon daran gewöhnt, dass Ich immer wieder Bezug auf Mich nehme und eure Aufmerksamkeit ständig auf Mich und Meine Liebe lenke. Ich tue das, weil diese Praxis für die heutige Zeit der beste Weg ist. Gezielte Konzentration auf den liebenden Schöpfer und liebevolle Hinwendung zu Ihm ist die geeignetste Methode für den geistigen Pfad; das gilt für die Gegenwart, aber auch für die Zukunft. Und so war es schon in der Vergangenheit.

Bedenkt, dass eure Lehrer und Gurus schon deshalb Fehler machen, weil ihnen eure Vorleben nicht bekannt sind. Viele eurer Neigungen liegen im Dunkeln, und die Effekte, die die verschiedenartigen Meditationspraktiken deshalb hervorrufen können, sind unkalkulierbar. Wenn also jemand überhaupt etwas lehren kann, bezieht er sein Wissen sowieso von der Göttlichkeit. Ist es also nicht vorzuziehen, sich selbst direkt an Sie zu wenden?

Bittet Sie, all euer Tun zu leiten und das Leben zu eurem und dem Wohl der Allgemeinheit in die Hand zu nehmen. Die Gottesliebe ist der beste Wegweiser auf dieser und der anderen Seite des Lebens.

Die Hinwendung zum liebenden Schöpfer ist ein ausgezeichnetes Mittel, das alle Probleme mit dem Ego beseitigen kann. Bittet die liebende Göttlichkeit, Sie möge sich eurer Schwierigkeiten annehmen. Überlasst alles Ihrer Weisheit und Ihrem liebenden Willen. Bittet um Befreiung von den Begrenzungen des persönlichen Ichs. Die Göttlichkeit möge euch zu Bescheidenheit und Demut gegenüber den höheren Welten, vor allem aber gegenüber der Liebe erziehen. Liebe wird euch niemals etwas abschlagen. Ihr werdet mit Ihrer Wirkungsweise recht schnell vertraut sein.

Die von euch geschaffene Kultur und Zivilisation will glauben machen, dass gerade die Entwicklung des Egos und die Erfüllung seiner Gelüste der Gipfel des Erreichbaren sei; mehr noch, diesen Gipfel zu erklimmen sei ein absolutes Muss für jedes menschliche Wesen. Und dabei gibt es nichts Unsinnigeres.

Die Wahrheit steht geradezu in direktem Widerspruch zu den heutzutage öffentlich herausposaunten Parolen.

Das Ego sollte euch und anderen, vor allem aber Gott und Seiner Liebe dienen. Aber es dominiert heute und ihr besitzt nicht genügend geistige Kraft, euch über seine subtile, aber eiserne Herrschaft zu erheben.

Deshalb ist Meditation so wichtig. Sie ist ein exzellentes Mittel, eure aufgeblasene Persönlichkeit zu beruhigen und in Schranken zu halten. Wendet euch Mir zu! Umarmt Mich und bleibt möglichst lange bei der liebenden Göttlichkeit.

Entfernt ihr euch doch einmal, so bemüht euch einfach, zurückzukehren und erneut bei Mir zu verweilen. Meine Nähe bewirkt, dass die Schichten des Egos, unter denen sich das innere Licht verbirgt, Stück für Stück von allein abfallen. Der Kontakt zu Mir und Meiner Energie wird euch helfen, mit jeder Art von Negativität fertig zu werden, die in euch steckt. Die beschriebene Meditation ist sehr, sehr machtvoll und bringt rasche geistige Reinigung. Seid euch jedoch darüber im Klaren, dass dieser Prozess für eure Persönlichkeit schmerzhaft werden kann. Denkt daran: Wenn ihr zu Mir kommt, werde Ich immer auf eure Bitten antworten.

Könnt ihr das, was euch widerfährt, nur schwer ertragen, sagt es Mir einfach. Vielleicht ist etwas zu ändern. Tut es in jedem Fall, denn Ich möchte, dass ihr euch die wunderbare Gewohnheit zu Eigen macht, mit jeder Bitte zum liebenden Schöpfer zu kommen.

Nun zu deinen Fragen:

Die erste lautet: Wie kann man Demut in sich wecken?

Diese Frage ist gut und sehr zeitgemäß. Demut ist eine der geistigen Grundlagen. Ist sie erst entwickelt, enden die Probleme mit dem Ego. Das Leben von demütigen Menschen verläuft viel einfacher. Sie erleben selbst weniger Schwierigkeiten und verursachen sie auch seltener als andere. Das einzig brauchbare Rezept, um demütig werden zu können, ist die Bitte an Mich, Ich möge Mich darum kümmern. Nichts anderes, keine noch so erlesene Technik kann das zustande bringen, was Ich für euch tun kann. Bittet Mich um Demut dem Leben und Gott gegenüber. Lasst euch so formen, wie Ich es wünsche. Denkt an dieser Stelle auch an die hier beschriebenen Meditationen, die in Meinen Armen und die mit dem Licht im Herzen. Wie verdeckt, tief oder hartnäckig Anmaßung und Arroganz auch in euch stecken, Meine Energien helfen, alle Negativität zu verbrennen.

Einmal hatte ich Dich gerade um Demut gebeten. Gleich am nächsten Tag setzte mir jemand in einem Gespräch so zu, dass ich den ganzen Tag nicht damit fertig wurde. Es fühlte sich an, als habest Du selbst etwas in mir zerbrochen.

> Wenn du dich noch recht an die Ereignisse erinnert hättest, würdest du nicht zweifeln, dass Ich dieses Gespräch inspirierte. Ich sprach die Worte, die dich so stark verletzt haben. Wie du es selbst formulierst, trafen sie auf einen starken Widerstand des Egos. Es war sicher nicht angenehm für dich, das weiß Ich sehr gut, aber du batest Mich darum und Ich handelte aus Liebe, - ausschließlich zu deinem Besten.

Ja, geliebter Baba, daran zweifle ich nicht. Du bist so voller Liebe und gibst einfach das, was benötigt wird. Manchmal verabreichst Du sehr, sehr bittere Medizin, aber Deine zärtliche Liebe uns gegenüber bleibt davon völlig unberührt. Das weiß ich mittlerweile.
Obgleich ich damals den ganzen Tag über Schmerzen empfand, war ich auf irgendeine Weise gleichzeitig erfreut, eine so wirkungsvolle Operation hinter mich gebracht zu haben. Deshalb kann ich Dir noch näher kommen.

> Ja, Meine Lieben, Ich bin ausschließlich Liebe.
> Noch eine Anmerkung zu dieser Situation: Wenn du nach Meinen Hinweisen handeltest und ständig versuchtest, Mir mit Liebe nahe zu sein, statt dich für den Schmerz zu öffnen, würdest du dich viel leichter fühlen. Alle unangenehmen Folgen könnten sich sehr schnell auflösen. Aber einer der Teile deiner Persönlichkeit bestand darauf, diesen starken Schmerz zu ertragen, bis er von selbst aufhören würde. Diese Einstellung hat auch etwas für sich, aber Ich möchte dich doch darauf aufmerksam machen, dass etwas Sinnvolleres existiert, als wegen bereits begangener Fehler zu leiden.
> Auch wenn ihr glaubt, dass Leiden euch zu Mir führen, oder sie aus irgendeinem Grund für berechtigt oder wohltuend erachtet, - wisst, dass sie kaum noch von Bedeutung sind, wenn ihr euch bereits für die Liebe entschieden habt. In ähnlichen Situationen erhebt euch rasch und geht weiter. Lasst die Liebe nicht so lange auf euch warten.

Schenkt euch selbst und euren Erlebnissen keine so große Beachtung. Die Liebe sehnt sich nach euch! Kommt!

Baba, ich war natürlich freudig überrascht und sehr beeindruckt, dass Du meine Bitte im Eiltempo erfüllt hast. Ich weiß, ich kann immer auf Dich zählen. Die Antwort auf eine Bitte um eine gute Sache bleibt nie aus. Trifft das auch zu, wenn ich für andere bitte?

Ja, ja, ja.

Ich liebe Dich, Baba.

Ich liebe Dich. Und ich liebe jeden von euch. Ich liebe Dich, Leser, Und Ich hoffe, du findest genug Kraft, dich in noch größerem Maße an die Liebe zu wenden. Sie ist grenzenlos. Sie ist unendliches Licht. Liebe ist die Essenz des Weltalls, diese Liebe ist der Schöpfer selbst.

Noch eine Frage: Vor Jahren begann ich meine Demutsübungen mit Verbeugungen vor Dir, also Meditation und Verbeugungen. Kann diese Kombination auch für die Leser von Nutzen sein, oder reicht es aus, in Deiner Nähe zu meditieren, wie Du anfangs sagtest?

Wenn ihr euch verbeugt, tut es mit Hingabe. Ihr könnt auch die hier angegebenen Meditationen nutzen, um euch Mir zu nähern. Der Schlüssel zum richtigen Weg für jeden einzelnen liegt jedoch nicht in einem Buch und den Wahrheiten, die dort verkündet werden.
Wendet euch an Gott, der eure Herzen bewohnt und bittet Ihn um Führung. Er soll euch zeigen, was ihr in diesem Augenblick benötigt, um einen weiteren Schritt in Seine Richtung zu gehen. Stellt Fragen! Gott im Herzen hört euch zu. Betet, meditiert und reicht dem euch liebenden Allerhöchsten die Früchte dieses Handelns dar. Lauscht Seiner Stimme! Meditiert, hört zu und liebt. Nähert euch dem Schöpfer. Umarmt Ihn wie euren engsten und hingebungsvollsten Freund. Bleibt in dieser Umarmung. Tragt Sorge, dass sich euer Verstand während der Lektüre dieser Worte an den Schöpfer

wendet und in Seiner Nähe ist. Lernt, während des Alltag Seiner ständigen Nähe bewusst zu bleiben. Lenkt eure Gebete und Bitten um Hilfe zu Ihm. Er wird euch nichts abschlagen. Der Schöpfer ist das zärtlichste Wesen der Welt.

Teurer Baba, ich möchte Dich noch einiges fragen.

Frage, frage!

Wie sollen Menschen den Inhalt dieses Buches betrachten? Ist es Deine Stimme, die für wesentliche Dinge eine endgültige Antwort vermittelt, oder sind es mehr Hinweise, die man überdenken sollte?

Eine gute Frage! Meine Stimme ist im Herzen eines Menschen zu vernehmen. Bist Du imstande, die Tiefe deines Herzens auszuloten, achtest Mich und zeigst durch dein Leben, dass du das von Mir Mitgeteilte im Leben praktisch umsetzt, dann betrachte diese Worte als eine Bestätigung auf deinem Pfad. Sie sind zum Wohl einer großen Anzahl von Menschen aufgeschrieben. Deshalb kann für dich persönlich nicht alles von Nutzen sein.
Falls du Meine Stimme noch nicht hörst, bist du durch das Studium Meiner Antworten auf dem besten Weg, Sie irgendwann zu erkennen. Dann kannst du das umsetzen, was Sie im Alltag rät. Dieses Buch wird schließlich als Wegweiser überflüssig, weil du Mich selbst hast. Bis zu diesem Zeitpunkt kann es gut sein, wenn du ab und zu hineinschaust und bittest, Ich möge dir so mitteilen, was für dich wichtig ist. Du kannst selbstverständlich auch andere Bücher dazu benutzen.
Was genau ist eigentlich „Meine Stimme"? Das ist ein umfangreiches Thema. Jeder besitzt diese innere Stimme! Aber entweder nehmt ihr Sie gar nicht zur Kenntnis, oder ihr wendet euch ab und folgt lieber eigenen oder fremden Ideen. Die innere Stimme hilft auf endgültige Weise, alle im gegenwärtigen Augenblick vorhandenen Probleme und Zweifel zu lösen. Das bedeutet aber nicht, dass nicht nach

einer Weile eine andere Entscheidung treffen könnt, oder dass ihr die Lösung für alle die gleiche sein muss.
Richtet euch an die Liebe. Bittet die Göttlichkeit, euch zu lehren, wie man liebt. Das ist das Wichtigste. Alles andere ergibt sich aus diesem einen Schritt ins eigene Herz, in dem Gott wohnt.

Danke, Meister, für Deine ausgezeichnete Antwort. Meine zweite Frage betrifft die Beziehung zu Dir. Bitte erläutere mir, wie Du von uns behandelt werden möchtest. Die Religionen vertreten ihre Auffassungen, diverse Bücher eine völlig andere. So entsteht viel Verwirrung.

Seit langem herrscht ein Durcheinander in euren Köpfen und Herzen. Der Egoismus hat auch geistige Bereiche erfasst, und ihr leidet unter einem Mangel an Wissen, wo die Grenze zwischen Individuellem und Göttlichem verläuft. Diejenigen, die Theologie studieren und Bücher schreiben, berufen sich auf andere, die Bücher schrieben und Theologie studierten. Niemand in der langen Reihe so genannter Studenten, Forscher und Lehrer hat Mich je danach gefragt, wie Ich von euch wahrgenommen werden möchte. Zusätzlich kommt dann noch Egoismus ins Spiel! Ihr folgt eurem eigenen Interesse oder dem eurer Gemeinschaft ohne zu berücksichtigen, dass alles und alle eins sind mit dem liebenden Schöpfer.
Die Vertreter eurer Religionen wollten lieber ihre eigenen Privilegien und die damit verbundene Macht erhalten, statt sich zu Liebe und Licht aufzuschwingen. Entsprechend ist heute die Wirkung: Dunkelheit, die von den Autoritäten als Licht verkauft wird. Eure Religionen haben sich redlich bemüht, Mich für ihre politischen Querelen und Machkämpfe zu instrumentalisieren.
Um diesen Zustand zu verändern, müssen heute Tausende von Menschen unsagbar leiden. Gegenwärtig hängt ihr stärker an euren Vorstellungen als an der Wahrheit, an der Religion statt an Gott. Ihr glaubt den Dogmen statt der lebendigen Quelle, die schon immer in euren Herzen sprudelt.

Wenn ihr eure Ketten sprengt, ist das sehr schmerzhaft. Aber Ich frage euch: Was wollt Ihr? Scheinfrieden und Sicherheit, die eure Religion verspricht oder Kontakt mit der Göttlichkeit? Darauf müsst ihr selbst die Antwort finden.

Nach diesen einführenden Worten komme Ich auf deine Frage zurück, wie Ich behandelt werden möchte. Zum einen mit Liebe. Aus der Liebe erwachsen Achtung und Hingabe von Demut begleitet. Das wäre vorläufig alles zu diesem Thema.

Gehen wir weiter und sprechen über Bedingungen:

Meister, darf ich noch eine weitere Frage stellen? Religion ist für viele Menschen etwas sehr Wichtiges in ihrem Leben...

Es ist nicht gut, wenn sie einen größeren Raum einnimmt als Gott selbst. Für Ihn kannst du alles und alle verlassen. Wenn du Ihn aber kosten und Seine Liebe kennen lernen möchtest, kommt die Zeit, da du alle Religionen im Stich lassen musst. Nähere dich Gott vertrauensvoll und mit Liebe. Lass von allem ab, was Menschen ersonnen haben.

Wenn ihr dabei mit der Schwierigkeit konfrontiert werdet, nicht zu wissen, wohin ihr euch noch wenden sollt, stellt euch die ganz einfache Frage: Was ist wichtiger, Gott oder die Religion? Und merkt euch: Eure Antwort sollte in keiner Weise von Angst beeinflusst sein. Gott flösst niemandem Angst ein. Er liebt und ist voller Fürsorge. Liebe manipuliert nicht und ist nicht gezwungen, Ihren Einfluss auf tückische Weise zu erschleichen. Liebe schenkt Sich selbst und spendet Glück.

Die Welt als lebendige Manifestation Gottes.

Soll ich alles, was mich umgibt, als lebendige Manifestation Gottes betrachten?

Ja, das ist eine gute Idee. Sie wird dich erheben und viele gedankliche Barrieren beseitigen. Ich werde dir dabei helfen.

Ich habe gerade eine Pflanze vor Augen, die aus mir unbekannten Gründen krank und vertrocknet ist. Soll ich auch in ihr die Liebe sehen?

Ja, auch in ihr. Die Liebe will sie retten. Bitte also, Sie möge dich führen, und der Pflanze eine Chance geben, wenn du dich ihrer annimmst.

Ich bitte Dich also, o Liebe, kümmere Dich um die Pflanze! Lenk mein Handeln, damit das geschieht, was Du vorhast. Was soll ich nun tun?

Sende der Pflanze einen Liebestropfen aus deinem Herzen. Hab keine Angst davor, du hast sehr viele davon, du bist wie eine Biene, die voll mit süßem Honig ist. Beginne, ihn überall zu verteilen, wo du zugegen bist.

An wen denn?

Konzentriere dich auf die Göttlichkeit, und alles wird selbsttätig geschehen. Du wirst wissen, was zu tun ist. Lerne, deinem Herzen Liebe entströmen zu lassen. Gib allen so viel, wie sie Meinem Wunsch entsprechend erhalten sollen. Wenn du so handelst, wirst du einen Punkt erreichen, wo Liebe ganz frei fließt, ohne irgendwelche Hindernisse. Weder dein Verstand, noch deine Ansichten, Wertmaßstäbe oder Glaubensvorstellungen werden störend im Wege sein. Ich spende die Liebe und bin auch Ihr Empfänger. So schließt sich der Kreis – vom Schöpfer zurück zum Schöpfer.

Gib, gib und gib noch einmal. Ich strahle dann aus deinem Herzen auf die Welt, die Meine Anwesenheit so sehr braucht. Möge alles, was du siehst und hörst, einfach alles, was geschieht, Dir Gelegenheit sein, den Liebesstrom aus deinem Herzen in Bewegung zu setzen. Möge er überall, wo du dich aufhältst, fließen. Dann wird es dir auch selbst nie an Liebe mangeln.

Fürchte dich nicht zu geben. Hab keine Angst, den Satz „ich liebe" zu gebrauchen. Zögere nicht und verschließ dich nicht. Bleib in der Liebe. Sie kennt keine Grenzen, keine Traurigkeit oder Erschöpfung. Je mehr du gibst, desto mehr bekommst du zum Weiterschenken. Behalt nichts für dich! Gib, gib, gib! So handelt die Liebe.

Ich habe aber den Eindruck, nicht ich als Person sollte geben, die Liebe nicht aus mir selbst senden, sondern Dich als den Handelnden begreifen.

Ja! Du bist nur der Kanal, sozusagen das Bindeglied zwischen Geber und Nehmer, und als solches nimm dich zurück, um dem freien Fluss der Liebe nicht im Weg zu stehen. Bitte also, dass Ich die Süße Meiner göttlichen Liebe durch dein Herz überall dort hinsende, wo Sie benötigt wird. Bleib du auf Mich ausgerichtet. Mögen Liebe und Freude dich umarmen. Richte dich auf in den Strahlen Meines Glücks.

O Gott, welch interessante Anweisung!

Lächele! Zuviel Ernst ziemt sich für eine Person deines Alters nicht.

Bin ich schon etwas kindisch geworden?

Endlich hast du deinen Sinn für Humor wieder!

Ich freue mich, dass Du die Last des persönlichen Ichs von meinen Schultern genommen hast. Dieses Ego wollte immer die erste Geige spielen! Es preschte vorwärts, nahm den Platz ein, der Dir gebührt.

Ich danke Dir von ganzem Herzen! Bitte führe mich weiterhin, damit ich nur Liebe bin. Außerdem möchte ich Deine große, so anziehende Bescheidenheit erreichen.

Bescheidenheit ist die Grundlage von Spiritualität. Lernt, wie man bescheiden wird.

Lieber Meister, könntest Du mehr zu diesem Thema sagen?

Gerne, es ist eines Meiner Lieblingsthemen. Macht euch zum einen bewusst, dass ihr nicht zuhören könnt. In der Regel seid ihr dermaßen mit euch selbst und den eigenen Gedanken beschäftigt, dass ihr nicht wahrnehmt, was um euch herum geschieht. Deshalb könnt ihr nicht verstehen, was die Menschen euch sagen wollen. Aus einem ähnlichen Grund seid ihr auch nicht imstande, Mich in eurem Innern zu vernehmen.
Zum zweiten seid euch darüber im Klaren, dass eure Beziehungen zu anderen Menschen vorwiegend Tauschgeschäfte sind: „Du gibst mir das, ich gebe dir jenes". Das ist keine Liebe oder Freundschaft, wie ihr zu sagen pflegt. Bescheidenheit hat viel gemein mit Selbstlosigkeit und der Fähigkeit, etwas von sich selbst aus Freundschaft und zum Wohl eines anderen Wesens zu verschenken. Bescheidenheit heißt, sich vom Gefühl für das eigene Ich freizumachen, auch von dem Wunsch, in den Beziehungen mit Freunden und jenen, die ihr liebt, irgendeinen Gegenwert zu erhalten. Bescheidenheit ist das Gegenstück zu Überheblichkeit und Eigennutz. Sie ist Verzicht auf eigene Autorität und das Verstehen, dass trotz Ausbildung und aller Studien das Wissen und die erworbenen Fähigkeiten nicht ausschließlich zu unserem Nutzen und unser Eigentum sind, sondern uns nur für eine kurze Zeitspanne zur Verfügung stehen. Bescheidenheit belegt den hintersten Platz und erfreut sich daran. Bescheidenheit denkt ganz zuletzt an sich. Bescheidenheit ist die Fähigkeit zum Verzicht, auch dem Verzicht auf eigene Rechte. Es gibt bei einem bescheide-

nen Menschen keine Ambitionen, ein „Jemand" zu sein, ja, er radiert sich ganz aus, entledigt sich völlig des Gefühls seiner Bedeutung.
Bescheidenheit verzichtet auf die Gewohnheit, andere unablässig zu bewerten oder sich ständig vergleichen zu müssen.
Seid bescheiden.

Nachdem ich gelesen hatte, was Du mir gestern vermittelt hast, war ich etwas verlegen. Ich weiß, dass alles, was Du sagtest, auch mich betrifft. In der Tat halte ich Eigenschaften und Begabungen für mein Eigentum. Obwohl mir klar ist, dass Du Recht hast, bleibt diese Art des Denkens hartnäckig weiter bestehen. Ich bin jetzt in Aufregung in dem Bestreben, sie zu verändern oder abzulegen. Was kann ich tun?

Wir sprechen schon so lange Zeit miteinander, und du solltest wissen, dass es nur einen Weg gibt, den Weg der Liebe. Der Mensch kann von sich aus nicht viel bewirken. Deshalb übergib dieses Problem und jedes andere voller Vertrauen auf den Höchsten. Bemüh du dich nur, Ihm liebevoll nahe zu kommen.
Die Liebe zum Schöpfer, um die du bittest und die sich dann einstellt, ist der Weg für dich und jeden Menschen. Liebe ebnet eure Pfade und nimmt all eure Lasten, Sorgen und Unannehmlichkeiten. Sie tut das, damit ihr den Schöpfer noch zärtlicher und heißer liebt.
Jeder so genannte Fortschritt auf dem geistigen Weg beruht ausschließlich auf der Fähigkeit, sich mit Liebe an den Schöpfer zu wenden. Er selbst weiß dann, was und wann etwas getan werden muss.
Lernt, ständig in der Liebe zum Schöpfer zu bleiben. Dann findet ihr euch bald jenseits dieser Welt wieder, in Seiner wundervollen Umarmung.

Ursachen und Wirkungen

Meister, ich möchte das Thema „Ursachen und Wirkungen" noch weiter fortsetzen. Wenn heutige Verfehlungen Leiden in der Zukunft bringen, ist das, was gegenwärtig erlitten werden muss, die Wirkung der Übertretungen von kosmischen Gesetzen in der Vergangenheit?

Ja, deine Aussage stimmt mit der Wahrheit überein.

Meinst Du nicht, dass dieses Wissen eine zusätzliche psychische Zerreißprobe für diejenigen ist, die jetzt schwierige Zeiten erleben? Sie müssen die Last der Schuldgefühle tragen, die Gewissheit, dass kein blindes Schicksal waltet, sondern sie selbst ihr Unglück verursacht haben.

Du irrst. Gerade in diesem Wissen liegt die Befreiung von Leiden, weil sie niemals grundlos verhängt werden. Das Begreifen dieser Tatsache kann menschliches Denken auf den Weg zur göttlichen Liebe lenken, und auf diesem Weg werdet ihr Befreiung von allem Ungemach erfahren und noch viel, viel mehr.
Außerdem sind Schuldgefühle nichts Erstrebenswertes. Im Gegenteil, sie vergrößern nur den psychischen Schmerz. Deshalb sollte man darauf verzichten.

Gut, aber wie kann man das schaffen?

Hört auf, über die Vergangenheit nachzudenken. Beschuldigt euch nicht, sondern schreitet voran. Bittet Gott, den Weg zu ebnen und falls möglich, die Auswirkungen eurer Taten auszuradieren.
Viel Unglück und Leiden sind die Folgen von Unwissenheit. Bittet also den Allerhöchsten um Führung und Licht auf eurem Weg.

Bindungen

Meister, ist Liebe ohne Anhänglichkeit möglich?

Ist deine Frage erst gemeint?

Du hast einen wunderbaren Sinn für Humor, ... überhaupt, Du bist sehr süß, süßer als Menschen sich vorstellen können.

Schade, dass du das mit menschlicher Vorstellung sagst! Aber ihr könnt Mich und Meine Süße erfahren!

Es ist schon seltsam wie weit der Weg ist, der uns von Dir trennt!

Er ist gar nicht so weit. Es ist nur die Strecke vom Verstand bis zum Herzen! Ich wohne in jedem Herzen und kann von dort aus mit Meiner Liebe in die Welt strahlen. Wahre Liebe ist rein, ohne jede Spur eines egoistischen Wunsches. Die Menschen behaupten zwar, sie hätten nur das Gute des anderen im Sinn und sind auch ernsthaft davon überzeugt, aber sie sind sich ihres Egoismus, der sie in Wahrheit motiviert, nicht bewusst. Deshalb ist es so schwierig, wahre und reine Liebe unter euch zu finden. Ihr verwechselt Liebe mit Begierde und Egoismus mit Anhänglichkeit.

Du sagtest, es sei schwierig, einer wahren Liebe zu begegnen. Das bedeutet aber, es gibt sie doch gelegentlich?

Ja, das stimmt. Manchmal tut ihr etwas für andere ohne eigenen Nutzen. Das ist dann ein Ausdruck von Liebe.

Meine Frage zielte mehr auf das Gefühl von Liebe als auf Ihren Ausdruck.

Ich weiß, aber du fragst nach Dingen, die euch nichts Wertvolles bringen. Deshalb antworte Ich so, dass ihr doch von Meiner Antwort profitieren könnt.

Du hast also konsequent unser Wohl im Auge?

Ja. Ich verstehe davon auch mehr als ihr. Deshalb ist Selbstlosigkeit von Bedeutung, und nicht Erkenntnisse über das, was ihr als „die wahre Liebe" bezeichnet. Du dachtest an Beziehungen. Ich sprach von Befreiung, über die Liebe, die über allem steht, über Liebe, die Fesseln löst und frei macht. Sie beschenkt mit Sich selbst und bringt Euch zur Göttlichkeit. Es geht nicht um das, was euch miteinander und mit der Erde verbindet. Liebe ist unsere Natur, unsere wahre Natur. Liebe ist alles, was existiert.

Willkommen, geliebter Meister. Ich danke Dir für Deine Liebe. Es ist etwas Wunderbares, mit Ihr den Tag zu beginnen. Ich möchte Dich etwas fragen.

Ich höre dir zu.

Es scheint, dass zwischen meinem Bekannten und mir eine zu starke Bindung besteht. Ich ertappe mich dabei, dass ich mich an ihn gebunden fühle. Das ist sicher nicht gut. Was kannst Du raten?

Naja, hier kommen einige Faktoren zusammen. Erstens kennt ihr euch schon sehr lange, habt viel gemeinsam durchgemacht in vergangenen Leben. Deshalb kannst du dich aus dieser Verbindung nicht lösen. Aber wie du schon weißt, sind alle diese Beziehungsformen auf lange Sicht zerstörerisch, besonders die, die sich auf die Vergangenheit beziehen. Sie sind letzten Endes ein Rezept für Unglück. Zweitens denkst du zu viel an ihn. In Wirklichkeit bist du ihm in keiner Weise verpflichtet und – was das Wichtigste ist, – du bist nicht für seine Entwicklung verantwortlich. Nicht du bist es, der ihm hilft, sondern Ich. Darin liegt der grundlegende Unterschied. Deine Hilfe bindet, Meine befreit und verbrennt die Fesseln auf beiden Seiten.

Übergib Mir einfach diese Verbindung und unternimm nichts aus eigener Initiative, sonst vereitelst du nur Meine Pläne.

Kann ich denn etwas tun, um diese Bindung aufzulösen?

Wenn du so direkt fragst, sage ich dir, dass sie schon längst gelockert ist und nie mehr die gleiche sein wird. Ich habe Mich bereits darum gekümmert. Ich schenke euch beiden Meine Liebe statt jener Energie, die euch so lange im Griff hatte.
Merk dir, du begegnest niemandem ohne Grund. Sei besonders vorsichtig gegenüber Menschen, die sehr viel in dir auslösen. Starke, gefühlsmäßige Reaktionen, sofortiges Verstehen und das Empfinden, jemanden schon seit vielen Jahren zu kennen, sind untrügliche Zeichen für karmische Verbindungen. In solch einer Situation empfehle Ich dir, für einen Monat den Kontakt zu unterbrechen. Dann werden wir sehen, wie es weitergeht.

Ich danke Dir für Deine Antwort und Hilfe. Ich werde Deinen Rat freudig befolgen.

Es gibt sehr gefährliche Beziehungen. Denkt daran, immer zählt nur die Liebe, nicht die Verbindung. Lernt, zwischen Anhänglichkeit und Liebe zu unterscheiden. Die einzige Verbindung, die es wert ist, ständig an ihr zu arbeiten, - und das sollte man sogar, - ist die mit Gott. Alles andere sind bloß Anhänglichkeiten.

In unserer Kultur haben menschliche Beziehungen einen großen Stellenwert.

Wenn dem wirklich so wäre, würdet ihr den anderen Menschen achten. Eure Art, Beziehungen zu unterhalten, dient meist nur privaten Bedürfnissen oder geschäftlichen Angelegenheiten. So versucht ihr, eure innere Leere zu füllen und den eigenen Wert zu steigern. In Wahrheit gibt es unter euch keine Liebe zu einer anderen Person, keine Offenheit ihr gegenüber, keinen Versuch, ihre Gefühle zu verstehen und ihr Herz mit Liebe zu erreichen.

Pass auf: um jemanden wirklich zu lieben, muss man frei sein und der Gegenseite auch Freiheit gewähren. Liebe ist etwas anderes als Anhänglichkeit. Eine Beziehung ist auch ein Weg zur Göttlichkeit und kein Tummelplatz, um eigene Annehmlichkeiten zu pflegen. Liebt mit ganzem Herzen und seid frei! Liebt die Göttlichkeit! Sie befreit euch und zeigt, was Liebe zu Ihr und zu anderen Menschen bedeutet. Seid glücklich!

Ich bin ganz überrascht, dass wir menschliche Beziehungen thematisieren.

Beziehungen bilden den Hintergrund für Liebe, aber nur einen bestimmten. Nicht sie sind wichtig, denn sie gehen vorüber, sondern Gott und Seine Liebe. Beziehungslosigkeit ist der Weg zu Liebe und Selbstlosigkeit. Handeln und Geschäftemachen hört auf, es existiert nur noch Geben, Geben, Geben. Liebe lebt vom Geben und Verzeihen, das Ego vom Nehmen und Vergessen. Betretet die Pfade der Liebe. Euch selbst und alles, was ihr so lange für euer Ich hieltet, vergesst nach und nach. Lernt, von Herzen zu geben, euren Partnern mit Liebe zuzuhören, sie zu verstehen und zu unterstützen. Und achtet darauf, was ihr darüber im Gegenzug verlangt!

Wenn ihr ehrlich seid, werdet ihr gleich zu Anfang feststellen, dass eure Absichten gar nicht so rein und edel sind. Aber wendet euch an die Liebe. Sie möge euch befreien und mit Sich beschenken, damit die Abhängigkeit ein Ende hat.

Licht und Liebe sollen Anhänglichkeiten ersetzen. Unterhaltet Beziehungen zur Göttlichkeit, basierend auf Liebe, Freude und Nähe und auf dem Glück, das von jedem Gedanken an Sie ausgelöst wird. Das kommt euch allen zugute.

Jetzt werden wir uns mit dem nächsten Thema beschäftigen. Es handelt von der Fähigkeit, sich zu konzentrieren.

Werden wir noch einmal auf zwischenmenschliche Beziehungen zurückkommen?

Mehr als einmal! Aber die Liebe zu Gott sollte an erster und zweiter Stelle stehen. Wenn ein Mensch aber in einer Beziehung lebt, kann er sehr viel für sich und den anderen tun. Überall besteht die Möglichkeit, eine tiefere Ordnung der Liebe einzuführen. Deshalb werden wir noch viele Male über Beziehungen sprechen müssen. Ich werde euch lehren, wie man sie von unwegsamen Gebieten in blühende Wiesen verwandelt.

Ich danke Dir für Dein Versprechen.

Liebe! Es zählt nur die Liebe.

Baba, was Du eben gesagt hast, macht mich neugierig. Warum hast Du gerade jetzt davon gesprochen? Mittlerweile weiß ich, dass Du immer irgendeine Absicht verfolgst.

Du wirst schon dahinter kommen.

Lieber Meister, wenn ich für Dich schreibe, strömt eine wunderbare Liebe…

Die Liebe ist das Licht des Weltalls. Konzentriere deinen Verstand nicht auf Menschen und nicht auf die Welt. Bleib auf Mich ausgerichtet. Merk dir ein für allemal: Ob mit Körper oder ohne, gesund oder krank, egal, was passiert, gleichgültig, was in deinen Augen gut für dich oder andere ist, richte deinen Verstand auf…

…die Liebe, denn nur Sie zählt.

Liebe ist Befreiung. Ich werde die Fesseln eurer Anhänglichkeiten zu Asche verbrennen. Liebe wird triumphieren und jeden Tag Ihren stillen Sieg feiern. Liebe ist der höchste Preis, den ihr erringen könnt. Sucht die Liebe, öffnet

euch für Sie. Betet, damit Sie euch und eure Nächsten mit Sich beschenkt. Füllt eure Herzen und Hirne mit Ihr und lasst euch auf Ihren Wegen durchs Leben führen.

Das Wichtigste, das Allerwichtigste ist: Richtet eure Aufmerksamkeit auf die euch liebende und alles durchdringende Göttlichkeit.

Jetzt ist der passende Augenblick, um über die Fokussierung der Aufmerksamkeit auf die Göttlichkeit zu sprechen.

Konzentration der Aufmerksamkeit auf Gott

Hingabe ist heutzutage eine seltene Tugend. Das liegt am unsteten Verstand, der von einer Sache zur nächsten springt. Euch mangelt es an Konzentration und Sammlung auf den Einen, und darin liegt ein ungeheuer großes Hindernis auf dem geistigen Weg. Ein instabiler Verstand ergibt sich schnell äußeren Impulsen und folgt ihnen willig. Ist der Kopf dagegen beharrlich auf Gott und Seine Liebe ausgerichtet, lässt der Mensch sich nicht so leicht in Unruhe versetzen und bleibt ausgeglichen.

Grundlegend für die Sammlung auf Gott und Liebe ist die Fähigkeit des Verstandes, sich konzentrieren zu können...

Ich werde euch also einige Werkzeuge an die Hand geben, die euch weiterhelfen, mit der Unmenge äußerer Energien fertig zu werden. Übt diese Methoden geduldig, aber hofft nicht auf schnellen Erfolg. Obwohl die Techniken sehr einfach sind, haben sie eine starke Wirkung auf den Verstand. Also übertreibt nicht!

Für die erste Übung braucht ihr die Fähigkeit, euch auf den Punkt zwischen den Augen konzentrieren zu können. Wendet euch gleich zu Anfang an den liebenden Gott, damit Er eure Bemühungen segnet und den Verlauf der Übung betreut. Das ist sehr wichtig! Anschließend fokussiert eure Aufmerksamkeit etwa zehn bis fünfzehn Minuten ganz sacht auf die genannte Stelle, als ob ihr sie von

266

innen betrachten würdet. Mit einigem Geschick gelingt es euch, dort eine kleine, von euch gewählte Gestalt der Göttlichkeit zu platzieren. Legt dann all die anstürmenden Gedanken, Erinnerungen oder psychischen Zustände zu Ihren Füßen nieder, ohne ihnen sonst Beachtung zu schenken. Lasst eure Aufmerksamkeit ganz auf dieser Gestalt ruhen. Bleibt still und bemüht euch, die Konzentration durch keinen unnötigen Gedanken zu unterbrechen. Konzentration, Konzentration, Konzentration. Begegnet ihr Schwierigkeiten, beginnt behutsam von neuem. Arbeitet mit Milde und Sanftmut, aber ohne jede Kraftanstrengung.

Wenn verschiedenartige Erscheinungen wie Einsichten, glitzernde Farben oder spontane Erkenntnisse auftreten, reicht sie alle dem liebenden Schöpfer und analysiert nicht. Sie sind ganz und gar unnötig und führen nur auf Abwege. Diese Phänomene gehören zum Schleier (Maya), der die Göttlichkeit verhüllt. Meditiert weiter, bis ihr das Gefühl habt, dass euer Kopf in eine kühle Energie getaucht ist. Dann solltet ihr die Konzentration auf den Punkt zwischen den Augenbrauen abschließen, denn das genügt vollkommen. Eine Fortsetzung ist die empfehlenswert.

Die zweite Übung ist etwas einfacher, aber praktiziert sie erst, nachdem ihr die andere beherrscht. Nur wenn Schwierigkeiten auftreten, geht gleich dazu über, den Blick auf einen Punkt zu konzentrieren. Eine brennende Kerze ist geeignet oder die Abbildung irgendeiner göttlichen Gestalt.

Konzentriert euren Blick auf den Punkt zwischen den Augenbrauen der gewählten göttlichen Form. Seid euch auch die ganze Zeit voll bewusst, worauf ihr schaut. Am Anfang sollten zehn Minuten Praxis ausreichend sein. Übertreibt nicht mit dieser Technik. Die erlangte Konzentrationskraft wendet sich möglicherweise gegen euch, wenn ihr anschließend euren Blick zu intensiv auf Gegenstände der äußeren Welt fixiert. Deshalb ist die erste Methode sicherer und wirkungsvoller.

Beide Übungen stabilisieren die mentalen Ströme. Ihr solltet aber auch wissen, dass vieles von euch selbst abhängt. Ich empfehle also dringend, euer Interesse für Presse, Funk und Fernsehen zu begrenzen. Diese Medien sind heutzutage auf extrem niedrigem Niveau. Je weniger Aufmerksamkeit ihr ihnen schenkt, desto glücklicher und ruhiger verläuft euer Leben. Es besteht keine Notwendigkeit, die Unmengen dunkler Energien aufzunehmen, die die verschiedenen Ereignisse, Kommentare und Meinungen begleiten. Gott ist überall und kümmert sich um jeden. Ihr könnt durch Nachrichtenkonsum sowieso nichts verändern. Bittet die Göttlichkeit um Glück für alle Wesen. Überlasst Mir die Welt und richtet euch auf Liebe aus. So wird sich diese Welt zum Besseren verändern, aber ihr solltet Mir Gelegenheit zum Eingreifen geben.

Teurer Baba, darf ich an dieser Stelle die neue Meditation beschreiben, die Du mir beigebracht hast?

Ja, aber erlaube Mir noch eine kleine Bemerkung. Beherrscht ihr eine bestimmte Meditationstechnik, dann bleibt auch dabei. Es ist nicht gut, die Methoden dauernd zu verändern. Bittet die Göttlichkeit, euch die für euren Entwicklungsstand und eure Situation passende zu zeigen. Betet voller Liebe. Die Liebe wird euch antworten und den Weg weisen.
Und nun beschreibe die neue Methode.

Baba, Du hast einen köstlichen Sinn für Humor. Dafür liebe ich Dich auch. Du bist das wundervollste Wesen auf der Welt und im All. Ich liebe Dich.

Liebe bringt das Herz auf den Weg zur Göttlichkeit.

Wieder äußerst Du etwas, das sich nicht auf den vorangegangnen Text bezieht, sondern neue Horizonte eröffnet. Könntest Du es näher erläutern?

Nein, hier sind Kommentare überflüssig. Liebt und richtet eure Liebe auf den liebenden Gott. Man braucht die süßen Gefühle im Herzen nicht zu erklären. Lasst euch von ihnen führen. Macht sie euch zu eigen und folgt ihnen. Schiebt die Stimmen der Welt, eure persönlichen Empfindungen, Anhänglichkeiten und Begierden beiseite. Trennt euch von Selbstsucht und Geschäftemacherei. Ersetzt all das durch die Liebe zu Gott, und Er wird alles Negative verbrennen. Übrig bleiben Reinheit, Güte und Licht.

Ich weiß nicht, was ich noch sagen könnte. Eigentlich hatte ich versprochen, über die Meditation zu berichten.

Fang an, die Leser warten.

Wie wunderbar Du lachst!

Fang an, beginne mit etwas Schönem.

Ja, in dieser Meditation zeigt sich tatsächlich das Schöne, jedenfalls empfinde ich es so. Sie ist einfach, gleichzeitig aber auch sehr machtvoll. Ich spüre ihre Wirkung jeden Tag, schon morgens, aber auch in freien Momenten tagsüber. Wenn ich mich an sie erinnere, beginnt gleich eine starke, lichte Energie zu fließen, die tiefe Ruhe mit sich bringt. Anschließend spüre ich stundenlang Liebe und große Freude. In der Begegnung mit Menschen und während unserer Gespräche fällt mir auf, dass ich alles, was sie tun oder sagen, positiv aufnehme. Ich freue mich auch an den Ereignissen in meinem Leben.

Also bringt diese Meditation eher Freude an äußeren Dingen?

Ich danke Dir für diese Bemerkung. Nein, eher ist die Freude in meinem Innern der Grund für mein positives Erleben und angenehmes Empfinden. Wenn ich tagsüber kurz Zeit habe, setze ich mich hin und lasse mir von Dir meine Batterien aufladen.
Jetzt zur Beschreibung der Technik.

Die Meditation, mit solch wunderbarer Wirkung, besteht aus der Betrachtung des Fotos von Sathya Sai Baba, der Rezitation eines Mantras oder des einfachen Satzes: „Ich liebe Dich!" Sie dauert etwa zwanzig bis dreißig Minuten. Während dieser Zeit bemühe ich mich, an nichts anderes zu denken, mich nur auf die Liebe zu konzentrieren. Und dann kommt Sie…

Baba, könntest Du jetzt etwas sagen? Möglicherweise ist die Gestalt von Sai Baba für viele Menschen ungeeignet!

Nein, so ist es nicht. Du hast dich unpassend ausgedrückt. Schaut nicht auf die Gestalt, sondern über sie hinaus auf die Göttlichkeit. Nur die Göttlichkeit zählt, weder das ICH noch irgendeine Form. Jede Gestalt oder Erscheinung ist sekundär gegenüber der durch sie erscheinenden Göttlichkeit. Meine Botschaft ist die Liebe, nicht irgendein Körper.

Erlaube mir die Bemerkung, dass Du für mich im Körper von Sri Sathya Sai Baba die stärkste Ausstrahlung hast. Vielleicht erlebe ich es so, weil Du gegenwärtig in diesem Körper lebst.

Mein Körper ist das Weltall. Sri Sathya Sai Baba kam und wird von der Bildfläche wieder verschwinden Was bleibt? Findet auf diese Frage eine Antwort. Ich lebe nicht in Indien! Ich bin hier, jetzt, in euch, neben euch. Ich stehe in diesem Augenblick neben Dir, Leser. Ich liebe dich, denn Ich bin die Liebe.

O Gott, welche Macht offenbart sich in Deinen Worten!

Wählt eine für euch passende Gestalt. Konzentriert euch auf sie, aber seht auch über sie hinaus, denn die durch sie repräsentierte Göttlichkeit ist überall, hier und jetzt. Die allgegenwärtige Göttlichkeit ist die Liebe. Göttlichkeit und Liebe sind identisch.
Wendet euch mit Liebe an die Liebe. Bittet um Sie und betet zu Ihr, dann werdet ihr tagtäglich mit dem Segen Gottes überschüttet. Aber seid nicht hochmütig und lasst

kein Gefühl von Ausgewähltsein aufkommen. Statt eure Zeit auf diese Weise zu verschwenden, richtet euch an Gott und Seine Liebe. Bittet um Bescheidenheit; bittet um Liebe und Befreiung. Bittet und betet, damit der Schöpfer euch nach Seinem Willen formt. So gestaltet sich der Weg zur Vereinigung mit Gott während des irdischen Lebens.

Herzlich willkommen, Baba! Ich bin sehr glücklich, Dich gefunden zu haben. Danke, dass Du mich Deine Liebe erfahren lässt. Ich liebe Dich und möchte Dich bitten, mir immer mehr von dieser Deiner Liebe zu schenken. Heute will ich Dich fragen, wie man die Liebe zu Dir im Alltag vergrößern kann? Wie soll man konkret vorgehen?

Gut, Ich werde Deinen Wunsch erfüllen. Wir werden heute darüber sprechen, wie jeder Mensch Liebe zu Gott entwickeln kann.
Jeder von euch liebt etwas oder irgendjemanden. Ich meine hier das besondere Gefühl, dass ihr anderen gegenüber empfinden könnt, ein Gefühl der süßen Verliebtheit, der Hingabe, ein Gefühl, von welchem einem das Herz warm wird. Von diesem Gefühl gehen wir aus. Betrachtet die, die ihr am liebsten habt, die ihr einfach mögt. Es kann jemand aus eurer Familie sein, eine Schwester, ein Bruder, der Ehemann, die Frau oder ein geliebter Freund. Sicher lieben viele von euch ihre Kinder.
Ich bin all jene. In der Tat seht ihr niemanden außer Mir, sobald ihr euch umschaut. Wenn ihr euch eine Person ausgewählt habt, lasst die Gefühle aufsteigen, mit denen ihr sie beschenken wollt. Mögen sie lebendig sein, allerherzlichst und voller Hingabe. Dann übertragt sie auf Mich, auf jene Gestalt der Göttlichkeit, die ihr für eure Meditation gewählt habt. Bleibt bei diesen Gefühlen. Bemüht euch, sie lebendig und rein fließen zu lassen. Umarmt Mich! Verweilen wir so in süßer Umarmung. Ich liebe euch.

Lieber Baba, vielen Menschen wird das nicht gelingen.

271

Warum sagst du das? Es gelingt vielen, sehr vielen. Versucht es, probiert es aus, lasst nicht nach in eurem Bemühen. Die Zeit, die der Liebe geopfert wird, ist niemals verloren.

Du strahlst soviel Wärme, ja Glut aus, wenn ich Dich umarme…

Ich kühle niemals ab. Ich liebe immer. Ich liebe, liebe, liebe.
Das nächste Thema, das Ich nun besprechen möchte, ist „Zweifel und Zaudern“.

Das Tal des Zweifels und Zauderns

Zu Beginn des geistigen Weges habt ihr oft mit Zweifeln und Unsicherheiten zu kämpfen. Es tauchen viele Fragen auf, wie:
Ist der Weg, den ich gehe, auch keine trügerische Sackgasse? Werde ich in irgendwelche unangenehmen Dinge hineingezogen?
Diese Reaktionen sind berechtigt. Sie bezeugen eure natürliche Vorsicht, die man immer walten lassen sollte, wenn man etwas Neues sieht oder hört. Sie bewahren euch vor unkontrollierbaren geistigen Abwegen. An einer tatsächlichen Hinwendung zur Göttlichkeit in euren Herzen sollten sie euch allerdings nicht hindern.
Nichts und niemand hat dort Zutritt, denn eure Herzen werden vom Schöpfer allein beschützt. Vielleicht könnt ihr es selbst kaum glauben, aber niemand kann euch an dem Versuch hindern, Fragen an Gott selbst zu stellen, wo immer ihr Ihn auch findet. So könnt ihr den Wert dessen prüfen, was ihr hier erfahrt, was euch hier verabreicht wird. Außerdem spricht nichts dagegen, Gott zu bitten, euer Leben zu lenken und so vor euch in Erscheinung zu treten, wie es Seinem eigenen Wunsch entspricht. Zweifel und Zögern sind im Bereich des Verstandes. Das Herz aber kennt den Weg. Da euer Weltbild üblicherweise vom Ver-

272

stand beherrscht wird, müsst ihr euch am Anfang mit Unterscheidungsschwierigkeiten herumplagen. Verlasst euch in solchen Situationen darauf, dass Gott weiß, wie Er euch am besten führt. Vertraut Seiner Weisheit und Liebe, Seiner Güte und Seinem Mitgefühl. Alles, was euch im Leben zustößt, ist ein göttliches Geschenk. Es dient eurer Befreiung und einem Leben in Glückseligkeit und Freude, vereint mit dem Höchsten, alle Jahre, Jahrhunderte, die ganze Ewigkeit. Wenn Zweifel und Wankelmütigkeit zu lange anhalten, sind sie ein großes Hemmnis für eure geistige Entwicklung. Entzieht ihnen die Aufmerksamkeit. Arbeitet dann und dient anderen. Betet zur Göttlichkeit um Hilfe, damit Sie alle Hindernisse beseitigt. Falls ihr doch irgendwann zu der Überzeugung kommt, dass ihr auf dem falschen Weg seid, könnt ihr immer umkehren und eine neue Richtung einschlagen. Bittet um Inspiration und göttliche Führung, dann werdet ihr das Tal der Zweifel schnell durchschreiten. Auf der anderen Seite erwartet euch so viel Gutes! Es lohnt sich einfach nicht, auf halber Strecke stehenzubleiben und in Finsternis zu leiden. Wendet euch Gott zu, damit Er euch jeden Tag, jeden Augenblick den Weg zu Ihm weist. In Momenten des Zweifels, in Unsicherheiten und leidvollen Erfahrungen bin Ich immer mit euch. Ich liebe euch und sehe mit Unbehagen, wie ihr leidet.

Auf der anderen Seite des Tals warten Geschenke der Liebe, die vom mächtigsten und liebevollsten Wesen des Alls stammen. Geht einfach dorthin und erlaubt, dass Ich euch beschenke. Es gibt keine größere Macht als die göttliche. Es gibt keine heißere Liebe als Meine. Nähert euch Mir … und bleibt bei Mir.

Ich liebe, liebe, liebe. Einst werdet ihr sehen, wer Ich bin und dann erfahrt ihr Meine Liebe. Warum nicht sofort, jetzt und hier? Wendet euch mit einem heißen Gebet an die Liebe. Sie möge euch ergreifen.

Zweifel und Unsicherheiten sind wie dicke Taue, die euer Schiff im Hafen festhalten. Niemals werdet ihr erfahren können, wie sich das Segeln auf offener See anfühlt, wenn ihr nicht imstande seid, den Kai zu verlassen. Legt ab und richtet euer ganzes Vertrauen auf Gott, Seine Liebe, Sein Mitgefühl. Darauf könnt ihr immer zählen, obwohl ihr die Göttlichkeit manchmal verflucht, weil Sie euch Umstände zumutet, von denen ihr denkt, sie würden euch vernichten. Aber das scheint nur so, denn die liebende Göttlichkeit hat keinen Anteil an den unliebsamen Ereignissen in eurem Leben. Sie sind die Folgen eures früheren Verhaltens. Aber merkt euch:

Ein offenes Gebet an die Göttlichkeit mit der Bitte, einen nächsten Schritt zu Ihr vornehmen zu können, kann die Auswirkungen eurer Verfehlungen abschwächen, wenn nicht gar ganz auflösen.

Ihr braucht auch keine Erfahrungen im Umlernen zu machen. Die Liebe verlangt das gar nicht. Liebe lernt durch Liebe, nicht durch Ansammeln von Weisheit irdischer oder himmlischer Art. Nicht Erfahrungen sind wichtig, sondern Liebe. Eine einzige Berührung mit Ihr ersetzt Millionen Erlebnisse.

Der Weg zur Göttlichkeit ist in jedes Herz geschrieben. Es war die Pflicht der Religionen, euch zu euren Herzen zurückzubringen, in denen die Göttlichkeit wohnt, damit ein jeder den Kontakt mit Ihr aufnehmen kann. Aber sie führten euch ins Nichts mit erdachten und völlig überflüssigen Dogmen. Deshalb betrachtet ihr heute Finsternis als Licht und habt Angst, das Vertraute zu verlassen, um einen Schritt in Richtung Liebe zu gehen.

Aber die Zeit der Zweifel nähert sich dem Ende, es kommt die Zeit der Liebe.

Eine Verkörperung der Göttlichkeit ist auf Erden und die Menschen beginnen, ganz einfache Fragen zu stellen. Welchen Sinn hat Religion? Weshalb darf man all die religiösen Dogmen nicht infrage stellen? Oder vielleicht doch? Welchen Sinn haben sie? Wer bin ich? Wer ist Gott?

Die in den Herzen verborgene Liebe beginnt herauszuströmen und ihr Recht zu fordern. Schon bald kann dieser Planet – ähnlich wie die anderen – ein Ort der Liebe sein. Dann wird man in der Einheit mit dem Schöpfer leben, und Er führt alle Tage Regie. Liebe versüßt dann jeden Schritt und jeden neuen Tag.

Dann werden sich auch die Türen zur „anderen" Welt öffnen, und ihr begegnet euren „Toten". Sie stehen nicht aus ihren Gräbern auf, sondern ihr seht einfach, dass ihre Welt neben der euren existiert. Viele eurer Ahnen, Nächsten und Bekannten, die einmal gegangen sind, kehren zurück als eure Kinder, Enkelkinder, Nachbarn und Freunde.

Das werden Tage verblüffender Entdeckungen und großer Freude sein. Ein Gericht wird nicht stattfinden. Ihr werdet die Gesetze verstehen und einsehen, dass ihr ihnen zum Wohl und Glück aller gehorchen müsst. Ohne Gericht erübrigen sich auch Strafen und die Hölle. Nur Liebe wird da sein, immer nur Liebe, allgegenwärtig. Sie wird jede Zelle eurer Körper und alles um euch herum durchdringen. Dann wird die Menschheit erkennen, dass die Liebe schon immer hier war und der Schöpfer nur Liebe ist. Arbeitet schon heute daran, Ihm auf dem schnellsten Wege nahe zu sein, um ein Leben in Liebe und Glück zu erfahren, das Er für jeden bereithält.

Jeder einzelne sollte diesen Schritt selbsttätig vornehmen. Versucht es! Denn im Gegensatz zu dem, was eure Religionen behaupten, dass nämlich der Preis für eure Bemühungen erst nach dem Tod kommt, werden die ersten Wirkungen eurer Meditationen und Hinwendungen sehr schnell sichtbar sein. Lernt nur, bewusst hinzuschauen und fürchtet euch nicht! Ihr wendet euch doch an Gott und an die Liebe! Warum also Angst haben?

Zweifel und Wankelmut stören den freien Fluss der Liebesenergie in die Welt, wo andere Sie doch so dringend benötigen. Es ist eure Pflicht, Liebe zu geben. Erlaubt Ihr, dort zu strömen, wo Sie will. Wenn ihr euch zu sehr mit euch selbst und euren Problemen beschäftigt, schneidet ihr den ungestörten Zugang zum lebendigen Strom der Liebesenergie, Ihr freies, göttliches Fließen und Ihren Segen ab. Die Liebe im Herzen ist ein göttliches Feuer, das jeden Fehler, also die Ursachen aller Leiden für die Seele verbrennt.

Die Welt braucht diese Energie gegenwärtig so sehr! Nur Sie kann mit den jahrhundertealten, verhärteten psychischen Zuständen, den Niederlagen, Katastrophen, Leiden und Gemeinheiten fertig werden, die ihr zugelassen habt. Die Welt und auch ihr selbst braucht dringend Liebe und göttliche Freude. Bemüht euch daher, eure Herzen für die Göttlichkeit zu öffnen, damit Sie euch zu sich erhebt und reinigt.

Lasst euch mit dem beschenken, was Sie euch geben will und segnet auch andere im süßen Schweigen direkt aus euren Herzen.

Die Straße zu Liebe und Freiheit

Vor einiger Zeit fühlte ich mich krank und hatte Schmerzen in der rechten Körperhälfte, wahrscheinlich eine Art Neuralgie, die mir manchmal die Laune verdarb. Die wellenartigen Attacken kamen und gingen, aber einmal weckte mich der Schmerz so gegen sechs Uhr früh. Das schien mir eine gute Zeit für die Meditation.

Ich setzte mich und konzentrierte mich auf ein großes Portrait von Sri Sathya Sai Baba, das vor mir an der Wand hing. Schon seit geraumer Zeit beginne ich den Tag mit einer fünfzehn bis dreißigminütigen Meditation.

Der Schmerz verschwand nicht, aber er war mir egal. Ich fokussierte meinen Blick auf die Gestalt Sathya Sais und bemühte mich, keine anderen Gedanken aufkommen zu lassen.

Nach etwa zwanzig Minuten strömte eine Welle von Liebe und Freude, etwas sehr Positives, einfach Wohltuendes… Die Energie breitete sich vom Kopf ausgehend im ganzen Körper aus. Nach einer Weile schien der starke Schmerz in meiner Seite wie weggeblasen. Ich fühlte mich wiederhergestellt – wunderbar. Liebe erfüllte alles, was existierte.

Ich war umso erfreuter, weil ich zwei Tage später für eine wichtige Reise fit sein musste. Und ich war fit! Ich danke Dir, geliebter Meister, für Deinen Segen und für Deine Liebe. Jetzt bin ich überzeugt, dass Deine Liebe alles vermag.

Ja, Sie ist zu allem fähig. Sie beschützt, heilt, erhebt und liebt.

Ich danke Dir für Deinen Segen.
Am nächsten Tag strömte während der Meditation erneut eine Welle konzentrierter Liebe und in Sekunden verschwand eine andere Krankheit mit allen ihren Symptomen, eine Plage, die mich mindestens seit zehn Jahren im Griff gehabt hatte. Stattdessen fühlte ich Güte und Liebe, einfach reine Güte und Liebe. Baba, ich danke Dir! Du bist so lieb!

Ja, ja. Schreib weiter, dann bekommst du mehr. Deine Aufzeichnungen beleben die Seele und beflügeln sie zur Liebe. Auf diese Weise wird sie noch lichter und liebevoller. Dieser Prozess kann durch nichts mehr aufgehalten werden. Du kannst ihn nur noch beschleunigen.

Baba, jetzt nehme ich Dich auch noch anders wahr... Es ist, als ob ich Dich in meinem Herzen als Licht schauen würde...

Ich bin Licht und Liebe. Lernt, mit dem Herzen zu sehen. In ihm wohnt Gott. Gott ist überall. Die Liebe ist der beste, der königliche Weg zu Ihm.

Teurer Baba, was könnte ich noch für Dich tun?

Lächele! Ein Lächeln hilft leben. Wenn ein Mensch mit einem reinen Herzen lächelt, freut sich Gott.

Eine Meditation ist sehr machtvoll, wenn man sich liebevoll auf Dein Photo konzentriert?

Ja, das stimmt. So wirkt der Avatar: Liebe, Inspiration, Wandlung, Liebe, Liebe, Liebe.

Ich bin fest davon überzeugt, dass während jener Reise enorme Arbeit geleistet worden ist.

Ja.

Kann oder sollte ich Übungen aus dieser Periode beschreiben? Sie waren ziemlich lehrreich.

Ja.

Ich weiß gar nicht, wie es dazu kam.

Die Anregung kam von Mir.

O natürlich, danke. Ich habe darüber nachgedacht. Eines Tages fingen wir an, uns mit den Energien zu beschäftigen, die Bücher ausstrahlen. Wir hatten das Gefühl, an einem sehr subtilen Spiel teilzunehmen. Man nimmt verschiedene Werke in die Hand und konzentriert sich auf die Eindrücke, die sie hervorrufen. Das Buch über Gandhi vibrierte sehr angenehm. Er spricht darin über Hingabe und Bescheidenheit, die er als große Mächte bezeichnet. Auch von Liebe ist die Rede. Bestimmt hat das Buch seine Leser nachhaltig verändert.
Als nächstes kam das „Tibetische Buch über Leben und Sterben", falls ich den Titel noch richtig in Erinnerung habe.

Er lautet etwas anders, aber lassen wir das mal außer Acht.

Vor langer Zeit hatte ich unliebsame Erlebnisse, die mit den von Lamas geschriebenen Büchern über den Tod verbunden waren. Deshalb war ich mit diesem Schriftstück etwas vorsichtig und bereit, es gegebenenfalls sofort beiseite zu legen. Aber statt irgendwelcher unangenehmer Gefühle strömte eine warme Energie von ihm aus, die kaum zu beschreiben ist. Kurze Zeit später fühlte ich einen starken Druck in meiner Herzgegend und wusste sofort, dass ich mit Experimenten dieser Art vorsichtig sein sollte.
Auf einmal öffnete sich ein großer Raum. Ich sah Tausende von liebenden Wesen, die die andere Seite bewohnen und ihren Beitrag zum Entstehen des Buches beisteuert hatten. Es war eine ungewöhnliche Erfahrung. Die Energie dieses Schriftstückes brachte dem Leser die außerkörperliche Welt nahe und zeigte ihm, welche

Wesen dort existieren. Das war jedenfalls mein Eindruck. Keine Ahnung, was der Meister dazu sagt.

Mein Kommentar folgt später, fahre zunächst mit deinem Bericht fort.

Noch zwei weitere Male erlebte ich eine gewaltige Einwirkung auf mein Herz.
Ich fühlte heiße, starke Energien, die von der „dortigen" Welt ausgingen. Obwohl ich mich in diesem Punkt möglicherweise täuschen kann, hatte ich den Eindruck, dass es sich noch nicht um Göttlichkeit, um die göttliche Liebe handelte.

Dein Eindruck war richtig. Die Göttlichkeit befindet sich jenseits beider Welten. Sich auf die eine oder andere zu konzentrieren, bedeutet, den Raum zu begrenzen. Die Menschen müssen aber weitergehen, zur Quelle der Liebe. Es lohnt sich zwar, die jeweilige Welt kennen zu lernen, aber man sollte dort nicht stehen bleiben. Das Weltall bietet eine Fülle an Schönheit und wunderbaren Geheimnissen. Aber das größte aller Wunder ist das Geheimnis des Schöpfers. Sucht nach reiner Liebe.

Dann nahm ich das Buch „Gottes kleiner Clown" von Conny Larsson zur Hand. Es strahlte sehr interessant und verströmte lichtvolle Energie, die andere, negative Kräfte einfach verbrannte. Baba, das war Deine Energie! Niemand, der das Buch von Conny liest, bleibt derselbe. Er wird liebevoller und kommt Deiner Liebe näher.

Ja, das ist wahr. So wirken Avatare. Jeder an sie gerichtete Gedanke findet eine Antwort. Und so können Menschen viel, viel leichter und glücklicher durchs Leben gehen. Meine Mission ist Liebe und Glück für alle.

Gegenwärtig ist Conny Dein Ankläger.

Na und? Ich segne ihn weiterhin und helfe ihm, seine guten und aufbauenden Projekte zu realisieren. Nur die

Liebe zählt. Niemand kann Mich hindern, Sie weiter zu verteilen. Ich bin und bleibe die Liebe, Ich gebe und helfe. Das Thema „Anklage" ist weder wesentlich noch wertvoll. Es lohnt nicht, darüber zu sprechen oder irgendwelche Überlegungen anzustellen. Diese Energien sind destruktiv, und es ist besser, sie von sich fern zu halten.

Wenn die Menschen Energien sehen könnten, würden sie sofort wissen, mit wem sie es zu tun haben. Gegenwärtig aber leben sie in der Finsternis und ziehen andere mit hinein. Seit Jahren beobachte ich Deine Ausstrahlung und habe den Eindruck, sie wächst und wächst.

Ich bleibe immer der Gleiche. Nur du veränderst dich.

Das ist eine ungewöhnliche Behauptung.

Wer bleibt immer der Gleiche im Wandel der Zeiten?

Nur Gott.

Ja.

Nur Du.

Ja.

Die Liebe.

Liebe ist Gott.

Ich spreche also mit der Liebe?

Du sprichst mit dem Schöpfer.

Gott, das hast Du wunderbar gesagt.

Schwinge deinen Verstand in lichte Höhen und lass die Schattenwelt hinter dir.

Ich danke Dir, dass Du mich erinnerst. Im Laufe des Tages fange ich an zu vergessen, denn Gedanken über meine Arbeit, Aufgaben, die Zukunft und dergleichen nehmen von mir Besitz. Ich verliere Dich aus dem Blick, meine Gedanken schweifen ab.
An dieser Stelle möchte ich mich bedanken, dass Du mich immer wieder erinnerst.

Ich bin dein Lehrer, nicht wahr? Bitte Mich einfach öfter um Hinweise, dann kommst du Mir sofort wieder näher. Ich warte und habe sehr viel Zeit. Wir sollten noch enger miteinander arbeiten als das bisher der Fall war. Wir können das. Du bist bereit, Ich bin sowieso immer bereit. Ich helfe jedem von euch von da, wo er sich gerade befindet, den nächsten Schritt zu Mir zu gehen.

Danke für Deine Worte lieber Meister. Ich werde Dein Angebot mit Freuden nutzen. Davon träume ich schon so lange Zeit.

Aber jetzt lass uns zum Thema „Energien der verschiedenen Bücher" zurückkehren.

Ich erwähnte „Gottes kleinen Clown" von Conny Larsson. Hat jedes Buch über Dich eine ähnliche Wirkung?

Ja, jedes. Es verbrennt die negativen Eigenschaften des Egos.

Als nächstes prüfte ich den Titel „Die fünfte Disziplin" von Peter Senge. Das Buch basiert auf tiefen Einsichten im Geschäftsleben, und ich empfinde es als Bahn brechendes Werk eines Genies, das neue Denkstrukturen entwickelt.

Deine Bewertung entspricht der Wahrheit. Senge weiß, wovon er spricht. Er könnte sogar noch einen Schritt weiter gehen, aber es schien ihm, er habe genügend Erfahrungen gesammelt. Seine Arbeit ist von enormer Bedeutung.

Zum Schluss ergab sich folgende, etwas seltsame Situation: Ich bat, mir ein Buch in die Hände zu legen, ohne dass ich Autor oder Titel sehen konnte. Dann konzentrierte ich mich auf seine Aura, die ich als strahlend hell empfand. Meiner Auffassung nach musste das Schriftstück einen geistigen Inhalt haben, dessen Lektüre eine starke Wirkung hinterließ und niemandem gleichgültig war. Wie sich herausstellte, hielt ich ein Buch von Norman Peale in Händen, eine Abhandlung zum Thema „Enthusiasmus", und ich war ziemlich überrascht, weil ich wusste, dass meine Gastgeber dessen Inhalt nicht besonders positiv beurteilt hatten.

Ich nahm das Buch noch einmal zur Hand, und wieder fühlte ich eine angenehme Ausstrahlung.

Was sollte ich davon halten? Meine Gastgeber vertraten – so verstand ich es wenigstens – die Auffassung, das Buch widme sich der Kunst des Verkaufens und dem damit verbundenen Geschäftseifer, und das beurteilten sie eher negativ.

Obwohl meine Empfindungen recht eindeutig waren, schien ich doch ziemlich daneben gelegen zu haben.

Da mich dieser Umstand quälte, bat ich am nächsten Tag um das Buch und begann, es zu durchblättern. Auf einer spontan aufgeschlagenen Seite fand ich als erstes Überlegungen zum Wert der Freude und dazu passende Zitate über Gott. Egal, welche Stelle ich aufschlug, ich traf auf interessante Gedanken zum Thema Göttlichkeit, Freude, Enthusiasmus und anderen positiven Werten.

Es handelte sich also eindeutig um eine Arbeit mit geistiger Intention, obwohl sie auch Überlegungen zur Kunst des Verkaufens übermittelte.

Ich glaube, der europäischen Kultur mangelt es etwas an amerikanischer Leichtigkeit im Bezug auf Religionen. In den USA berührt es niemanden seltsam, wenn Spiritualität, Gott und eine Verkaufsstrategie kooperieren. Überall gibt es Gläubige, die spirituellen Prinzipien folgen.

Das ist ein gutes Buch. Es hat vielen Menschen Lebenshilfe und Orientierung verschafft. Solche Bücher sind äußerst notwendig. Du hattest die richtige Wahrnehmung, was seine Aura anbelangt. Du siehst zwar nicht alles, aber die Ebene, die du bislang erreicht hast, genügt vollkommen.

Ja, Swami, außer Deiner Liebe brauche ich gar nichts mehr. Alles andere ist nur nettes Spielzeug.

Nein! Was du Spielzeug nennst, sind Meine Geschenke, die man ehren und zum Wohl anderer einsetzen soll. Bezeichne kleine Gaben nicht als Spielzeuge, denn es sind keine. Es sind Geschenke der Gnade.

Ja. Verzeih mir meinen Fehler. Bitte lenk Du die Entwicklung dieser Fertigkeiten, wie Du es für richtig hältst. Ich möchte Dir und Deiner Liebe noch vollkommener dienen.

Das ist die richtige Einstellung, sie gefällt Mir. Empfange Meinen Segen.

Ich danke Dir, Meister, für Deine Liebe. Ich danke Dir für das Glück, mit dem Du mich, mit dem Du uns beschenkst.

Ich bin das Glück. ICH BIN GLÜCK!

Baba, ich bitte Dich, verbrenne mein Ego zu Asche, verbrenne unser kollektives Ego. Ich bitte Dich darum, dass alle Menschen mit Dir und Deiner Liebe glücklich sein dürfen.

Schon gut, gut. Ego ist nur Asche, Liebe ist alles, Liebe, Liebe, Liebe. Wendet euch an die Liebe, und das Ego wird verschwinden.

Baba, aus Deinen Worten sprüht eine gewaltige Glut.

Liebe verbrennt das Ego, jetzt und hier. Öffnet euch, um die Liebe in eure Herzen einzuatmen. Das Liebesgefühl im Herzen gleicht einem Spaziergang an der Hand des Schöpfers. So kann euer ganzes Leben verlaufen: Glücklich, voller Liebe und Freude. Habe Ich nicht Recht?

Ja, teurer, teuerster Baba. In meinem Leben bist Du äußerst gegenwärtig. Es lohnt sich, Dich bis an den Rand des Wahnsinns zu lieben. Es lohnt sich, Dich an die erste Stelle zu setzen. Es lohnt sich, aus Liebe zu Dir verrückt zu werden. Nur Du zählst. Diese Worte bringen mich immer wieder auf den Boden der Tatsachen. Ich liebe Dich, nur Du zählst.

Ich bin Liebe, Erforscht Mich, findet Mich, Ich bin sehr nahe. Öffnet euch für Mich. Ich werde bestimmt kommen. Ich bin schon unterwegs!

Tausende von Menschen werden Deine Worte lesen!

Hunderttausende in der ganzen Welt! Und Ich werde jeden berühren, jetzt, sofort.

Deine Liebe ist eine gewaltige Kraft.

Sie hat das All erschaffen. Diese Liebe ist, was ihr Gott nennt.

Es gibt noch eine Fortsetzung der Geschichte…

Fahre fort.

Am Tag meiner Abreise bat ich um etwas Zeit für ein Gespräch. Ich wollte alles, was geschehen war, noch einmal zusammenfassen, die richtigen Schlüsse ziehen und Hinweise für zukünftiges Verhalten herausstreichen.

Das war wichtig. Man sollte auf praktische Ergebnisse und ihre Anwendungsmöglichkeiten hinweisen, weil so der nächste Schritt zur Göttlichkeit erfolgen kann.

Danke! Eben fiel mir auf, dass ich mich wieder unnötigerweise in Angelegenheiten anderer Menschen eingemischt habe. Bitte hilf mir, damit aufzuhören.

Deine Einstellung ist richtig. Konzentriere dich auf die Göttlichkeit, alles andere kannst du vergessen. Ohne äu-

ßere Einmischung werden die Dinge reibungslos verlaufen. Bring jetzt deinen lehrreichen Bericht zum Abschluss. Dann reiche Mir alle Ergebnisse dar, damit Ich auch die Erinnerung daran verbrenne und sie für reine Liebe zur Göttlichkeit eintausche.

Heißt das, dass meine Aufgabe schon vollendet ist? Werde ich nicht mehr benötigt?

Versteh doch! Die Menschen brauchen weder deine Ideen, noch deine Lösungen. Sie dürsten nach Meiner Liebe, denn nur Sie kann dauerhafte Veränderungen in ihnen hervorrufen, sie erheben und heilen. Nur Liebe zählt! Du brauchst gar nicht so viel zu reden, geschweige denn, dich in laufende Angelegenheiten einzumischen. Überlass Mir den Gang der Dinge. Lenk du deinen Verstand und dein Herz auf Gott. Tu das ständig, konsequent, mit Liebe. Das ist der Weg zur Befreiung. So bist du am hilfreichsten für andere, nicht mit Worten, sondern durch ständige Ausrichtung auf die Liebe.

Meister, ich danke Dir für Deine Hinweise voller Weisheit. Obwohl Du sie so oft wiederholst, vergesse ich sie ständig!

Das macht nichts. Wozu hast du Mich? Ich werde dich immer wieder an Mich erinnern. Du kannst Mich nicht abschütteln, Ich werde dich unbeirrt piesacken.

Hör bloß nicht auf damit! Das Leben ist einfach wunderbar mit Dir.

Setz deinen Bericht fort! Wir kommen zu den bedeutsamsten praktischen Schlüssen dieses Abschnitts.

Zusammenfassend ging es um Antworten auf einige Fragen. Also der Reihe nach:
„Wie wird man inspiriert, und wie kann man sich diese Quelle dauerhaft verfügbar machen?"

„Wie löst man eigene Probleme und die anderer Menschen? Gibt es eine Alternative zur Vertiefung in die Konflikte anderer?"
„Auf welche Weise kann man die eigene Energie steigern und Ermüdungssymptome vermeiden?"
Die Antworten lauteten ungefähr so…
Aber möchtest Du nicht lieber dazu Stellung nehmen? Du kannst das bei weitem besser als jeder andere.

Gut! Inspiration ist der Kontakt mit dem Inneren. Mit ihrer Hilfe habt ihr Ideen, wenn euch aus eigener Kraft nichts mehr einfällt. In deinem Beispiel war dieser Person die Lösung schon bekannt; sie selbst hatte vorher davon erzählt. Du hast noch einige Fälle hinzugefügt, die sich ebenso genial auflösten, als ihr nicht mehr an eure Probleme dachtet und euch an die Liebe wandtet.

Ja, genau! Die Antworten blitzten aus dem Nichts auf. Wir danken Dir. Vielen Menschen kann so geholfen werden.

Deshalb kommen sie ja! Aber pass auf! Du hast weder mit der Vorgehensweise noch mit ihrer Auswirkung etwas zu tun. Du musst dich raushalten! Keine Phase des Prozesses hat etwas mit dir zu tun, auch die Freude am Ergebnis ist nicht deine Sache. Du lieferst nur einige Hinweise und Eingebungen, wenn es schwierig wird. Das ist alles. Schöpf deine Freude ausschließlich aus dem Kontakt zu Mir. Äußere Geschehen sind ohne Bedeutung. Mit dieser Einstellung bist du ständig in der Freude und lässt die Welt weit hinter dir. Ich werde Mich um alles andere kümmern.

Ich danke Dir für die wunderbaren Worte der Liebe. Wenn ich sie in meinem Leben beherzige und anwende, werde ich noch glücklicher in Dir sein.

Und genau das ist Mein Ziel für jeden von euch.
Was das Thema „Ermüdung" betrifft: So zeigt sich der Einfluss äußerer Energien. Die Menschen, denen du begegnest, verspüren alle einen großen Mangel an Zeit, und

du hast dieses Lebensgefühl übernommen. Lass den Lebensatem langsamer, viel langsamer fließen, dann normalisiert sich alles in dir und den anderen.

Lass dich nicht von ihrem Tempo anstecken, sondern bleib du immer bei Mir. Ich werde Meinen Rhythmus auf dich übertragen, die Schwingung der Liebe. Freust du dich?

O ja, von ganzem Herzen.

Gut so! Nun kommen wir zu den Antworten zurück. Anders ausgedrückt bedeutet Inspiration das Hören auf die innere Stimme, die Stimme des Herzens. Ein nur nach außen gerichteter Verstand verbindet sich mit weltlichen Energien und ist zu einem reinen Empfang der inneren Strömungen unfähig. Wenn man also öfter Inspiration und Hinweise in allen Lebenslagen erfahren möchte, sollte man sich an die Liebe, an die Göttlichkeit wenden. Lernt, beständig nur Sie zu lieben und ergebt euch Ihr ganz.

Wir sprachen auch über liebevolle Gebete zu Dir und über Fürbitten. Wir bitten Dich, regele Du alles so, wie Du es für richtig hältst.

Die Bitte um Hilfe ist das eine. Wenn ihr aber dafür betet, dass Ich die Dinge so einrichte, wie ihr sie haben möchtet, könnten wir einige Probleme bekommen. Die Ursache liegt darin, dass ihr das Geschehen in seiner Ganzheit und Komplexität nicht erfassen könnt. Dafür sind weder eure Gehirne noch eure Herzen eingerichtet. Ihr handelt am sinnvollsten, wenn ihr Wünsche und Ideen auf dem Altar der Liebe opfert. Bittet von nun an, dass sich die Angelegenheiten nach dem Willen der Höchsten Liebe entwickeln, denn Sie ist Weisheit und Liebe und wählt auf jeden Fall die beste Lösung. Merkt euch: Nicht eure Wünsche, sondern die Wege der Liebe, die Wege des liebenden Schöpfers sind entscheidend für den Ausgang von Konfliktsituationen.

Meine Antwort enthielt auch praktische Anweisungen. Um die Inspiration zu verstärken, empfahl ich, den Verstand möglichst ohne Unterbrechung auf die persönlich gewählte Gestalt der liebenden Göttlichkeit zu richten. Man solle sich die Nähe der Göttlichkeit plastisch vorstellen, sich an Sie schmiegen, Ihre Hand halten. Auf diese Weise wird unsere Aura mit Schwingungen der Liebe aufgeladen.

Ja, dieser Hinweis ist gut. Ständig mit der Göttlichkeit in Kontakt zu sein, ist die beste Art und Weise, Zeit zu verbringen.

Meine zweite Frage betrifft die Lösung eigener und fremder Probleme.

Sprich.

Wenn wir den Verstand auf Dich konzentrieren, sind wir im Kontakt mit Deinen Energien, also Deiner Liebe. Wenn wir uns aber in den Menschen und sein Problem hineindenken, sind wir an dessen Energien gebunden, die in der Regel Schwermut, gedrückte Stimmung und andere unliebsame Zustände mit sich bringen.
Unser Geisteszustand wird negativ beeinflusst, der Empfang von Inspirationen gestört. Aber das ist noch nicht alles! Wir verhindern den Zustrom frischer Energien aus unserem Innern, und gerade der wäre imstande, niedrig schwingende Energien aufzulösen und der anderen Person sofort zu helfen.
Aus diesem Grunde ist es unsere Pflicht, ständig den Schöpfer, Seine Liebe, Sein Glück und nicht irgendwelche Probleme im Sinn zu haben. Er kann unsere Worte inspirieren und vermittelt, dass dem Mitmenschen geholfen wird. Außerdem lässt Er selbst die Energien fließen, die in dem betroffenen Menschen das verbrennen, was hinderlich, störend und negativ ist.

**Jetzt gelingt es dir langsam, sachlich zu werden.
Die innere Botschaft in Verbindung mit Energien kann Probleme sofort lösen und euch stattdessen Freude, Liebe, Entspannung und Glück zuteil werden lassen. Dazu werdet ihr befreit von Wesenheiten niederer Seinsebenen.**

Ich glaube, diese Gedanken und Hinweise gehören zu den wichtigsten dieses Buches und helfen allen Menschen, die nach Licht und Liebe suchen. Ja, sie sind von größtem praktischem Wert. Zuerst ruft die Göttlichkeit! Alles andere wird sich von selbst ergeben. Konzentriert euch nicht auf die Probleme anderer, wenn ihr ihnen beistehen wollt, sondern auf den liebenden Schöpfer. Er vermag auf der Stelle zu helfen.

Ja, Meister. Ich hatte selbst das Glück, viele Male beobachten zu dürfen, dass Dein Rat funktioniert.

Praktiziert die Hinwendung zur Liebe. Füllt euch mit Licht. Anschließend dient den anderen, den Blick auf Gott gerichtet. Das ist der Weg zu Liebe und Freiheit. Unterstreiche jetzt diese Meine Worte und nenne dieses Kapitel „Der Weg zu Liebe und Freiheit".
Schaut auf gute Dinge. Seid positiv und bemüht euch, überall das Gute zu sehen. Seid gut und bittet die liebende Göttlichkeit, dabei behilflich zu sein. Reicht alles der Höchsten Liebe.

Wenn ich mich auf Dich ausrichte und diesen Deinen Rat beherzige, geht mir die Arbeit viel leichter von der Hand. Ich fühle den Fluss Deiner Liebe… Meister, ich möchte diese Liebe mit meinen Mitmenschen teilen.

Jetzt steht etwas anderes im Vordergrund. Du sollst öfter schreiben; das ist im Augenblick deine Hauptaufgabe. Möglicherweise ist später Zeit für etwas Neues. Denk nicht an die Zukunft, denn sie ist unsicher. Kehr nicht zur Vergangenheit zurück, sie existiert nicht mehr. Bleib in der Gegenwart und richte die Gedanken auf den Schöpfer. Das ist die höchste Form der Meditation.

Wieder verströmen Deine Worte eine ungeheure Kraft.

Ich schenke euch die Fähigkeit, Meine Worte im Alltag umzusetzen, damit sich euer Leben wandelt und ihr in Liebe mit dem Schöpfer des Weltalls vereint seid. Bittet um Meine Kraft, um Führung, um Entfernung aller Hindernisse. Mögen Wahrheit, Liebe und das Gute im Leben eines jeden von euch triumphieren. Das ist Mein Ziel.

Ich möchte Dich etwas fragen. Nein, - zuerst will ich mich für Deine Liebe bedanken… Immer wieder kommt Sie wie eine nicht aufzuhaltende Welle und überflutet Verstand und Herz, dringt in meine tiefsten Tiefen und beschenkt mich mit süßer Erhebung! Wunderbar! Ich danke Dir.

Liebe ist Göttlichkeit. Das bin Ich selbst. So bin Ich.

Ich möchte mich noch einmal bedanken. Eben hatte ich die spontane Idee, einen Text, den ich für einen meiner Bekannten notierte, in diese Zusammenfassung mit aufzunehmen. Was hältst Du davon?

Es ist immer gut, Mich um Meine Meinung zu fragen. Wende dich mit allem, was du unternimmst, an Mich, mit allen Ideen ohne jede Ausnahme. Das kannst du doch, nicht wahr?

Natürlich, ich werde mich sehr bemühen.

Diese Antwort wollte Ich hören. Nun frage.

Was ist Deine Meinung bezüglich des Textes?

Du kennst sie.

Soll ich ihn einfügen?

Ja.

Du hast mit einem Gefühl im Herzen geantwortet.

Ja.

Liebe. Liebe war Deine Antwort, und Sie strömte zusammen mit der Idee.

Ja. Ich wollte zeigen, dass Antwort und Idee von Mir sind.

Danke! Die Zusammenfassung wird am Ende des Kapitels zu finden sein. Baba, ich bin so glücklich, Dir begegnet zu sein. Danke, dass Du in meinem Leben erschienen bist und eingewilligt hast, mein Göttlicher Guru zu sein.

Ich nehme deinen Dank gerne entgegen. Sei gewiss, dass du Mir eine große Freude bereitet hast.

Es war mir ein Herzensanliegen.

Liebe spricht zur Liebe.

Gerade beendete ich ein Telefonat. Deine Anweisungen wurden schon praktiziert. Der Anrufer hatte zwölf Stunden Arbeit hinter sich, aber er zeigte nicht die üblichen Anzeichen von Müdigkeit, obwohl er Menschen in schwierigen Lebenslagen berät, die zum Teil sogar gezwungen sind, ihren Beruf aufzugeben. Das ist für meinen Bekannten in der Tat sehr anstrengend. Er sprach davon, Dich während der Konsultationen öfters um Hilfe gebeten zu haben. Einige Male sei aus seinem Herzen heiße Energie zum Herzen des jeweiligen Gesprächspartners geflossen. Die Ideen kamen von selbst. Ja, als er fragte, wie er überhaupt verfahren solle, beschenktest Du ihn mit einem Traum, der sich tags darauf selbst aufklärte.

Die Liebe ist überall. Bitten, die vom Herzen kommen, werden immer beantwortet.

Ich danke Dir, dass wir mit Hilfe Deiner Anweisung sofort fähig waren, Deine Vorschläge in die Tat umzusetzen und noch im gleichen Augenblick die Auswirkungen sehen dürfen. Ich danke Dir, Meister. Bitte beschenk uns weiterhin mit Deiner Liebe und führe uns zu Dir.

Und jetzt, Mein teurer Schüler, ist es Zeit, alle diese Ereignisse und Verbindungen zu vergessen. Interessiere dich nur noch für Mich. Vergiss dein Karma, all deine Angelegenheiten, erlaube ihnen, ihren Lauf zu nehmen, wie Ich es bestimmt habe. Du selbst bleib unbeteiligt. Wende deinen Verstand von weltlichen Dingen ab und ruhe in Mir. Wir machen Schluss für heute.

Ich danke Dir von ganzen Herzen für dieses inspirierende Gespräch.

Ich bin immer zu euren Diensten, testet Mich!

Also, der alternative Umgang mit Problemen beruht auf der…

… Hinwendung an die Göttlichkeit mit Gebeten und der Bitte, Sie möge sich des Falles annehmen. Begebt euch in den Bereich der göttlichen Strahlung, in Ihre Energie und Liebe, die die Lösung, eine Antwort, eine gute Eingebung und Segen bringt.

So ist im Fall von Konflikten wenigstens eine Partei nicht verwickelt.

Der Mensch lebt, um in der Vereinigung mit Gott Glück zu empfinden. Übertreiben wir also das Thema „Probleme" nicht! Wendet euch an die Quelle aller Lösungen. Die Welt ist das Problem, Gott ist die Lösung. Die Richtung, die ihr eurem Verstand gebt, bestimmt das Ergebnis.

Das ist eine ungewöhnliche Behauptung.

Die Welt ist das Problem, Gott ist die Lösung. Wie ihr euren Verstand ausrichtet, so ist das Ergebnis. Jetzt wisst ihr Bescheid. Nützt dieses Wissen in geeigneter Weise.

Mir ist gestern aufgefallen, dass mein Gesprächspartner ruhig und entspannt war, obwohl er einen zwölfstündigen Arbeitstag hinter sich hatte. Das bedeutet eine große Veränderung im Vergleich zu seinem bisherigen Zustand.

Meine Hinweise trafen ihn ins Herz, und er hat sie sofort in seinem Leben angewandt. So kam es zu diesem starken, positiven Effekt. Weiter so, es kann nur besser werden. Was dich betrifft, spielst du in seinem Fall keine Rolle mehr, es sei denn, dein Gesprächspartner verlangt das ausdrücklich. Du bist in dieser Angelegenheit nicht mehr verantwortlich. Ab jetzt wende dich nur mit Liebe zur Liebe. Überlass Mir die Welt samt all ihren Notwendigkeiten. Ich werde Mich auf Meine Weise um sie kümmern.

Ja, Meister, Dein Wille geschehe.
Eine dritte Frage bleibt noch übrig: Wie kann man seinen eigenen psychischen Zustand verbessern und Ermüdungserscheinungen vermeiden?

Wendet das bereits Erklärte an. Richtet euch immer an die Liebe und erlaubt den niedrig schwingenden Energien nicht, in euch einzudringen und die Verbindung zur Göttlichkeit zu stören...

Einige Monate nach den hier geschilderten Ereignissen fand ich zufällig die Information, dass Peter Senge sein Konzept für das Buch „Die fünfte Disziplin" während der Meditation erhielt. Die Vision, die ihn zum Schreiben veranlasste, fand eines Morgens im Herbst 1987 statt. Plötzlich war mir bewusst, dass seine Idee zur „lernenden Organisation" bald hochaktuell sein würde. Ich entschied mich also, sie gleich anzuwenden und so dazu beizutragen, dass systematisches Denken, mentale Modelle, persönliche Effektivität, gemeinsames Lernen und Dialogstrukturen als Basiselemente beim Aufbau von lernenden Organisationen eingeführt werden.

An dieser Stelle nun die bereits erwähnte Zusammenfassung:
Antworten auf einige grundsätzliche Fragen als Ergebnisse unserer Begegnungen und Gespräche.

- Welche praktischen Schlüsse können aus den Versuchen gezogen werden?

- Wie kann man inspiriert werden und lernen, ständigen Nutzen aus dieser Quelle zu ziehen?
- Gibt es alternative, bessere und deshalb effektivere Methoden, eigene und fremde Probleme zu lösen? Wenn ja, welche?

Nun zu den Antworten:

- Der vorgenommene Versuch zeigte, dass jedes Buch Energie ausstrahlt und daher auch bestimmte energetische Reaktionen im menschlichen Gehirn des Lesers hervorruft. Wir konnten diesen Versuch etwas modifizieren und verbanden uns mit ausgewählten Wesenheiten statt mit Büchern, um anschließend die durch den Kontakt erzeugten Empfindungen zu beobachten. Wir wollten zeigen, dass die Ausrichtung der Gedanken auf eine Gestalt oder einen Gegenstand einen Rückstrom der Energie zur Folge hat. Wenn diese These stimmt, ist es nur konsequent, sich mit Wesenheiten zu verbinden, die eine starke, energetische Ausstrahlung haben, also geistige Meister, Lehrer und göttliche Gestalten, deren Energiefeld eine erhebende, positive Wirkung ausübt. Diese Gleichschaltung der Schwingung ist nicht nur während der Meditation möglich, wenn wir uns ihre Nähe konkret vorstellen, sondern auch im Laufe des Tages, während eines Stossgebetes oder bei Gedanken voller Liebe. Dabei stellen wir uns das Empfinden der Liebe lebendig vor. So sind wir mit den geliebten Wesen an innigsten verbunden.

Nun zur Beantwortung der nächsten Frage „Wie können wir inspiriert werden und lernen, aus dieser Quelle zu schöpfen"?

- Wir haben konkret erfahren, dass sich die Inspiration öfter ganz spontan einstellt. Hier zwei bekannte Beispiele:
Um Probleme erfolgreich zu lösen, genügte es, um Hilfe zu bitten. Daraufhin erschien prompt der entsprechende Hinweis. Liebe und Hingabe an den Schöpfer sind also entscheidend. Diese Qualitäten gewährleisten eine starke dauerhafte Verbindung, die sich noch dazu laufend verbessert, und die Inspirationen nehmen zu. Es entsteht so etwas wie ein Kanal, durch den immer größere Mengen hochfrequenter Energien fließen.

Wenn wir mit einem Problem zu kämpfen haben, können wir es für eine Weile einfach dem Schöpfer überlassen. Wir reichen es Ihm mit dem innigen Gebet dar, Er möge uns mit jener Lösung segnen, die Er für die beste hält. Dann warten wir auf Seine Inspiration und bleiben liebevoll mit Ihm verbunden.

Zum Dritten fehlt noch die Antwort auf die Frage. „Gibt es alternative, effektive Methoden, um sich eigener und fremder Probleme zu entledigen?

- Wenn uns schon das Denken an andere Menschen mit ihnen verbindet, werden wir umso stärker in deren Energienfeld hineingezogen, wenn sie präsent sind und vor allem dann, wenn wir uns auf ihre Schwierigkeiten konzentrieren. Hat also jemand ein ernstes Problem, das sein Wohlbefinden und damit seine Schwingung negativ beeinflusst, strahlt er diese Energien aus, und wir können uns leicht „anstecken". Auf diese Weise fühlt sich eine empfindsame Person plötzlich niedergeschlagen, nervös und unbehaglich. Ihre eigene Aura erlischt, und scheinbar aus dem Nichts tauchen Müdigkeit und depressive Verstimmungen auf.
  Um diesen Prozess aufzuhalten und einem solchen Menschen und vielen anderen Betroffenen zu helfen, können wir uns des gleichen Prinzips der energetischen Beeinflussbarkeit bedienen und zusätzlich noch unsere innere Inspiration einsetzen.
  Wenden wir uns also zunächst so oft wie möglich mit Liebe und Gebeten an die Göttlichkeit. Sie unterstützt und hilft uns, das auszusprechen oder zu tun, was nach Ihrer Meinung im gegebenen Augenblick das Beste ist. So wird eine allzu lange und intensive Konzentration auf die Person und ihr Problem vermieden. Wir finden so Wege, uns nicht für das Problem zu „öffnen". Eine Unmenge an Energie würde sonst unnötig vergeudet, und es wäre uns praktisch unmöglich, mit positiver, innerer Energie die Situation zu klären.
  Deshalb bemühen wir uns, der Liebesenergie nahe zu kommen und richten uns ganz auf Sie aus. Dann vermitteln wir nach außen, was uns im Innern durch Inspiration zufließt und lassen die göttliche Energie zum Gesprächspartner strömen.

Eine mögliche Form der inneren Konzentration sind Gedanken wie „Ich liebe dich". Man kann Gott auch anlächeln und sich Seine Liebe und Nähe vorstellen. Wenn wir uns auf den liebenden Schöpfer ausrichten, erfahren wir immer mehr und mehr von Seiner Liebe, Seiner Führung und Hilfe, bis diese Praxis zum integralen Bestandteil unseres Lebens wird.

Das Problem ist die Welt, - Gott ist die Lösung. In diesem Satz sind alle Ausführungen zusammengefasst. Es hängt von uns ab, auf welche Seite wir uns konzentrieren.

Wohin führen die Weltveränderungen?

Baba, ich möchte Dich um Deine Meinung zu den gegenwärtig stattfindenden Wandlungen in der Welt bitten. Die USA werden wirtschaftlich und politisch zur unanfechtbaren Führungsmacht. In Europa kommt es zu territorialem und wirtschaftlichem Wachstum der Europäischen Union. Wohin führen diese Veränderungen?

Ich beantworte deine Frage sofort. Die Umwälzungen, die momentan in der Welt stattfinden, schaffen die Basis für den Anbruch eines neuen Zeitalters. Viele Konflikte werden sich nicht mehr ausbreiten können, wie das bisher der Fall war und zwar einfach deshalb, weil die dafür verantwortlichen Faktoren wegfallen. Die Menschheit beginnt eine neue Ära, in der Toleranz und friedliches Miteinanderleben etwas so Natürliches und Alltägliches sein werden wie Atmen, also ein Quantensprung im Bewusstsein von Millionen Menschen. Das kollektive Bewusstsein wandelt sich und öffnet sich für neue Informationen. Dieser Prozess ist nicht aufzuhalten. Es stellt sich nur die Frage, welche Richtung ihr einschlagen werdet. Findet ihr genug Kraft, um die Anziehung des Materialismus überwinden zu können und euch der Spiritualität zuzuwenden? Wahrscheinlich nicht, wie ihr auch in der Vergangenheit schon nicht in der Lage wart. Deshalb benötigt ihr viel

Hilfe. Sie wird euch zuteil, ihr braucht euch nur danach auszustrecken. Ihr steht vor immensen Herausforderungen, die euch bei weitem überfordern. Im Alleingang werdet ihr nicht mit ihnen fertig.
Ihr seid also darauf angewiesen, in eurem Innern, im Herzen nach der Wahrheit zu suchen. Bittet die Göttlichkeit um Hilfe und Führung, um deutliche Antworten, um den klaren Ausdruck Ihres Willens.

Die Geschichte zeigt, dass gewaltige Veränderungen im Außen eine zeitweilige Abwendung der Menschen von Sinnsuche und Spiritualität bewirken. Es müsste Ruhe einkehren und Zeit verstreichen, damit sie ihre Suche aufs Neue beginnen.

Dein Eindruck täuscht. Die Göttlichkeit bestimmt ganz allein, wann und auf welche Weise Sie jeden einzelnen Menschen anspricht. Nie war es anders, und es wird auch gegenwärtig so bleiben. Jetzt leben wir aber in einer besonderen Zeit, der Avatar ist auf Erden. Es ist ausdrücklich Seine Mission, die Menschheit zu Gott zu führen. Und das tut Er. Beständig und im Unsichtbaren zieht Er alle an Sich. Du wirst noch während deines Lebens erfahren, welch große Wandlungen Er in den Menschen verursacht. Ihr werdet grundlegend verändert. Glaube Mir, es ist euch fortan unmöglich, auf Dauer in Morast und Dunkelheit zu versinken. Das leuchtende Licht in eurem Innern wird es nicht mehr erlauben. Der Lauf der Dinge ist unaufhaltsam, und das Ziel ist bekannt.
Massen von Menschen werden sich an Gott wenden und sich im Alltags- und Gesellschaftsleben von Seinen Gesetzen leiten lassen. Alles, was du jetzt erfährst, ist der Anbruch eines neuen Tages in der Menschheitsgeschichte und die riesigen Umwälzungen sind ein durchschlagender Bewies dafür. Ihr habt Grund zu sehr großer Freude und solltet jeden Tag feiern.
Ich danke Dir für Deine Antwort.

Jetzt notiere das nächste Thema: „Wie kehrt man zurück zur Göttlichkeit?"

Die Umkehr zu Gott

Zu Gott umzukehren ist nicht schwierig, sondern wie die Begegnung, das Gespräch mit einem guten Freund, mit jemandem, den du sehr liebst und seit langem nicht gesehen hast. Du spürst Freude beim Anblick der geliebten Person und vertiefst dich in ihre Mitteilungen. Du lässt dir Zeit, damit eure Herzen sich wieder berühren können. Zwischen euch beiden schwingt Liebe und Zärtlichkeit, also ganz natürliche Hingabe. Gerne möchtest du diesem geliebten Menschen etwas Gutes tun, weil du ihn wertschätzt.

Erstens: Behandelt Mich wie einen Freund, den ihr lange nicht mehr gesehen habt. Stellt euch unsere Begegnung möglichst plastisch vor. Freut euch über das Treffen, das Glück, das die Nähe und Gemeinschaft zweier Wesen begleitet. Unterhaltet euch mit Mir wie mit einem teuren Freund. Sagt Mir etwas Liebes. Es macht nichts, wenn Ich vorläufig nicht antworte. Ich bin die ganze Zeit da und höre euch zu. Erlaubt eurem Herzen zu sprechen. Ich liebe euch.

Zweitens: Verrichtet jede Arbeit in Gedanken an euren lieben Freund und erledigt sie für Ihn. Die guten Gefühle, die ihr dann verspürt, werden zu einer Quelle der Inspiration für euer Handeln. Bemüht euch, alles mit Liebe für Gott zu tun. Denkt nicht an euch selbst und euren Profit. Versucht stattdessen, euer Tätigsein als Geschenk für den Geliebten zu begreifen, als nette Geste, die Freude bereitet.

Drittens: Prüft eure Verbindungen mit der Welt. Sind sie voller Liebe? Bauen sie euch auf und erheben sie auch andere zu Gott? Sind sie ehrlich? Helft ihr anderen? Gott möchte, dass ihr eure Mitmenschen mit all eurem Tun unterstützt und ihnen Gutes zuteil werden lasst. Dasselbe gilt für Tiere, Pflanzen und die Erde. Gott wünscht Sich, dass ihr Liebe lebt, ganz zu Liebe werdet und alle um euch herum mit Ihrer wunderbaren Strahlung beschenkt.

Viertens: Lernt zu geben und zu schenken. Eure innere Natur ist Geben, nicht Nehmen. Gott gibt immer, Er gibt und gibt, nichts behält Er für Sich. Lernt, eure eigenen

298

Wünsche zu begrenzen und befriedigt stattdessen die Bedürfnisse anderer. Was ihr euren Mitmenschen überlasst, betrachtet als Gabe für Gott selbst. So zu handeln, schafft Nähe und Freude. Es befreit euch von den Auswirkungen eurer Taten.

Fünftens: Lernt, euren Vater und eure Mutter zu lieben. Das ist jetzt am wichtigsten für euch. Fühlt euch Mir nahe. Behandelt Mich wie einen hingebungsvollen Freund und werdet selbst ein solcher für Mich. Liebt, liebt, liebt! Das ist der beste Rat, den Ich euch an dieser Stelle geben kann.

Sechstens: Seid nicht allzu sehr an der Welt interessiert. Sie vermag euch immer weniger zu bieten. Je häufiger ihr euch an Mich, den liebenden Schöpfer, wendet, desto schöner, reicher und erfüllter wird euer Leben und das eurer Nächsten sein. Irgendwann in der Zukunft könnt ihr neues Interesse an irdischen Angelegenheiten entwickeln und werdet erkennen, wie wenig die Welt zu bieten hat. In Wahrheit verwirrt sie nur eure Gedanken, erweckt künstlich Unruhe und einen Missklang in der Liebe. Wendet euch dann zu Gott in euren Herzen. Bittet liebevoll in einem stillen Gebet um die Möglichkeit, zu Ihm zurückzukehren.

Siebtens: Wendet euch an die liebende Göttlichkeit mit der Bitte, alle eure Angelegenheiten auf die von Ihr gewünschte Weise zu regeln. Weisheit und Liebe können sich um alles kümmern. Zweifelt nicht daran! Von diesem Augenblick an wird euch Meine Einwirkung auf euer Leben immer deutlicher bewusst werden.

Ich möchte Mich nicht nur um eure äußeren Angelegenheiten kümmern, sondern auch eure geistige Reinigung und Wandlung in die Hand nehmen. Das Ergebnis wird Liebe sein, die ihr dann stark empfindet und die euch im Leben Richtschnur ist. Gebt Mir nur die Gelegenheit und handelt in Übereinstimmung mit Meinen Hinweisen. Vertraut Mir und legt euer Schicksal und euren geistigen Pfad in Meine Hände. Zweifelt keine Sekunde, dass euch nur das begegnet, was für eure Entwicklung wahrhaft notwendig und unvermeidlich ist. Seid gewiss, ohne Meine

Intervention würden alle Situationen viel, viel schlimmer verlaufen. Vertraut Mir!

Achtens: Seid sanft und liebevoll zu anderen. Ich bin in den Herzen aller Menschen, und jedes herzliche, gute Wort bereitet Mir viel Freude. Bemüht euch, so zu handeln, dass ihr in jedem Menschen Mir begegnen könnt. Ich liebe euch und lenke euer Werk zum Guten. Auch wenn euch andere in Schwierigkeiten bringen und ihr wenig Verständnis dafür aufbringen könnt, macht ihr doch einen Schritt vorwärts. Es geht meistens um Begleichung alter Schulden aus früheren Leben, Relikte aus Begebenheiten voller Hass, negativer Handlungen und Böswilligkeit. Jetzt ist die Zeit der Abrechnung und Umkehr auf den Weg der Liebe. Verliert weder euren Glauben, noch das Vertrauen. Wendet euch immer an die Liebe. Liebt den Schöpfer, der Liebe ist.

Neuntens: Lächelt Mich an und alle um euch herum. Ein Lächeln hilft, weiterzuleben. Ein Lächeln macht den Tag strahlend. Lächelt Mich an! Ich beiße nicht. Lächelt einfach über viele Hindernisse hinweg.

Zehntens: Liebt Mich. Liebt all das, was Ich für euch tue, und es ist sehr, sehr viel. Lernt, für euren Freund Dankbarkeit zu empfinden. Dankt Mir für alles, was euch begegnet. Bemüht euch, in allem das Positive, Gute wahrzunehmen und dankt Mir dafür. Dann ist es für euch und Mich viel leichter.

Elftens: Liebt!

Zwölftens: Liebt!

Dreizehntens: Liebt!

Hundertstens: Liebt!

Ich liebe, liebe, liebe dich und bin dein Freund. Merk dir Meine Worte und denk so oft wie möglich an sie. Ich werde dich daran erinnern, lieber Leser.

Dein dich liebender Baba